図説 織田信長

小和田哲男・宮上茂隆 編

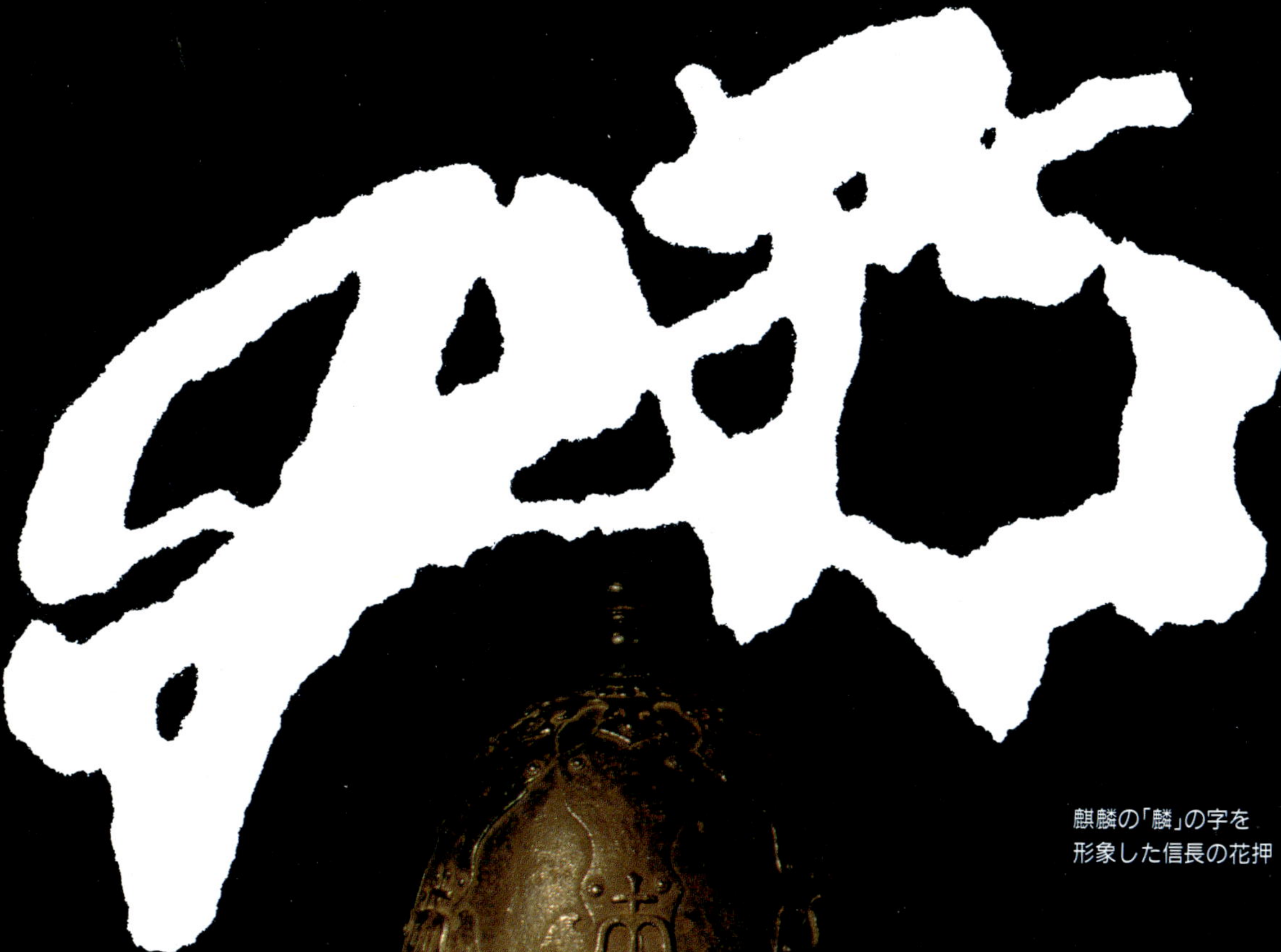

麒麟の「麟」の字を
形象した信長の花押

伝信長所用の唐入笠様
の南蛮兜 （京都
中村達夫氏蔵）

目次

安土城出土　金箔瓦　摠見寺蔵

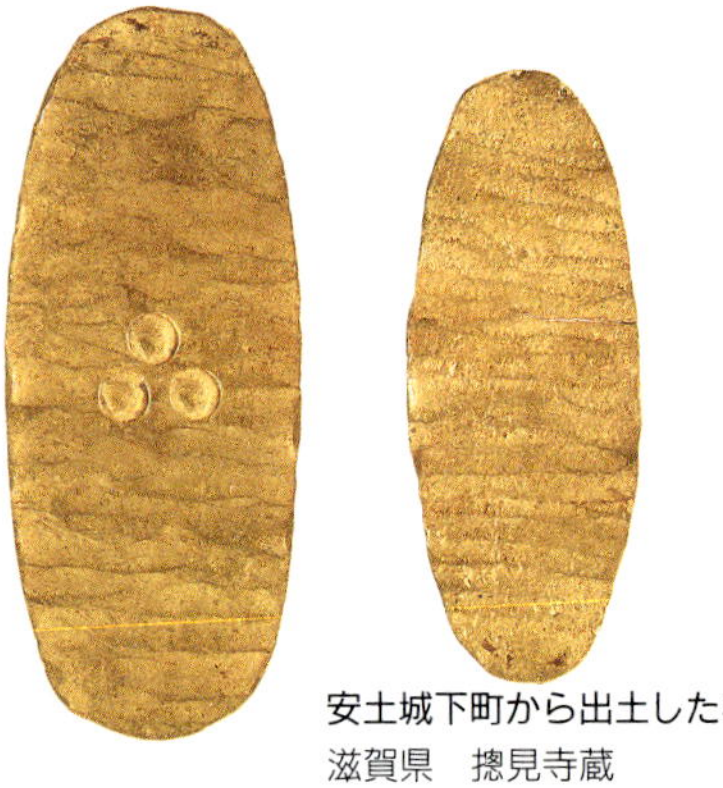

安土城下町から出土した判金
滋賀県　摠見寺蔵

木瓜桐文緋羅沙陣羽織
大阪城天守閣蔵　信長が秀吉に与えたものといわれる

信長のめざしたもの

小和田哲男

戦国乱世にピリオドを打つ

「信長の四十九年の生涯は、戦国乱世にピリオドを打つためにあった」というのは、歴史を結果からみたとき、当然信長に与えられる一つの大きな評価であろう。しかし、これは事実として、信長自身がめざしていたことでもあったのではないだろうか。

信長が生まれた天文《てんぶん》三年（一五三四）という年は、まさに戦国時代の真只中であった。規模の大小はともかく毎日のようにどこかしらで戦いがくりひろげられ、同じ日本人同士が、刀・槍・矢などで戦いあい、血を流しあっていた時代である。誰かが、こうした状態にピリオドを打つために立ち上がらなければ、戦国乱世は止まることを知らずいつまでも続く宿命にあった。

信長は、まさにこのときに登場した。もっとも、信長が当初から、乱世にピリオドを打つことを至上命令のように考えて登場したというわけではない。尾張《おわり》の統一に成功し、美濃《みの》を奪い取ったあたりから次第に芽生えていったものと思われる。

信長が幸運だったのは、生まれた場所である。よくいわれることではあるが、仮に信長ほどの器量を持ちあわせていたとしても、東北や九州のような地方に生まれていれば、乱世にピリオドを打ちたいと思っても、それはかなわない夢に終っていたであろう。尾張という場所は、その意味においても「天の与え」といってよい。

商業重視と列島改造

信長の前には、今川義元《いまがわよしもと》・武田信玄《たけだしんげん》・上杉謙信《うえすぎけんしん》・本願寺《ほんがんじ》教団・浅井長政《あざいながまさ》・朝倉義景《あさくらよしかげ》等の強豪が立ちはだかった。信長は苦難をのりこえ彼らを打ち破っていく。しかし彼はただ、戦いに勝利していっただけではなかった。自分なりにいくつかのビジョンをもち、自らがそのプロデューサーとして、諸政策を推進しているのである。信長が道路を整備し、バイパスを造り、橋を架けたことは有名であるが、これらのことがらは、信長の戦歴以上に高い評価が与えられてしかるべきではないかというのが私の持論である。

一九六〇年代に日本の高度経済成長がはじまり、その後、いわゆる「日本列島改造計画」が進むが、ちょうど四〇〇年前の一五六〇年代以降、信長による戦国の高度経済成長政策が推進され、信長による列島改造が進展しているのである。

信長の商業重視の姿勢は、信長の父信秀《のぶひで》譲りであり、それはまた、尾張という国の性格をぬきに考えることはできない。尾張がただ京に近かったというだけではなく、伊勢湾交易などが進んでいたという前提条件があった点も重要である。

信長は、国内における舟運《しゅううん》のみならず、陸路による物資輸送、そして、それらをすべて含みこんだ国内交易体制の再編強化をはかっていたものと思われる。これが、信長がめざしていたことの一つである。関所《せきしょ》の撤廃、楽《らく》市楽座《いちらくざ》、それに判桝《ます》の制定など、すべてこうしたビジョンのあらわれだったといえよう。

なお、国内だけではなく、イエズス会宣教師との交流を通して、海外との交易にも乗りだそうと考えていたと思われるが、この点は可能性を指摘しておくにとどめておこう。

織田幕府への展望

つぎに、国内の政治体制に関して、信長のめざしたものは何であったのだろうか。石山《いしやま》本願寺との熾烈《しれつ》な十一年戦争は、極論すれば、封建《ほうけん》領主的支配者の担い手として、封建主従制原理とは異質な仏法領、すなわち、本願寺法王国出現を、体を張って阻止したものとして位置づけられるし、また、武家政治

織田信長像　筆者は江戸前期に活躍した木挽町狩野家第 2 代常信。この肖像は狩野永徳の絵をもとに描かれたとされる。大徳寺の禅僧天倫宗忽の元禄 7 年(1694)の賛がある。（名古屋市　總見寺蔵）

織田信長像《おだのぶなが》　肩衣袴姿の信長像。長興寺を再興した与語正勝が、信長の一周忌にあたり同寺に寄進したもの。筆者狩野元秀《かのうもとひで》は狩野永徳《えいとく》の弟宗秀《むねひで》の子である。（愛知県　長興寺蔵）

織田信長像　織田信雄が創建した總見寺に伝えられる画像。箱書には「信長公　御生前之尊像次男内府織田信雄公置焉」とある。（名古屋市　總見寺蔵）

織田信長像　本能寺の変後まもなく描かれた信長像。賛は摠見院(豊臣秀吉が創建した信長の菩提寺)の開山古渓宗陳によるもので、天正11年(1583)の年紀がある。（神戸市立博物館蔵）

鉄鐔　信長が永楽銭を旗印に用いたことはよく知られるが、この鐔も信長所用のものといわれ「まけずの鐔」とよばれている。いかにも商業重視の政策をとった信長にふさわしい意匠である。（滋賀県　摠見寺蔵）

揚羽蝶紋鳥陣羽織　信長所用の陣羽織と伝えられ、上半には鳥毛の植つけがされ、背には揚羽蝶の紋様が白い羽毛で施されている。（東京国立博物館蔵）

存続の立場にたてば、その点が評価されるということにもなる。

では、自身の政治体制として信長はどう考えていたのだろうか。朝廷から「関白《かんぱく》でも太《だい》政《じょう》大臣でも征夷《せいい》大将軍でも好きな官に任命しましょう」と提案されたとき、信長は答えず、はたして彼が何を望んでいたのか今も議論が分かれているが、私は征夷大将軍だったとみている。衰えた足利幕府《あしかがばくふ》に代わり、さまざまな新しいビジョンをもって、それを織田幕府として実現しようとしていたのだと思う。

信長個人としては、それらの実現の前に本能寺に倒れてしまったが、信長がめざしたビジョンのほとんどが、征夷大将軍としてではなく関白豊臣《かんぱくとよとみ》政権によって遂行されていくことになるのである。

安土文化・茶の湯・南蛮文化

信長と文化との関わり、つまり、信長がこの時代の文化に与えた影響について、最後にふれたい。

よく、信長と秀吉《ひでよし》の時代の文化を安土桃山《あづちももやま》文化と呼ぶが、その特徴は、それまでの神仏中心の文化とは異質な文化が生まれたという点である。その担い手も、それまでの公家《くげ》や宗教者に代わって、戦国武将・都市豪商であり、さらにその影響は一般民衆にまで及んでいった。

信長時代の文化を安土文化と言うこともで

紺糸威胴丸具足《こんいとおどしどうまるぐそく》　信長所用と伝わる甲冑で兜の正面には織田家の木瓜文を施した前立物をつけている。柏原藩に伝来したもので、織田信重が建勲神社に奉納した。（京都市　建勲神社蔵）

きようが、これを整理すると、つぎの四点にまとめることができよう。

まず第一点は、何といっても、安土城に象徴される豪華雄大な城郭建築である。特に安土城に対する信長の画期的な構想については宮上茂隆氏の「岐阜城と安土城」を参照されたい。安土城だけでなく、信長の重臣たちの城、たとえば明智《あけち》光秀《みつひで》の近江坂本城、羽柴《はしば》秀吉の近江長浜城、柴田《しばた》勝家《かついえ》の越前北庄《えちぜんきたのしょう》城など、いずれも安土文化を代表するものであった。

第二点は、その城郭内部の装飾である。すでに狩野永徳《かのうえいとく》が安土城内部の障壁画《しょうへきが》を担当しており、質量の点ではつぎの秀吉の時代に劣るとはいえ、その先駆として重要である。

第三点は茶の湯である。信長が茶の湯と深く関わるようになったのは、永禄《えいろく》十一年(一五六八)の上洛後のことで、特に、堺の今井宗久《いまいそうきゅう》ら茶人、松永久秀《まつながひさひで》ら茶人大名の献上した名物茶器に目を奪われてからである。これは、単に名器蒐集欲というだけではなく、「天下の権を握るもの、天下の名器を持つ」という信長なりの論理が働いていたことをみないわけにはいかない。特に、堺の豪商であり茶人である今井宗久・津田宗及《つだそうきゅう》・千宗易《せんそうえき》(利休《りきゅう》)の三人を宗匠とし、彼らの茶の湯が一世を風靡《ふうび》することになった。

そして第四点が、イエズス会宣教師らが伝えたいわゆる南蛮文化である。信長はビロードの帽子をかぶり、マントを着て、いち早く南蛮文代を受け入れた。彼の目が日本を超えて、大陸・ヨーロッパにも向けられていたことは間違いないところであろう。

麻の単衣　信長から山崎重友が拝領したものという。（名古屋城蔵）

革袴　元亀元年(1570)浅井長政の裏切りによって信長が越前攻略から逃げ帰った際に用いた袴と伝えられる。足首のところにボタンがつけられているのも珍しい。（滋賀県　摠見寺蔵）

赤地《あかじ》牡丹《ぼたん》唐草《からくさ》文《もん》天鵞絨《びろーど》洋套《まんと》　ビロードという西洋的な材質に東洋風の牡丹唐草をモチーフにしている点に注目される。社伝によれば、信長から上杉謙信に贈られたものという。（山形県　上杉神社蔵）

青《あお》井《い》戸《ど》茶碗《ちゃわん》（上）　柴田勝家が信長より拝領した名器。（東京都根津美術館蔵）
茄子茶入（左上）　銘富士（前田育徳会蔵）
大井戸茶碗（左）　銘信長井戸（畠山記念館蔵）

天猫《てんびょう》姥口釜《うばぐちがま》　箱の蓋表に「信長公御所持　柴田修理亮拝領姥口釜」とあり、信長から「馴れなれて　あかぬなじみの姥口を　人にすはせんことをしぞ思ふ」の狂歌を添えて、柴田勝家に与えられたものとされている。（大阪府　藤田美術館蔵）

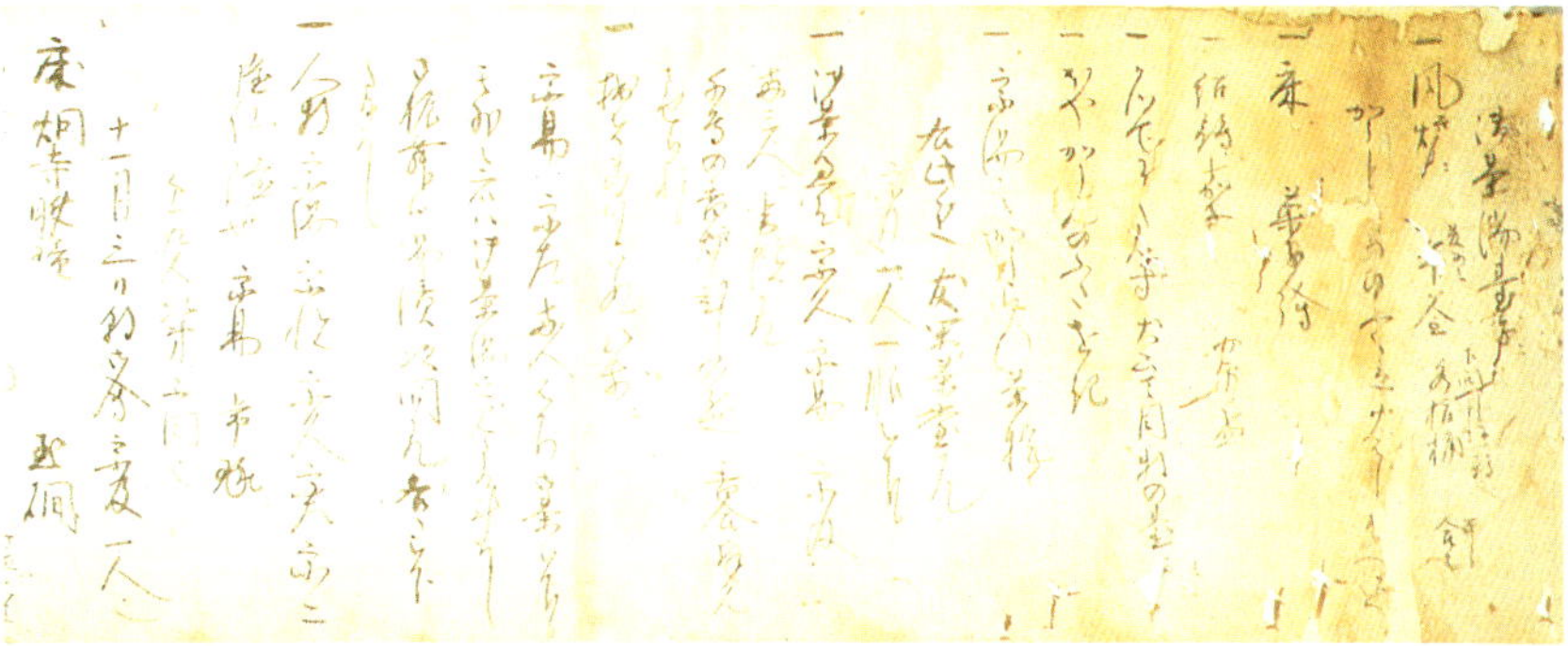

茶会記　信長の茶会には紹鷗茄子や白天目の茶碗など名器・名品が使用されていた。信長は富と権力の象徴として茶器を重視し、いわゆる「名物狩り」によって天下の名器を独占していた。（山口県香川允氏蔵）

唐物茄子茶入　銘九十九髪。信長が松永久秀より進上された茶入。本能寺の変のとき持参していたという。（東京都静嘉堂文庫蔵）

唐物茶壺　銘松花。『信長公記』には安土築城中の信長が松花・金花を手に入れて満足気であったことや、天正５年(1577)松花を信忠に譲られたことなどが記されている。（東京都徳川黎明会蔵）

織田信長自筆感状　信長の自筆文書と伝えられるものの中で唯一確定されている文書。宛名の与一郎は後の細川忠興《ほそかわただおき》。天正５年(1577)、松永久秀が信長に叛旗を翻したが、久秀討伐の戦にあたり与一郎・頓五郎(昌興)兄弟が比類なき活躍を果たし、信長が感状を与えたことは『信長公記』に詳しい。（東京都　永青文庫蔵）

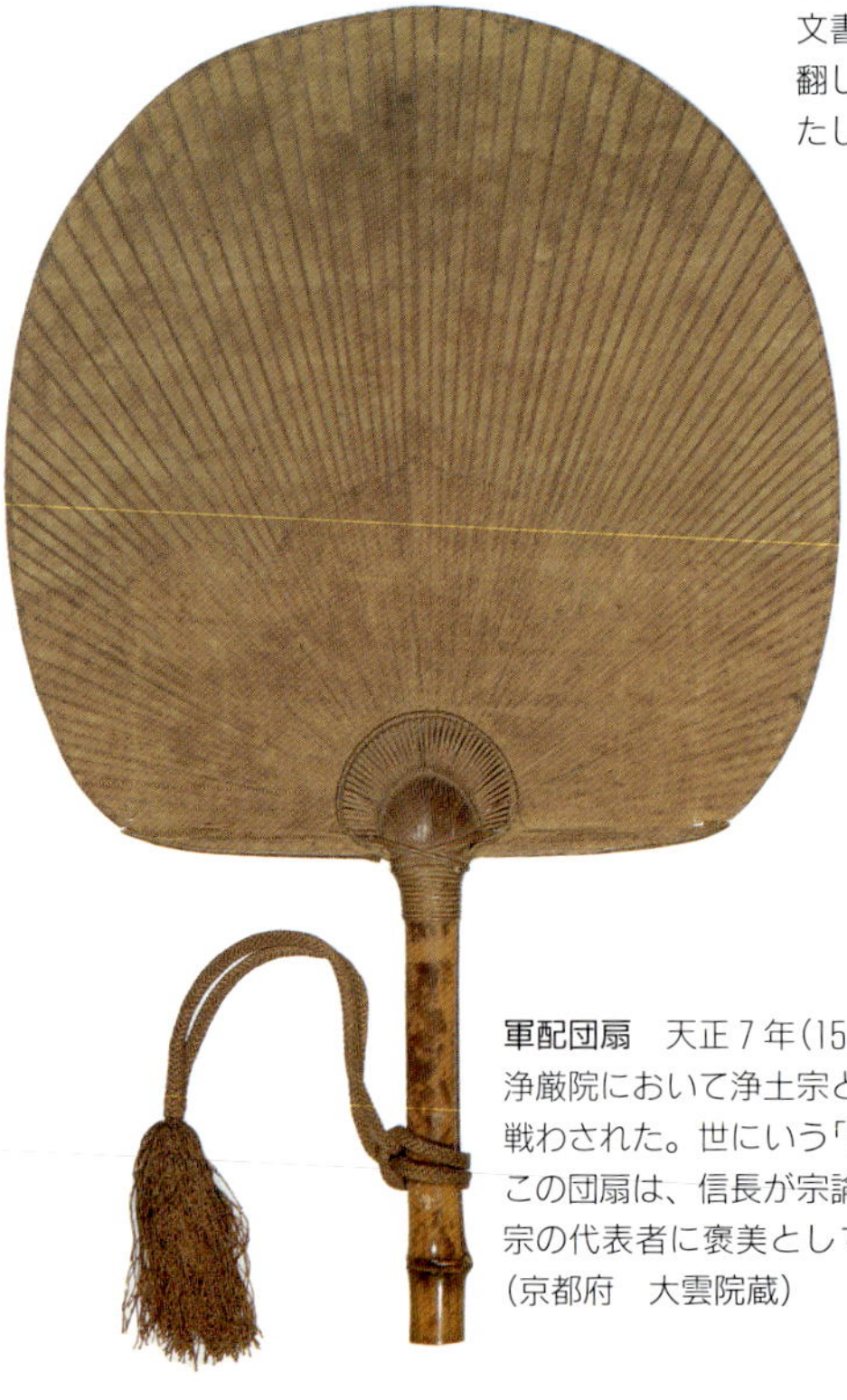

軍配団扇　天正７年(1579)５月、安土城下の浄厳院において浄土宗と法華宗の間で宗論が戦わされた。世にいう「安土の宗論」である。この団扇は、信長が宗論の勝者となった浄土宗の代表者に褒美として与えたものである。(京都府　大雲院蔵)

草花漆絵椀　（滋賀県　摠見寺蔵）

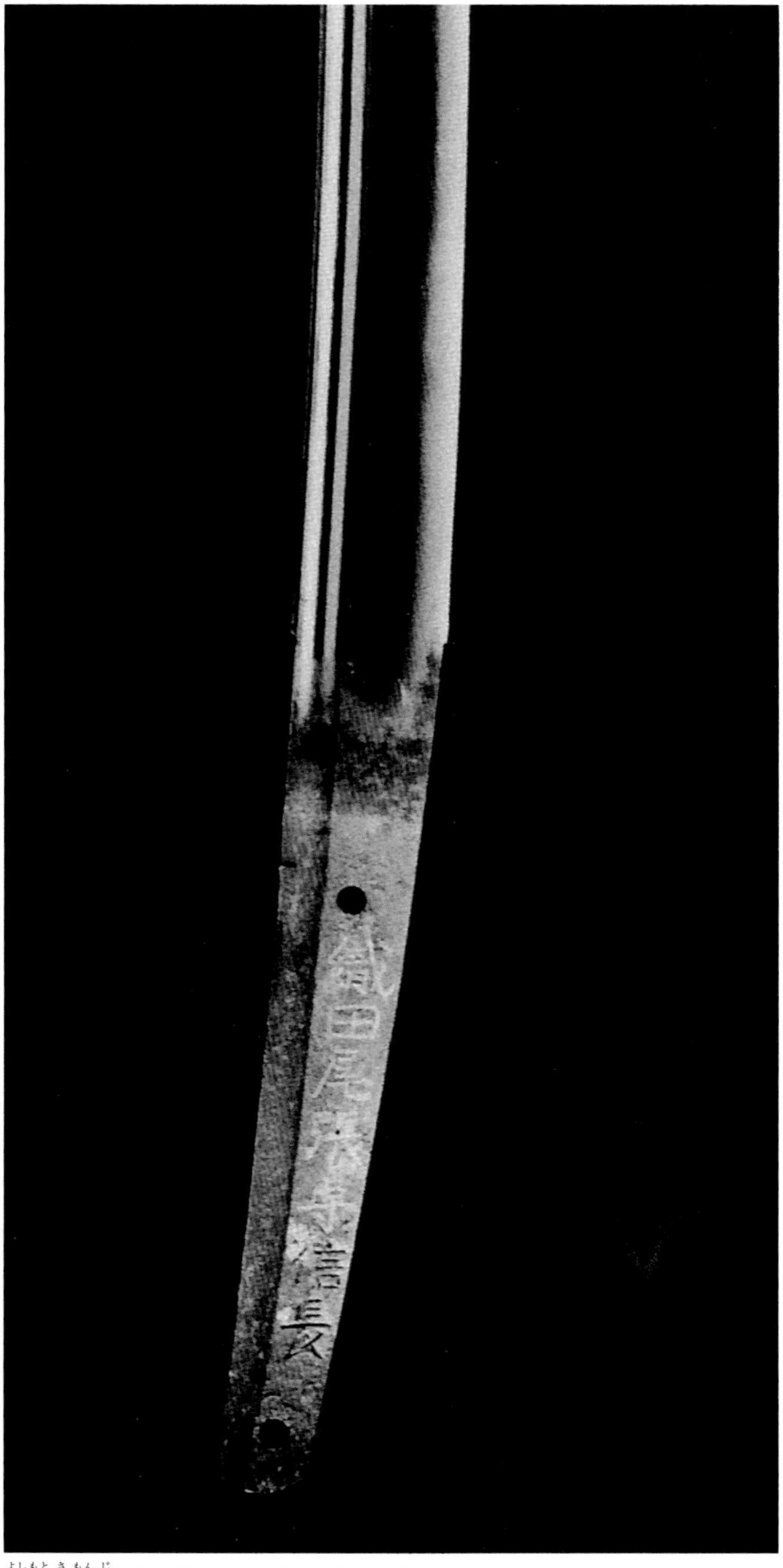

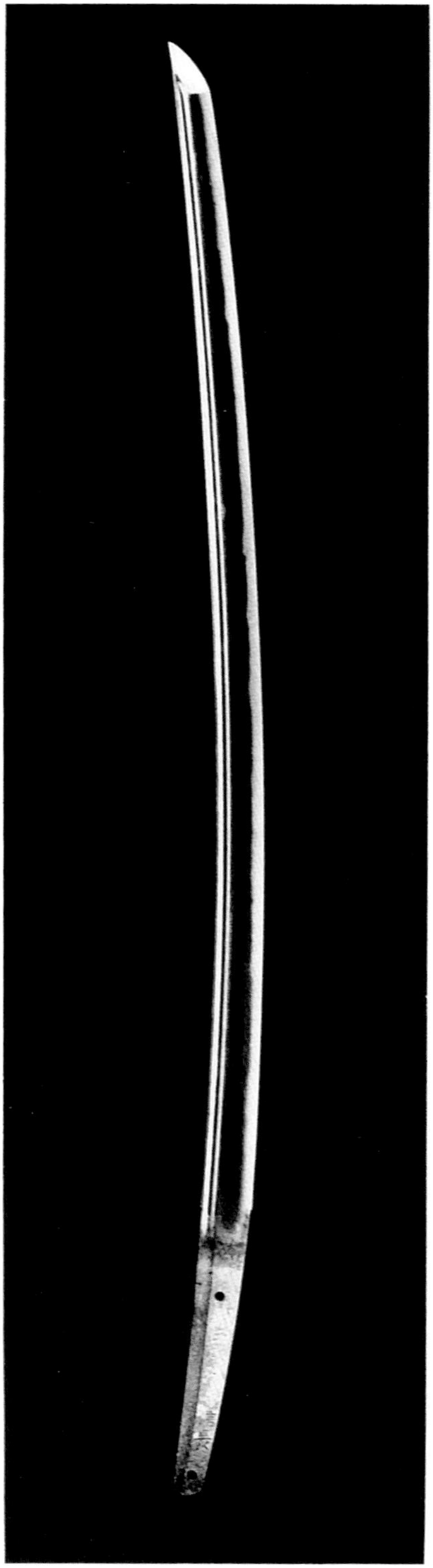

義元《よしもと》左文字《さもんじ》　「永禄三年(1560)五月十九日義元討捕刻彼所持刀」「織田尾張守信長」の金象嵌銘がある。桶狭間の合戦の際、信長が今川義元より奪い、銘を刻み佩刀したもの。（京都市　建勲神社蔵）

岐阜城と安土城——信長の「文」と「武」のシンボル

宮上茂隆

信長時代の岐阜城下町　斎藤氏の時代から岐阜城は、長良川にのぞむ金華山山上の城砦と、山麓の居館から成っていた。信長は山頂に三重櫓を建てて「天守」、山麓居館に四階御殿を建てて「天主」と命名した。天守閣の起源はここにある。居館の下にも屋敷があり、門前には桐馬場があった。周辺は家臣たちの屋敷が占めた。その外から、長良川との間にあった町にも新たに通りを作り町を作って、楽市楽座政策によって商人集住をはかった。城下は土塁で囲われていた。復元画監修＝宮上茂隆・松田之利・小島道裕・中井均。イラスト＝加藤由朗。岐阜市歴史博物館提供。

Y. KATO

岐阜城の「天主」と「天守」

織田信長は、尾張《おわり》国主として清洲《きよす》城を居城にしていたが、美濃の斎藤氏を討つために小牧山に築城して移り、永禄《えいろく》十年（一五六七）斎藤氏の美濃《みの》国稲葉《いなば》山《やま》城を攻略すると、さらにここに本拠を移した。その際、井の口の地名を「岐阜」と改めたが、それは、古代中国、周《しゅう》の武王が岐山に拠って殷《いん》を滅ぼし天下を統一したという故事に因むものであった。

かの有名な「天下布武《ふぶ》」の印を使用するようになるのもこの年からのことである。ここに信長は天下統一への野心を公に表明したといえる。

信長は、翌永禄十一年には足利義昭《よしあき》を擁して上洛を果たし、義昭を将軍に就けて実権をにぎった。そして安全な将軍御所として二条城を普請《ふしん》した。それは総石垣造りの館城の最初のものであった。その後義昭と不和になり、ついには追放してみずから天下人となるが、そのとき「天正《てんしょう》」に元号を改めるよう奏上して実現させた。

ここでさらに付け加えたいのは、「天主」閣という風がわりな名称をもつ建築も、信長の岐阜城に始まるということである。

永禄十二年に岐阜城を訪ねたキリスト教宣教師フロイスらは、岐阜城の山麓居館で、庭園中にたつ、信長の住まいとなる新築の四階御殿を、信長自身の案内で見物した。これこそ「天主」と命名された建物であったと考えられる。

「岐阜」等の命名は、信長側近の禅僧沢彦《たくげん》によることが知られているが、天主の命名は、信長の命により京都嵯峨天龍寺《てんりゅうじ》の禅僧策彦《さくげん》

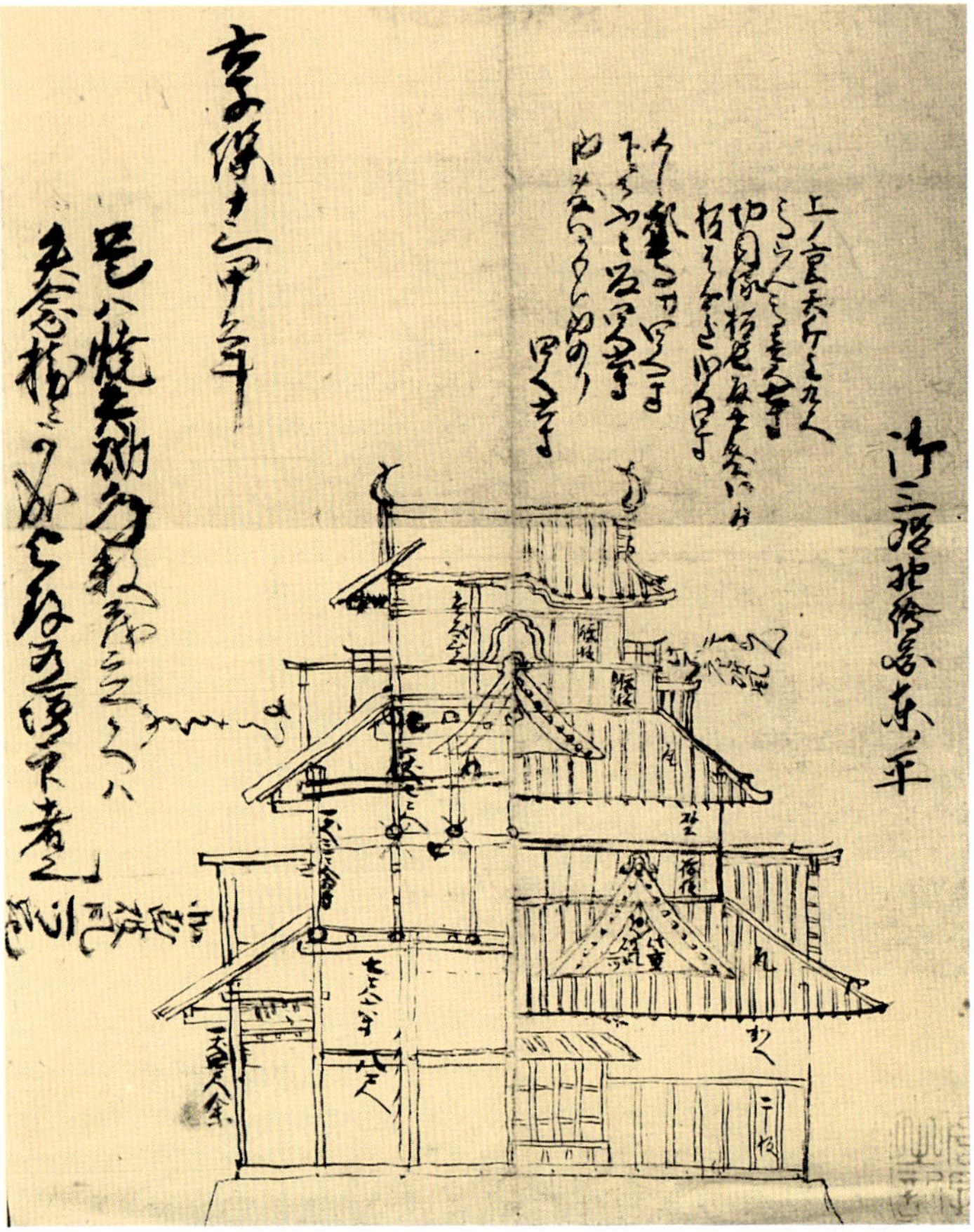

加納城御三階の図　岐阜城の山上の天守を移築した加納城御三階が、享保13年（1728）に焼失した後で、大工が作成した図。（岐阜県・片野記念館蔵）

岐阜城天守　昭和31年に再建された模擬天守（岐阜市）

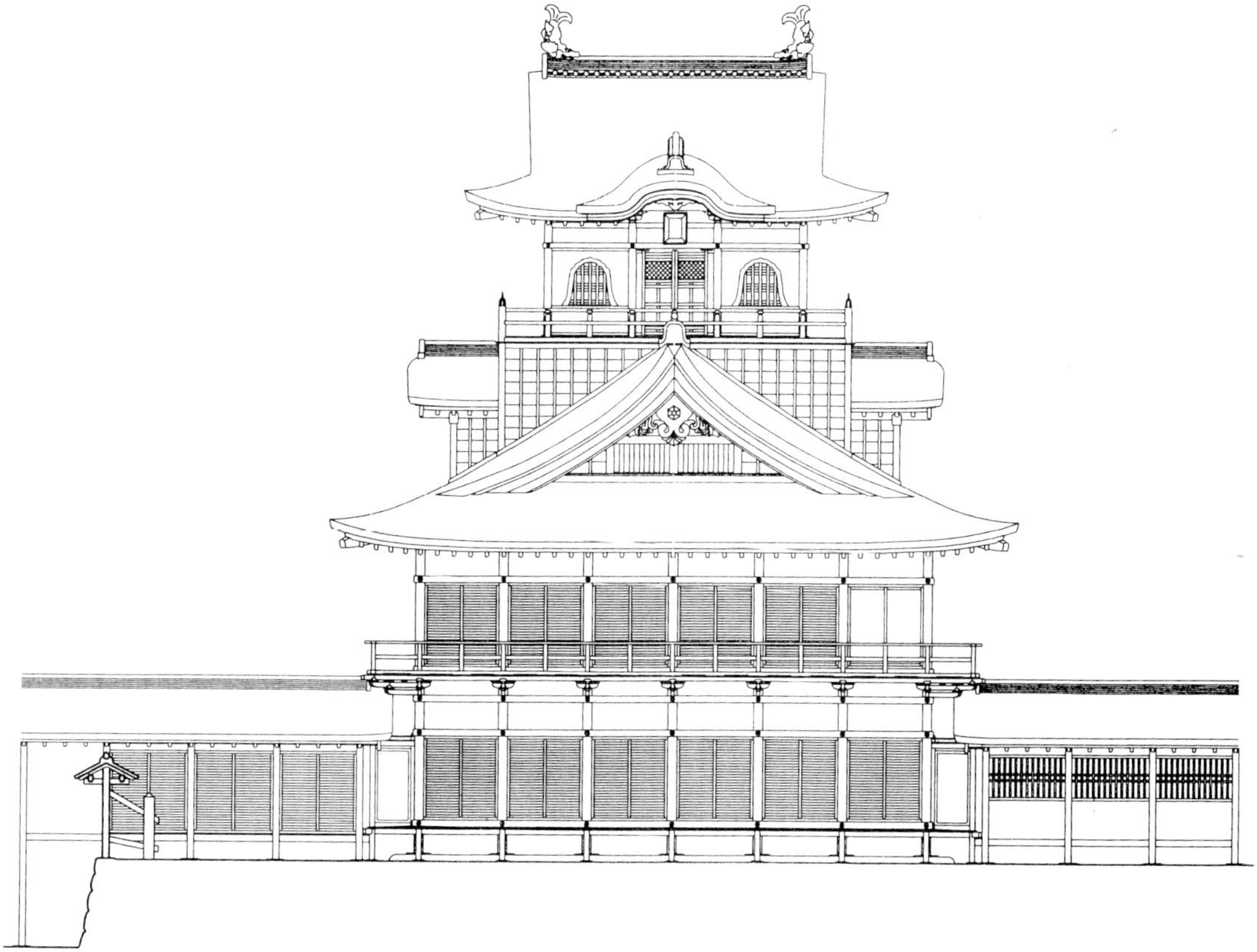

岐阜城天主南立面図　信長の岐阜城山麓居館につくられた〝天主〟は4階。1階は足利将軍邸の常御所と同じ東西6間、南北7間の規模で、4階は、金閣・銀閣と同じ3間四方であったと考えられる。南面西側には玄関があったはずである。天主の西側には舞台造りの遠侍《とおざむらい》が、また、東には風呂があったと考えられる。(復元設計　宮上茂隆)

が行ったと、徳川幕府大棟梁《とうりょう》平内家の秘伝書『匠明』に記されている。策彦は戦国末期の五山文学を代表する僧で、遣明《みん》船の副使および大使として二度も中国へ渡り明の皇帝に拝謁していた。信長は上洛にあたって策彦に会見を請い、会ってその人格にふれて敬愛するにいたり、みずから庵室を訪れたり、城に招いたりして師の中国の名勝に関する話などに耳をかたむけたと伝えられる。

　策彦と信長との親交は信長の岐阜在城時代のことである。楼閣建築は中国では古代からあり、また建物に命名してそれを額に掲げるのも中国古来の伝統である。わが国の禅院でもそれにならって、一部二階の方丈を建てたり、庭園内の見所《みどころ》となる建物・橋等に命名することが行われていた。

　大坂石山本願寺には「御亭」という三階御《ご》殿《てん》があったが、信長は岐阜城にそれを超える四階御殿を造って「天主」と命名させたのである。「天主」は天帝と同義語で、中国思想の根本をなす。

　フロイスは岐阜城山頂の櫓《やぐら》でも信長の歓待をうけたが、そのほうは「天守」と命名されていた可能性がある。天正七年に伊丹《いたみ》城を攻めた信長が、徳川家康《とくがわいえやす》に戦況を知らせた書状に、残るは「天守」のみ、と記しているからである。フロイスの報告によると四階御殿は金碧障壁画《しょうへきが》で飾られ、信長はそこで彼らに茶の湯道具を見せた。山頂の櫓のほうには千本もの矢が飾られていた。山下の「天主」は信長の「文」を、山頂の「天守」は城主信長の「武」を象徴する建築であったといえよう。

山頂の天守は、関ケ原《せきがはら》役後、岐阜城が加納城に移された際、その二の丸に移築され、「御三階」と呼ばれた。享保十三年（一七二八）に焼失したが、すぐ後で大工が描いた図が遺っていて、その形がわかる。

佐々木六角氏の観音寺城と信長の安土城築城

天正三年（一五七五）長篠《ながしの》の戦いにおいて甲斐《かい》武田氏の軍に壊滅《かいめつ》的打撃を与えた信長は、年末に嗣子信忠《のぶただ》に領国尾張・美濃をゆずって、茶の湯道具だけをもって岐阜城を出、天正四年正月早々から近江《おうみ》国安土に築城してここに移った。

近江国は、美濃からつづく中山道《なかせんどう》、越前からくる北国《ほっこく》街道、伊勢からくる東海道が合流する、京都の東の玄関口にあたる。国の中央の大部分を占める琵琶湖《びわこ》はさらに重要な交通路であった。そこを舞台にいわゆる近江商人が商業活動を展開し、また平野での米の生産力は他国よりすぐれて高かった。

その南半国を支配する大名佐々木《ささき》六角《ろっかく》氏は、琵琶湖東岸のなかほどに位置する繖《きぬがさ》山（湖水面上高さ三四〇メートル）の観音寺《かんのんじ》城を本拠としていた。観音寺城は戦国の山城には珍しい壮大な石垣造りの城である。戦国末期、京都

安土城絵図　（大阪天守閣蔵）

を逃れた将軍足利義晴《よしはる》は六角氏を頼ってここに仮の幕府を置いた。その関係で、種ヶ島《たねがしま》に伝来した鉄砲はすぐに国友村（長浜市）で製造が開始された。義晴の次の将軍義輝《よしてる》も六角氏を頼り、その後援によって京都に復帰できた。が、その直後、松永久秀《ひさひで》らの襲撃によって殺された。義輝の弟義昭《よしあき》も、はじめは六角氏をたよって上洛を期した。しかし六角氏にその意思のないことを知って信長を頼ったのである。

上洛の際、観音寺城主佐々木六角義秀の後

見、箕作《みつくり》城主六角義賢《よしかた》は、これをはばもうとしたので、信長は箕作城を降して観音寺城を占拠した。その後信長は、近江に大きな勢力をもつ比叡山《ひえいざん》を焼き打ちし、山下の坂本《さかもと》に明智光秀をして築城させた。また小谷《おだに》城に拠り北近江を支配していた浅井長政《あさいながまさ》を滅ぼした跡には、羽柴秀吉《はしばひでよし》を入れて長浜に築城させ、佐和山城（彦根市）には丹羽長秀《にわながひで》を置いた。こうして近江国中の武士を家臣団におさめて、琵琶湖にのぞむ諸城の要として、安土の築城が行われたのである。

琵琶湖の水運・畿内に対する戦略的拠点

「安土」の地名もまた正式には信長の築城の際に定まったものである。城が築かれたのは、観音寺城の北の尾根つづきで、琵琶湖の入江に半島状に突き出ている、湖水面上高さ一一〇メートルの小丘である。観音寺城は曲輪《くるわ》が山上に集中する山城であるが、安土城は、山の上から下まで曲輪を配した、水運《すいうん》を重視した平山城である。ここに近世城郭の特徴のひとつが示されている。

信長は、上洛の頃からすでに琵琶湖の水運を利用して軍を移動したが、将軍義昭が反信長の諸勢力と連携をふかめると、軍に機動力を持たせるために大船を建造している。大船といっても、建築大工の岡部又右衛門に製作させたもので、複数の船を繋いで造った組船とみられる。それは陸路が整備されると不要となり、安土築城の際、とりほどいて早船十艘に作りかえられた。

安土城の曲輪はすべて石垣で造成された。それは石垣の城として先駆的であった観音寺城に倣ったものとみられる。石垣の普請は、諸国の侍・職人を動員して、天正四年の四月一日からと、七月一日からの、二度にわたって行われた。普請総奉行は丹羽長秀であった。

安土築城の目的は、近江国の支配と、畿内《きない》の反信長勢力の一掃というところにあったとみられる。事実、信長は普請開始とともに、その中核である大坂石山《いしやま》本願寺に対する攻撃を本格化した。しかし大坂城を落とすことはできず、天正八年に天皇の仲介で講和し、本願寺を大坂城から退去させた。

安土城の工事のほうは、九年の夏までには完成した。当時、お盆には町の各戸に提灯《ちょうちん》を吊るのが恒例であったが、信長は、この年はそれを止めさせて、安土城だけにかぎって天主等に提灯を吊らせ、馬廻り衆には松明《たいまつ》を持たせ、城を闇夜の中に浮き上がらせた。それは完成祝いでもあったにちがいない。折からローマ法王の使節が安土に来ていたが、信長は、かれらの出発を延期させて、このとき城内を案内した。明けて天正十年正月には、年賀のために各国から訪れた武士たちで城内はあふれた。

その年五月に信長は甲斐武田氏を滅ぼした。そのあと、武田の旧領甲斐・信濃を賜った礼に安土城にきた盟友徳川家康を迎えて歓待した。そして、いよいよ西国の毛利《もうり》軍と全面的対決に臨む直前、信長は京都本能寺で、光秀の襲撃にあって自害してはてた。安土城は山崎の合戦後の混乱のなかで焼失した。今日、城跡には石垣が残るが、建物は信長が移築した摠見《そうけん》寺の楼門・三重塔をとどむるのみである。

天主の一等史料『安土日記』

しかし幸いなことに、こと天主については史料に恵まれている。山頂の天主台石垣は、上部がくずれてはいるが礎石まで現存する。周辺からは金箔瓦《きんぱくがわら》や赤瓦も出土している。

フロイスも、天主について、七重の塔で瓦《かわら》葺《ぶ》き、最上階は金色、各階は赤・青・黒・白と色が異なること、はなはだ立派で信長が最も自慢にしていることなどを記している。

また信長は、当時最も有名な絵師（狩野永徳《かのうえいとく》）に委嘱《いしょく》して、安土の城と町の有様を忠実に屏風《びょうぶ》に描かせ、来日していた使節アレッサンドロ・ワリニャーニに託してローマ法王に贈った。この屏風は現在まだ見つかっていない。

信長は、天主についてもっと重要な記録を残した。それは、天主が完成したばかりの天正七年正月に、京都所司代村井貞勝《むらいさだかつ》に見せて作成させたもので、太田牛一著『安土日記』（写本、前田育徳会尊経閣文庫蔵）に引用されて伝わる。同じ著者の『信長公記』安土山御天主之次第の文のほうが有名であるが、それは牛一が前者の文を改ざんしたもので、不正確であることを、私は前に証明している。『安土日記』の文こそは天主に関する一等史料である。これには、各階の各室の広さ（それから畳敷きか板敷きかもわかる）、障壁画の画題が記され、三本の大通柱の存在とその太さ高さ、窓の数、柱の総数、瓦葺きであること、外壁板が黒漆《くろうるし》塗りであったこと、等々が示されている。これによって各階の間取りを私は復元している。天主の建造を手がけたのは、もと足利将軍家の大工で熱田《あつた》大工の岡部又右衛門であったが、岡部家は安土の他にも天守を造営しているので、それらを資料にして、安土の天主は構造までも正確に復元できる。かくしてその外観も、安土屏風がなくても、復元できるのである。

以下に天主の概要を示す。（図参照）

安土城の外観と構造

天主は、屋根五重、内部は地階をいれて七階であった。それは、石垣高六間の不整形平面の天主台上に、高五尺の矩形平面の石垣を築いたようにそびえていた。石垣上端からの棟高は一六間半。天主台石垣を含めた天主全高は、東大寺大仏殿の高さと同じ十六丈（四八メートル）であった。

天主の下の三階分は、内部は岐阜城天主のような御殿で、外観は岐阜城天守のように外壁は白漆喰《しろしっくい》塗り、腰は羽目板《はめいた》張りであった。

四階は屋根裏階。五階は夢殿《ゆめどの》のような八角堂で朱漆塗り。内には釈迦十大弟子等の仏画が描かれていた。その外には縁があり、縁下の板壁には龍と鯱《しゃちほこ》が表わされていた。それらは中国皇帝のシンボルである。信長は安土に移ると、天下布武の印にも文字の周りに龍を付け加えたものを使用するようになる。

最上階六階は、金閣三階のような唐様仏堂タイプであったとみられ、内部は壁天井すべて金箔押し、壁には三皇五帝や孔門十哲らの儒教画《じゅきょうが》が描かれていた。外側は柱などは金で、廻縁と勾欄《こうらん》が付いていた。天主外側の板壁・窓部分はすべて黒漆塗りであった。

一階から三階までの内部は畳敷きあるいは板敷きの室からなり、襖《ふすま》は金箔押しのものが使われた。

三階は宴会所で、主室は三間×四間の板敷広間で、松ばかりが描かれていた。信長の好きな能などが行われるところとみられる。御座の間八畳には、やはり信長が好きな鷹が描かれていた。

二階は南側が上段付きの対面座敷で、花鳥画が描かれ、その他の室には、中国の仙人を主題とする画が描かれていた。

一階は西南部（絵掲載）が信長の常御殿にあたる。南側の対面座敷の障壁画は鵞鳥《がちょう》と雉《きじ》、

安土城天主断面図　天主台石垣、三重の御殿、その上の二重の宗教建築、という三者の構成と調和に注目すべきであろう。天主は、古代中世の五重塔に代わる、新形式の“塔”だったということが、ピラミッド状の形から、理解されよう。安土城天主の中央には、４階分を貫く大柱が３本立っていた。機能的な各階の間取りと、構造上の合理性とをたくみに調和させて、空前絶後の複雑な建築を設計した、熱田大工岡部又右衛門の才能には驚くべきものがある。（復元設計　宮上茂隆）

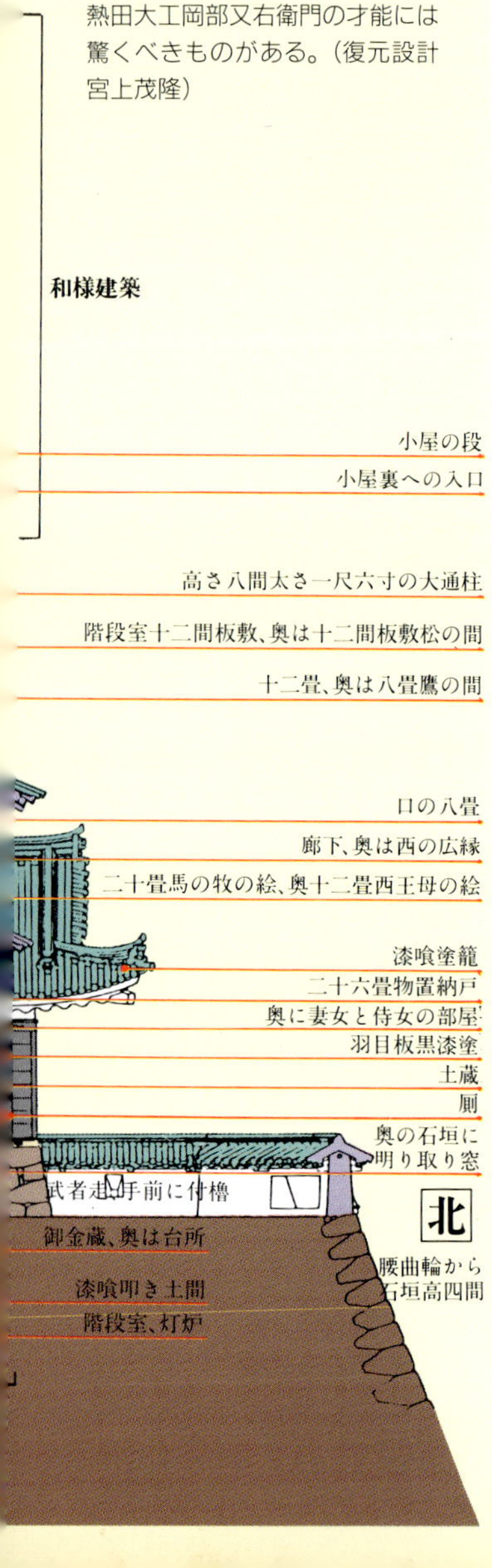

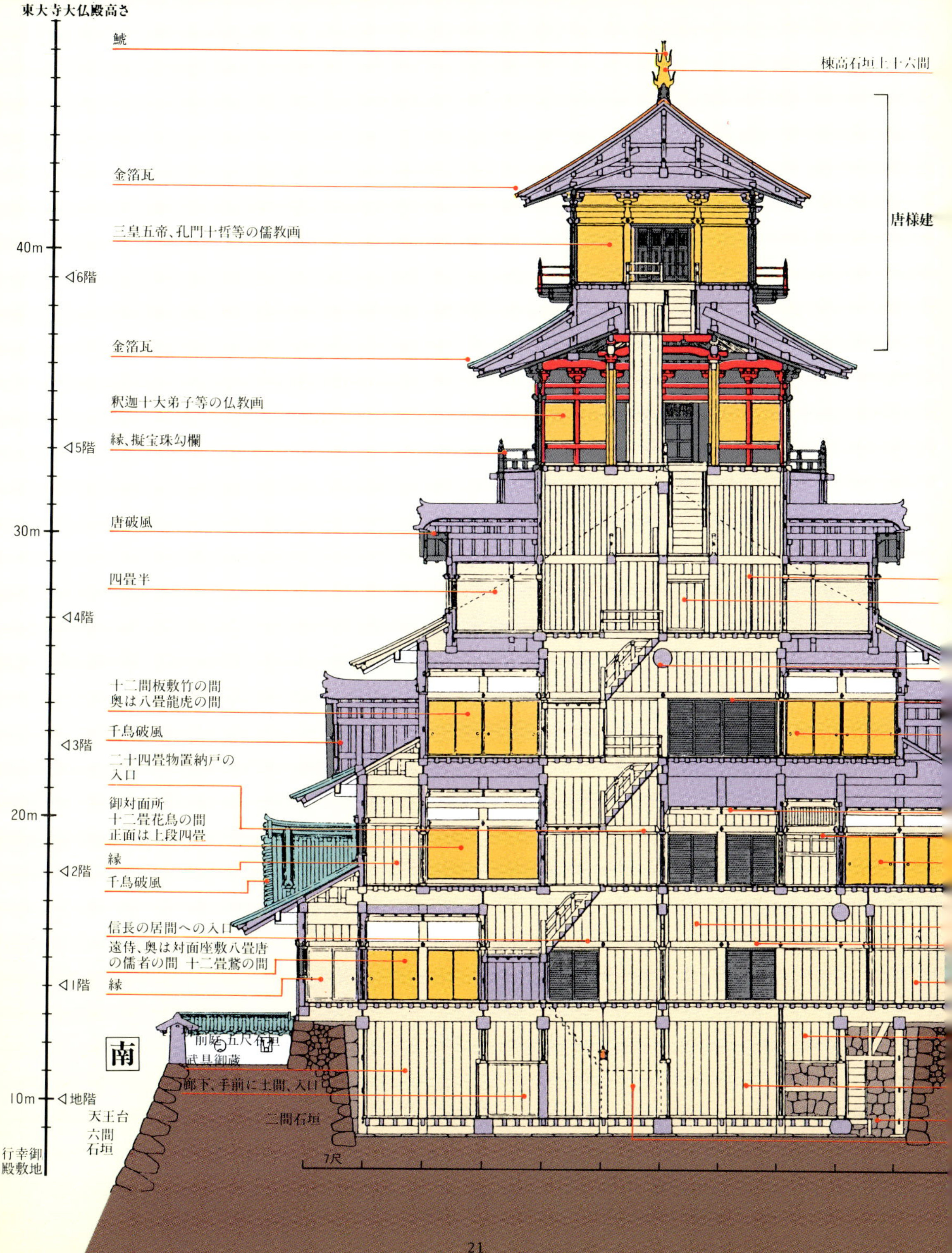
東大寺大仏殿高さ
鯱
棟高石垣上十六間
金箔瓦
三皇五帝、孔門十哲等の儒教画
唐様建
40m
◁6階
金箔瓦
釈迦十大弟子等の仏教画
縁、擬宝珠勾欄
◁5階
唐破風
30m
四畳半
◁4階
十二間板敷竹の間
奥は八畳龍虎の間
千鳥破風
◁3階
二十四畳物置納戸の
入口
御対面所
十二畳花鳥の間
正面は上段四畳
20m
縁
◁2階
千鳥破風
信長の居間への入口
遠侍、奥は対面座敷八畳唐
の儒者の間 十二畳鵞の間
◁1階
縁
南
前庭 五尺石垣
武具御蔵
廊下、手前に土間、入口
10m
◁地階
天王台
六間
石垣
二間石垣
行幸御
殿敷地
7尺

そして棚には鳩が描かれていた。居間十二畳には墨絵の梅、付書院には遠寺晩鐘《おんじばんしょう》の絵が描かれていた。墨絵の梅は中国志向の禅僧の居間に描かれた画題である。遠寺晩鐘の水墨画は、室町将軍蒐蔵の唐絵中、最も重んぜられた瀟湘《しょうしょう》八景図（江南の洞庭湖周辺の水景を描く）の一つである。信長は玉澗《ぎょくかん》筆のそれを愛蔵し、茶の湯の会には決まってそれを掛けていた。信長は唐物（中国から輸入した絵画・工芸品）好きで、その蒐集にも努めたが、この天主内部の障壁画は、唐物の絵画の模写絵のようなものが多かったことがわかる。狩野派じたい、もともと漢画を得意とする流派であった。天主の地階は台所と金蔵・武器蔵とみられる。

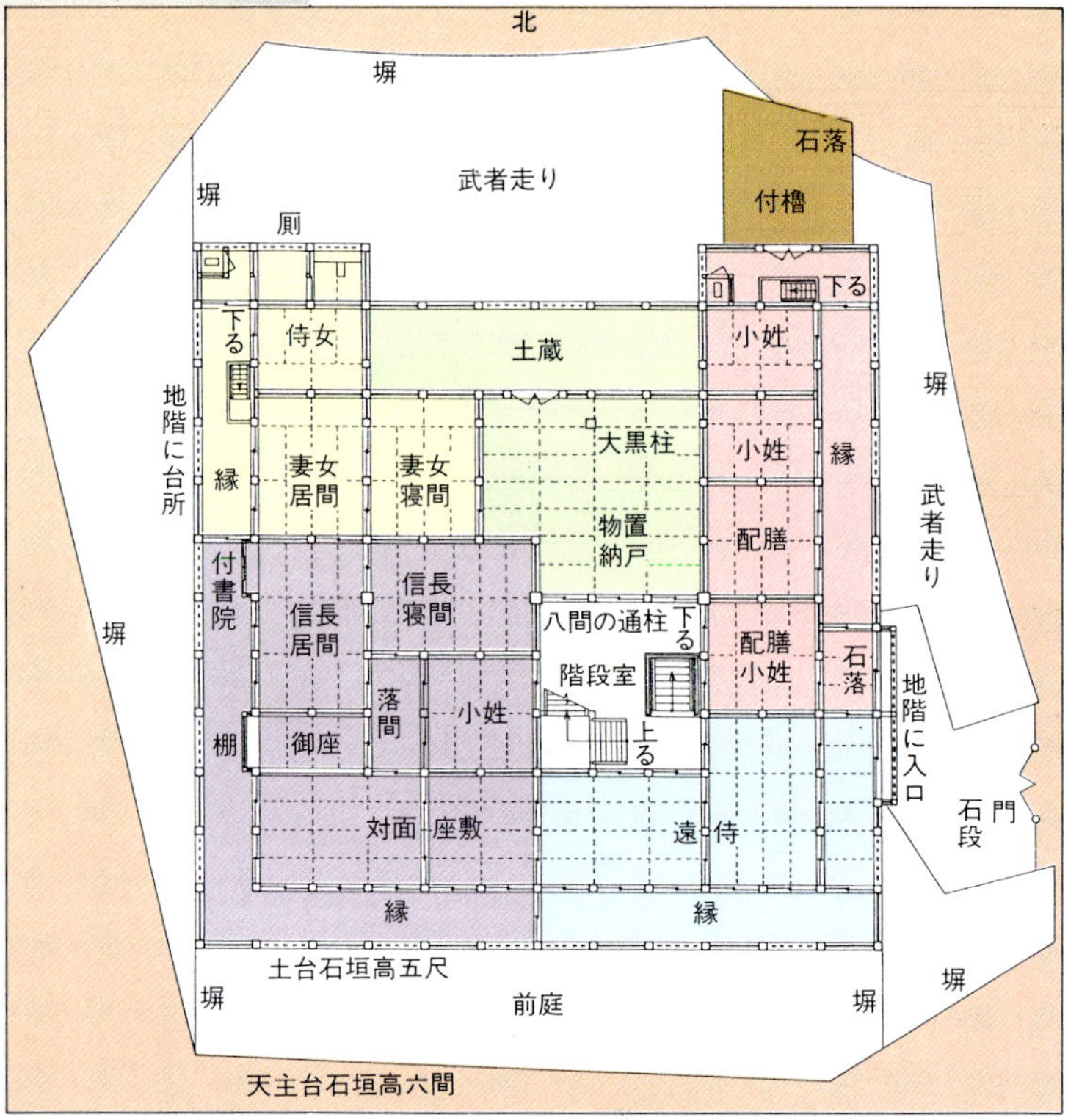

安土城天主台と１階平面図　『安土日記』に載っている村井貞勝の天主に関する記録によって、安土城天主の各階の間取りを復元できる。図中に記した部屋の名称は、宮上の推定だが、間違いないはずである。（復元設計　宮上茂隆）

この天主は、住宅建築の屋上に宗教建築を載せた構成において、金閣と共通する。が、規模・外観などにおいては両者に大きな開きがある。当時これを見た人々の驚きはいかばかりであったろうか。

信長は、記録のひとつとして『安土山之記』（漢文）の撰文を、はじめ策彦に依頼した。しかし彼は引退を理由に固辞し、代わりに岐阜の禅僧南化玄興《なんげげんこう》を推薦した。その結果南化の文が今に伝わっている。その文中において安土山は泰山――皇帝が天帝に治世を報告する、封禅の儀式をする山――に擬せられている。またこの城の特徴は「唐様《からよう》」（中国風）にあり、その新機軸はすべての信長の構想になると記されている。

事実、天主は「唐様」の建築をめざしたものといえる。高い台（中国の台はレンガ・石造）上に立つ高楼という形式は、中国の伝統である。八角平面の建物はもともと道教《どうきょう》に由来する形式であり、八角と四角の建物を上下に重

安土城天主復元図　外観は、白漆喰壁と黒漆塗を基調とし、赤漆、青色（龍の背景の地の色か、瓦か）、金色と、五色に彩られていた。最上階の瓦は赤瓦、各階の軒瓦は金箔押しのものが使われた。（制作　宮上茂隆・竹林舎建築研究所）

ねた楼閣は、我が国においてはここのみだが、中国では現存するものだけでも少なくない。天主の屋根上には、飾りの破風《はふ》が載っていたにちがいないが、そのやり方も宋・元の絵画にみられ、明《みん》の紫禁《しきん》城の隅楼等に現にみることができるものである。また天主は安土城内では例外的に瓦葺きであったが、軒先を飾る瓦は金箔押しで、最上階の屋根に使われたのは赤瓦であった。こうした瓦の制作を指導したのは、一官という名の中国人であった。中国では皇帝の宮殿に黄色の釉薬《うわぐすり》をつかった瑠璃《るり》瓦を使用する。

唐物数寄が生んだ風流空間

天主は、信長の唐物数寄（好き）が生んだ建築といえる。中世文化人には唐物数寄が少なくなかったが、家督を信忠にゆずっても数寄の道具だけは持って家を出た信長はその一人に数えられる。信長の側には生まれた時から沢彦らの禅僧がいたし、傅《もり》役の信秀重臣平手《ひらて》政秀《まさひで》は、公家《くげ》の山科言継《やましなときつぐ》が褒《ほ》めるほどの数寄者（和歌・連歌《れんが》に執心で、連歌の寄り合いの会所となる数寄座敷や、その飾りの道具である唐絵・唐物に教養のある人をいう）であったのだから、彼等の教育の結果とみられる。安土の天主が、岐阜以上に、はなはだ中国風であったのは、策彦の中国みやげの話の影響によるところが大きかったと思われる。

本能寺の変を本国に報じた書簡のなかでフ

四季花鳥図屏風　狩野元信筆。安土城天主内の障壁画を描いたのは、元信の孫にあたる永徳一門の画家たちであった。天主２階の対面座敷の花鳥図は、この絵とほとんど同じものであったとみられる。（兵庫県・白鶴美術館蔵）

ロイスは、信長が、日本統一の暁には艦隊を中国に派遣する計画だと語っていたことを記している。

天主一階の信長の居間は西側に面している。二階には西側に広縁があった。天主からは西方の眺望が優れていたからである。天主のある本城の西方の尾根に、信長は、甲賀の古寺から三重塔などを移築して摠見寺を創った。家康を迎えたときに、ここに桟敷《さじき》をつくって能を催したのも、西側の景観が優れていたからであろう。

山の下には港があり、白い帆をあげた船が入っていた。西湖と呼ばれる入江（江南《こうなん》の名勝、杭州の西湖にならった命名であろう）の、水面を隔てたかなたには近江八幡・長命寺の山々、そして遠くには比叡・比良の連山の姿があった。北の方には竹生《ちくぶ》島や湖北の山々の姿があった。この琵琶湖随一の水景は、かつて観音寺城に会した公家・武家・寺家の文人たちが歌に詠じたところである。彼らは、琵琶湖を洞庭《どうてい》湖にみたて、あるいは瀟湘八景になぞらえて近江八景を設定していた。入江に臨む丘の上に楼閣として「天主」を建てた信長は、それを知っていて、遠寺晩鐘などの瀟湘八景図や、楼閣山水図の絵のイメージを、現実に再現したものと考えられる。

安土は、信長の天下布武の野心ばかりではなく、信長の文人的側面、唐物趣味を具現した、風流の空間でもあったのである。

安土城下と楽市令

小島道裕

天正《てんしょう》四年（一五七六）正月、安土《あづち》城の建設に着手すると共に、信長は城下の建設にもとりかかったと思われる。そして天正十年（一五八二）の信長の死にいたるまで城下は拡張と整備が続けられていた。『信長公記』やルイス・フロイスの報告などの文献資料と現在に残る遺構や地名などから想定されるそのありさまは、およそ次のようである。

城下の範囲

安土城下の故地は、現在の滋賀県蒲生郡安土町の大字下豊浦・常楽寺の付近、JR琵琶湖線の安土駅から安土山の間を中心とする一帯である。

琵琶湖はこの付近では内湖を形成しており、その干拓によって城下町当時とはかなり地形が変わっているが、古い地形図や地籍図によって明治ころの地図を描くと29頁の図のようになる。

城下の北限は当然この湖岸まで、南限は図の鉄砲町—鍋屋町のラインよりは延びないと考えられ、この間の微高地には、城下の街路の跡と思われる格子状の道路が残る。

西側の境は「安土町末の寺」と呼ばれた浄《じょう》厳院《ごんいん》の西側あたりで、ここでは磔刑《はりつけ》なども行われている。

街道はこの付近から街区を抜けて安土山の南を通り、「北腰越」の鞍部を越えて北東へのびる。この「北腰越」が城下の一応の東限と思われていたが、『信長公記』天正九年（一五八一）正月条に見える「安土御構の北」に馬場を築いたという記事が、ここを越えた現能登川町南須田の小字「御馬場」を指すことが最近指摘された。信長最晩年のこの時期には、城下域はそこまで広がっていたと考えられる。

家臣団居住地

この城下町の内部には、近世城下町では一般的な、武家屋敷地区と町屋地区の区分を一応認めることができる。武士の居住したのは、まず大身《たいしん》の屋敷がつくられた安土山の山腹で、それと共に安土山の西側と南側が家臣団居住区にあてられたらしい。

『信長公記』天正八年（一五八〇）閏《うるう》三月十三日条には、「西北海の口に舟入所々にほらせ、……各屋敷下され」た家臣として、高山右近《うこん》、金森長近《ながちか》、日根野《ひねの》氏ら十四名が挙げられているが、これが現地に残る「高山」「金森」「備中」といった地名と一致し、城下北辺のこの辺りは、後から造成された大身の屋敷地だったことが知られる。

その南の部分は、舟入《ふないり》と見られる水路と道路が並行しており、それに面して短冊《たんざく》型の地割がきれいに並んでいることから、中下級の家臣の居住地だったのではないかと考えられる（28頁上図）。

安土山の南には、中央に道路が通る二つの帯状の土地があるが、ここも同じような場所と考えられる（28頁下図）。

このように、家臣団の屋敷地が水上交通を意識した構造になっていることは注意されよう。

そして信長は、自らの家臣団を中世来持っていた領地から切り離して、こうした居住区に強制的に移住させた。『信長公記』には、信長の馬廻《うままわり》らが妻子を尾張に残していたことが発覚し、尾張の屋敷を焼き払わせて移住させたエピソードが伝えられているが（天正六年正月二十九日条）、これは岐阜までの段階とは異なって、信長が安土への移転によって家臣団の兵農分離を推し進めたことを物語っている。

町屋

武家屋敷地以外の部分は基本的には町屋地区であったと思われるが、ここで特に注意されることは、二つの港を含んでいることであ

安土付近の空中写真　右側の山は六角氏の居城観音寺城のある観音寺（繖《きぬがさ》）山。山頂から城下石寺にかけて大規模な石組の遺構が残る。安土城はそこから琵琶湖に突き出した安土山にあり、城下域は主としてその西南、大字下豊浦から浄厳院のある大字慈恩寺にかけて広がる。中世来の港である常楽寺はその一つの核となったと思われる。

る。特に重要なのは、現在の安土の市街地でもある常楽寺《じょうらくじ》で、近世・近代を通じて存続した港だが、その歴史は安土築城以前にさかのぼり、おそらく六角《ろっかく》氏の居城観音寺《かんのんじ》城の外港であったと思われる。信長自身も安土築城以前から上洛の途次にしばしば滞留しており、そこがすでに都市的な場となっていたことがうかがえる。この常楽寺の港が安土に城下町をいとなむ一つの契機であり、核であったことは間違いないであろう。

常楽寺の街路の方向は、それ以東の安土城に近い部分がほぼ正南北であるのに対して、西へ三〇度ほど振った、この付近の条里地割と同じ方向であり、これは安土城下町以前からの町が城下に取り込まれたことを示している。

もう一つの港は城下の北部、現下豊浦の活津彦根神社付近で、「本町」「池田町」「正神(庄神)町」など、後に安土から移転する八幡(近江八幡)と共通する地名があることから、ここも安土城下町当時から町屋地区の一つの中心であったことは確実で、やはりそれ以前から存在した港ではないかと考えられる。

こうした、前代からの港を核とし、新しく設定された街区を充填《じゅうてん》する形で、安土城下の町屋は次第に充実の度を加えていった。町屋地区の南部では部分的に発掘調査も行われ、いくつかの屋敷地割や建物跡などが検出されているが、常楽寺付近以外では、先行する条里と同方向の地割を、現在と同じ向きの、新たな城下の地割に引き直すという形で整地が行われていることが確認されている。

寺院とセミナリオ

この他、安土にはいくつかの寺院が存在したことが知られている。まず安土山の摠見寺《そうけんじ》は、現在三重塔・楼門の建築と本堂跡などを残している。信長を神として祀り、その誕生日には群衆が参詣し、また盆の祭りには天守とともに提灯が飾られた。城下と領国の経営のための重要なイデオロギー装置であったことは間違いない。

また、先述の城下西端の寺浄厳院も、当時の本堂を残している。信長が近江の栗太郡金勝から移した浄土宗寺院で、近江・伊賀の寺院八百八寺を末寺にしたといわれ、浄土宗と法華宗との「安土宗論」もここで行われた。安土城と同じ瓦も出土しており、安土城下と信長の寺院政策の双方にとって重要な位置を占める寺院であった。

この他にも、城下域内には寺院・寺院趾が

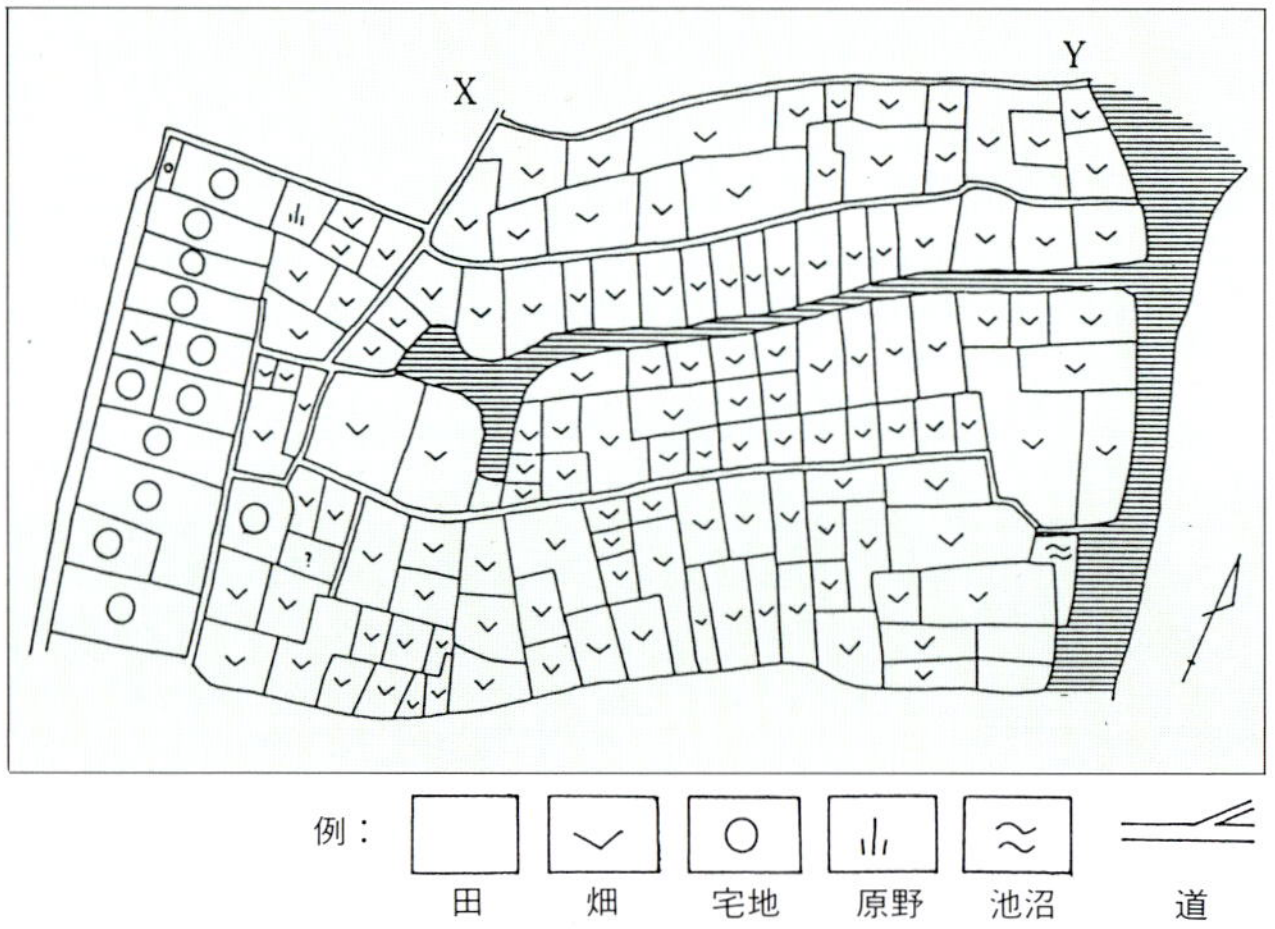

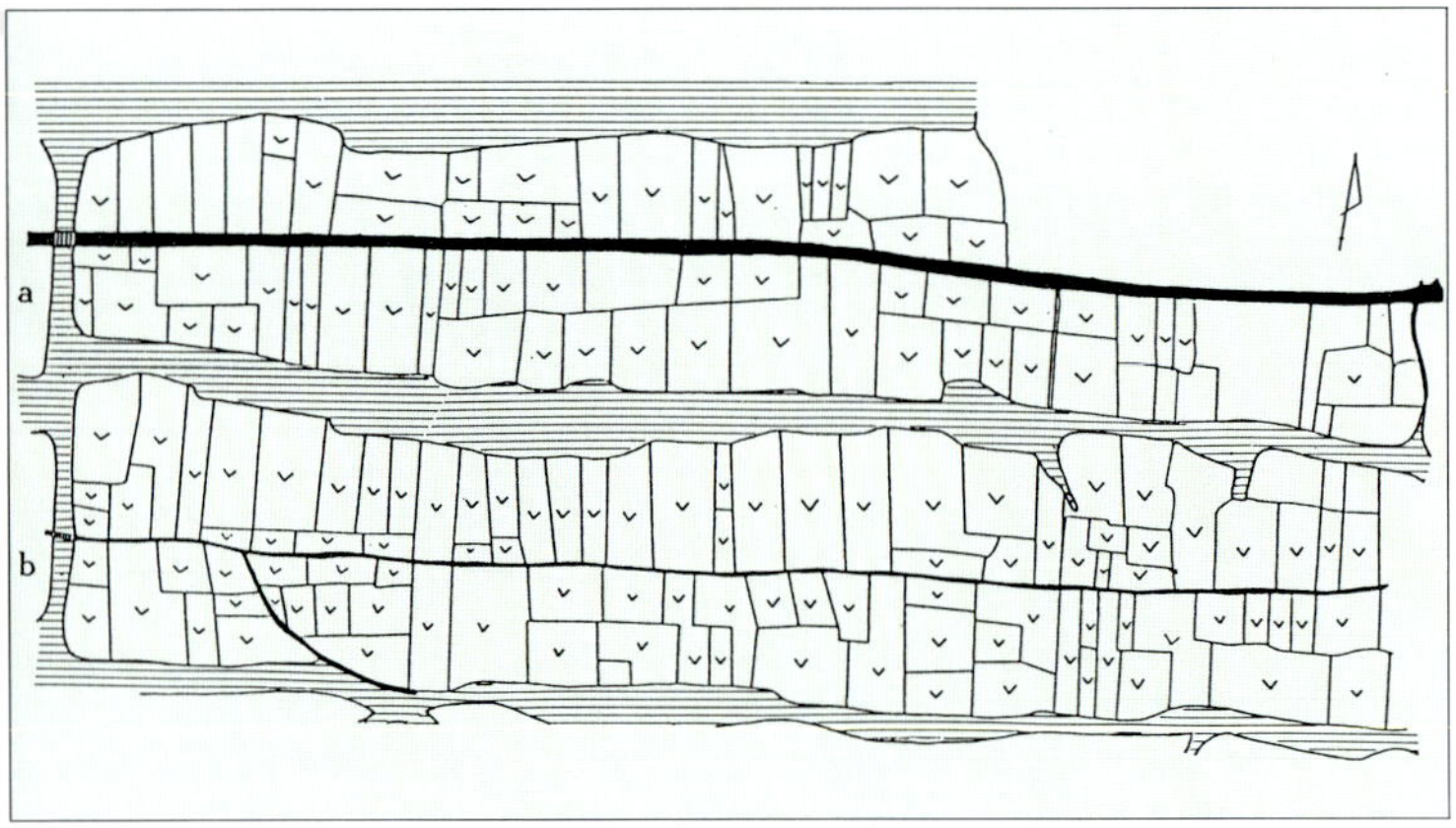

安土山の西と南の推定武家屋敷地の地割　武家屋敷地跡と推定される地区の一部。道路に面して短冊状の地割の畑地が並び、中・下級クラスの武家屋敷地だったと思われる。

安土城下町跡要図 安土城下の主要部。安土山の西と南は舟入の小路のある武家屋敷地、その他は基本的に町屋地区だったと考えられる。格子状の街路が見られるが、常楽寺以西は古い条里地割と同じ方向である。

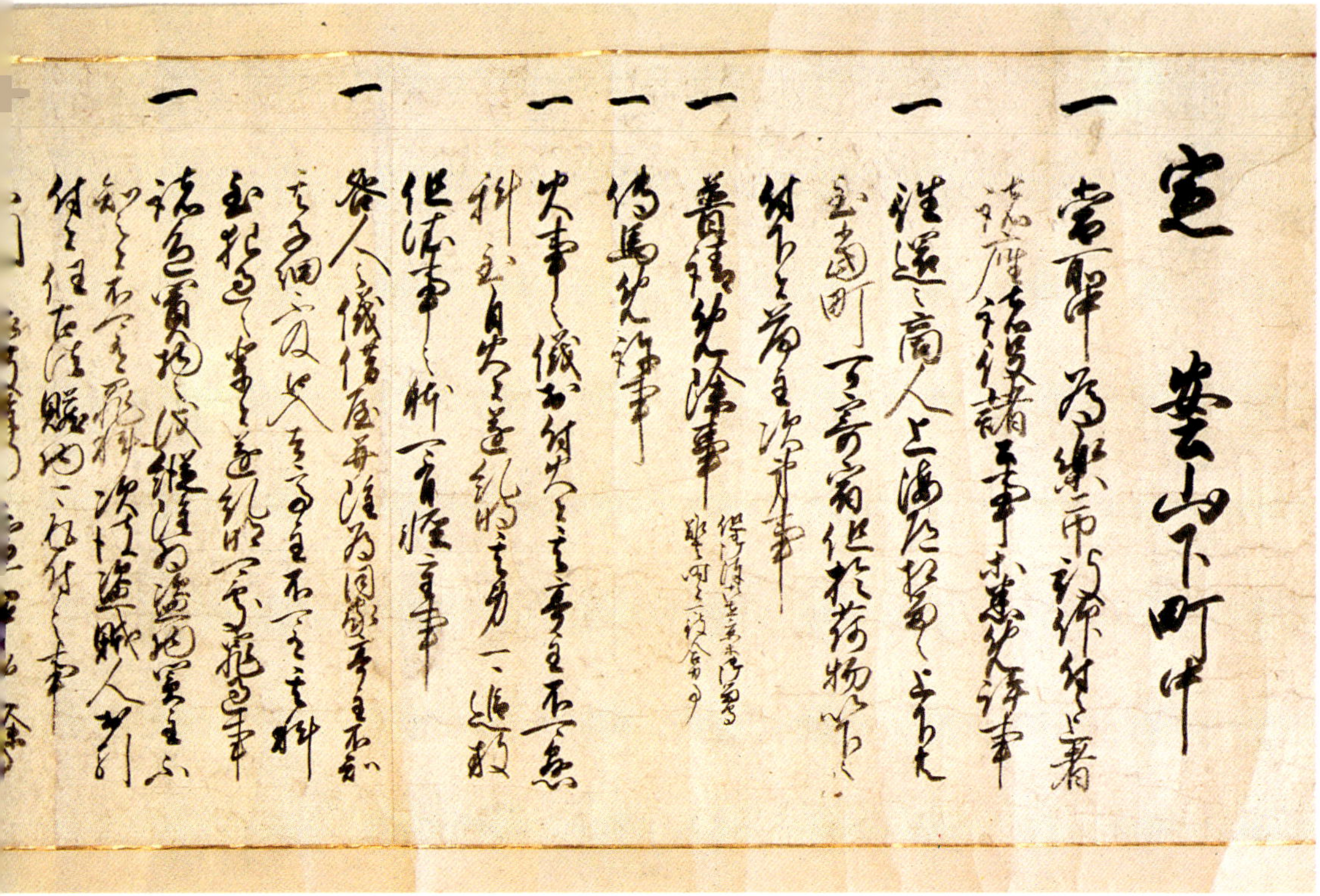

多く存在し、そのいくつかは安土城下町時代にも存在していたと思われる。確証はないが、近江八幡の本願寺別院も常楽寺の「寺内」から移転したという伝えを持っている。

仏教寺院の他、安土にはキリスト教の宣教師らが信長から土地を与えられて修道院を建設し、その三階にはセミナリオが設けられていた。その位置は、下豊浦小字敷来の「ダイウス」に比定されている。文献の記述とも一致し、また「ダイウス」は、高山右近が「ダイウス門徒」と呼ばれ、京都には「ダイウス町」があるなどキリスト教の事物に対する当時の呼称であることから、ここに何らかの施設があったことは間違いないと思われるが、今のところ遺構は確認されていない。

楽市令

さて、このような安土の城下に、まだ建設が始まって日の浅い天正五年（一五七七）六月、信長は楽市令として知られる十三カ条の掟書を与えた。それ以後の都市法を規定し、織田・豊臣政権の城下町政策の基点となったこの掟は、次のような内容である。

定　　安土山下町中

(1) 一当所中楽市として仰せ付けらる上は、諸座・諸役・諸公事等ことごとく免許の事、

(2) 一往還の商人、上街道相留め、上り下りとも当町に至り寄宿すべし、但し荷物以下

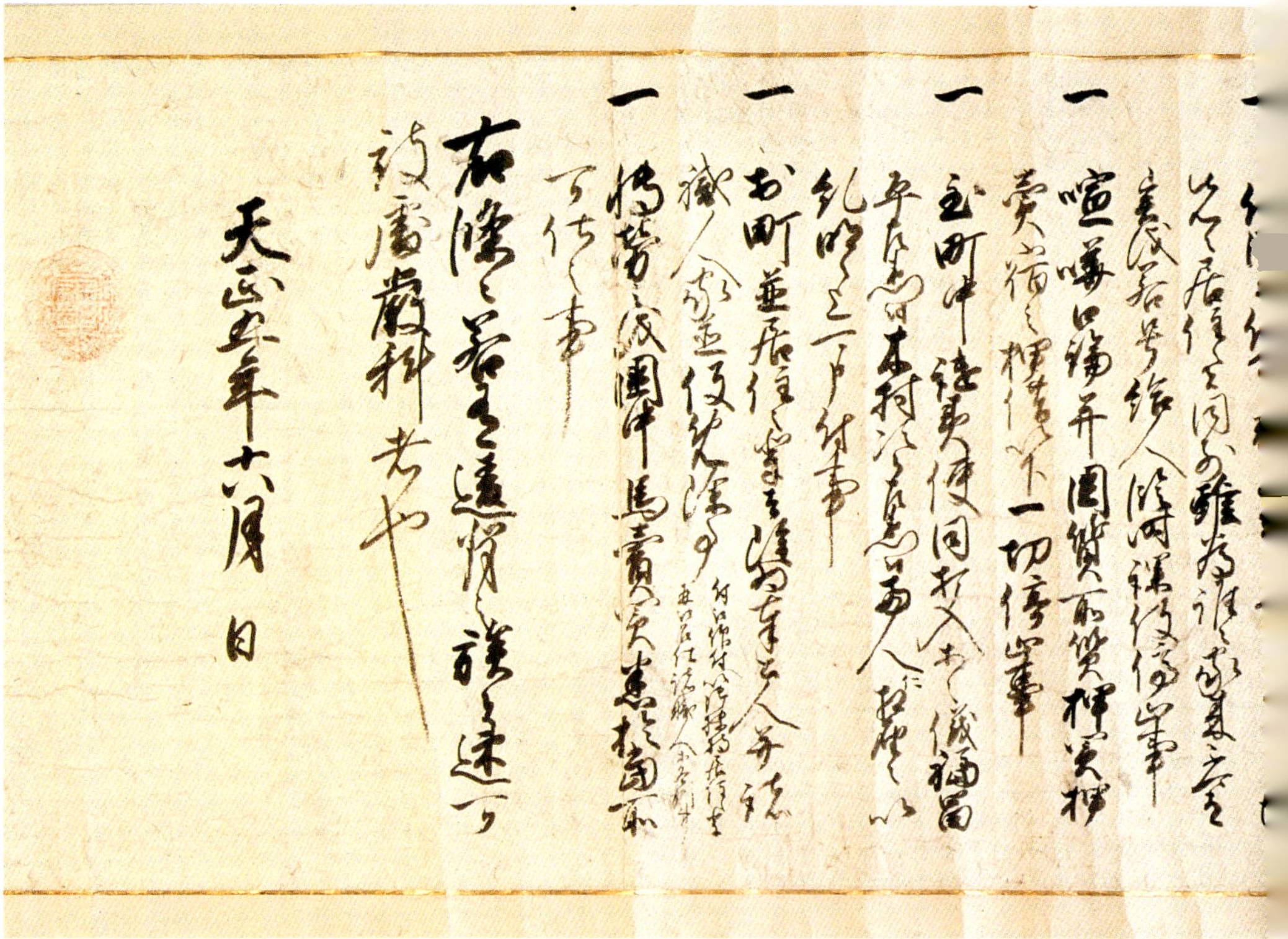

安土山下町中掟書　織田信長が安土城下に出した掟書。楽市令として著名で、それ以後の織田・豊臣政権の城下町政策を決定づけ、近世城下町の成立に道を開いた記念碑的な文書。豊臣秀次・京極高次の八幡宛て掟書と共に、安土から移転した八幡（近江八幡市）に伝来する。

の付け下ろしにおいては、荷主次第の事、

(3)一普請免除の事、但し、御陣・御在京等、御留守去り難き時は合力致すべき事、

(4)一伝馬免許の事、

(5)一火事の儀、付火に於いては、其の亭主に科を懸くべからず、自火に至りては、糾明を遂げ其の身を追放すべし、但し、事の躰により軽重あるべき事、

(6)一咎人の儀、借家ならびに同家たりといえども、亭主その子細を知らず、口入に及ばざれば、亭主其の科有るべからず、犯科の輩に至りては、糾明を遂げ罪科に処すべき事、

(7)一諸色買物の儀、たとい盗物たりといえども、買主知らざれば罪科有るべからず、次いで彼の盗賊人引き付けに於いては、古法に任せ贓物返し付くべき事、

(8)一分国中徳政を行うといえども、当所中免除の事、

(9)一他国ならびに他所の族、当所に罷り越し有り付き候わば、先々より居住の者同前、誰々家来たりといえども異儀有るべからず、若し給人と号し臨時課役停止の事、

(10)一喧嘩・口論、ならびに国質・所質、押し買い・押し売り、宿の押し借り以下、一切停止の事、

(11)一町中に至る譴責使、同打ち入り等の儀、福富平左衛門尉・木村次郎左衛門尉両人に相届け、糾明の上をもって申し付くべ

き事、

(12)一町並み居住の輩に於いては、奉行人ならびに諸職人たりといえども、家並み役免除の事、付けたり、仰せ付けられ御扶持をもって居住の輩ならびに召し仕わるる諸職人等各別の事、

(13)一博労の儀、国中馬売買ことごとく当所に於いて仕るべきこと、

右条々、若し違背の族あらば、速やかに厳科に処せらるべき者なり、

天正五年六月　日

（織田信長）（朱印）

第一条は、この掟全体を象徴する総括的な条項で、「当所」すなわち「安土山下町」という城下（の町屋部分）全体が「楽市」であって、座による独占や諸々の役負担などがすべて免除されることを宣言している。それまでの戦国期の城下町、斎藤氏・信長の岐阜や六角氏の石寺では城下の一部として設定された市場が文字どおりの「楽市」とされていたのに対し、安土では城下の全体にその特権が拡大され、領国内の商工業者の城下町への集中が図られたのである。

第二条は、通行する商人の安土への寄宿を強制することで、地域における安土の都市機能の強化を図る。

第三・四条は、具体的な役負担の免許の保証。

第五〜七条は連座の否定などによる居住者の優遇。

第八条は徳政免除で、住民の債権を保護する意味を持つ。

第九条は、安土への移住者がもとの居住地からの課役を受けないことを保証する。第十一条も、具体的には他所からの債務取り立てなどの規制と思われ、福富・木村という町奉行的な人物が見えることも注意される。

第十条は都市内の平和の維持。

第十二条は町屋地区に居住する者すべての家並役免除だが、付則では信長に仕える者が例外とされており、現実には身分による居住区分、そして身分自体の区別がまだ十分ついていなかったことを示している。

第十三条は、近江の馬売買を安土が独占することを命じている。

以上、この掟が一貫して安土の住人に対するかなり思い切った優遇規定であり、その目的が商工業者の安土への来住を促進することにあることが明白である。

信長は、一方で自らの家臣団を在地から切り離して集住させるとともに、他方で居住地と特権を与えて領域内の商工業者を城下町へ集住させることを図った。それによって商工業者を直接支配するとともに、在地の商業を否定して城下町を地域の中心地とし、兵・農、商・農の分離による社会構造の転換を進めたものといえよう。

安土から移転した八幡には豊臣秀次が掟を出すが、その最後の条は「在々所々の諸市、当町へ相引くべき事」となっており、信長のこうした政策をさらに推し進めたものと見ることができる。

安土は中世来の港町を残し、身分の区別も不徹底であるなど、まだ急ごしらえで過渡的な面を持つが、地域の都市的な要素を吸収・再編し、領国の新たな中心地となることを目指した城下町として、それ以降各地に建設される近世城下町の先駆と位置付けることができるだろう。

それでは政権の所在地としてはどうだったろうか。これ以後の信長の計画は不明という他ないのだが、安土は城下町としても急ごしらえで不徹底な面を持つ上、中央政権の所在地としてはやや狭く、「首都」としての発展性にも乏しいように思われる。西国の支配まで視野に入れた時には、立地としても必ずしも適当ではないかもしれない。全国の統一が進んだ段階では、岐阜のように息子か部将に与えて、更に本格的な政権の所在地を建設したことは十分考えられよう。

いずれにしても安土は、岐阜—京都間に設けられたこの時点での政権所在地、信長の目指していたもののこの時点での達成を示す城下町なのであり、その完成された姿と見るべきではないのであろう。

天下布武への道

小和田哲男

「天下布武」の印

信長所用といわれる「まけずの鍔」

1 桶《おけ》狭《はざ》間《ま》の戦い

天文三年（一五三四）～永禄三年（一五六〇）

織田信長初陣図　信長は天文15年(1546)13歳のとき古渡城において元服、翌年初陣として三河の吉良大浜を攻めた。（愛知県　柘植修氏蔵）

尾張の統一

信長の父信秀《のぶひで》が没したのは天文《てんぶん》二十年（一五五一）三月三日であった。その年、信長は十八歳という若さで家督をつぐことになった。信秀が尾張《おわり》のかなりの部分を制圧していたとはいえ、清須《きよす》城には下四郡の守護代《しゅごだい》織田信友《のぶとも》がおり、岩倉城には上四郡の守護代織田信安《のぶやす》がおり、また、犬山城の織田信清《のぶきよ》も敵対しており、尾張は織田一族の武将たちが群雄割拠《かっきょ》する状態だったのである。

家督をついだばかりの信長に課せられた最初の仕事は、父信秀の遺業をついで、敵対する織田一族を討ち、尾張を統一することであった。

信長にとって有利な条件といえば、父信秀が築きあげた地盤と、隣国美濃《みの》の斎藤道三《さいとうどうさん》が岳父だったという二点ぐらいなものだったといえる。信秀の生前、斎藤道三との同盟のあかしとして、道三の娘濃姫《のうひめ》が信長の妻に送りこまれていたからである。

弘治《こうじ》元年（一五五五）四月二十日、信長は叔父織田信光《のぶみつ》の協力を得て清須城を攻め、まず、清須織田氏を滅ぼした。そして、自ら清須城に入り、それまでの居城だった那古野《なごや》城を信光に与えている。しかし、同年十一月二十六日、その信光が急死しているのである。

一説には、邪魔な存在になってきたため、信長が殺させたともいわれている。

なお、翌々弘治三年（一五五七）十一月二日、信長のすぐの弟信行《のぶゆき》が、岩倉城の織田信安とはかって謀反《むほん》をおこした。このとき、信長は信行の家老柴田勝家《しばたかついえ》を抱きこみ、信行を誘殺している。尾張統一のため、叔父・弟たちがまず犠牲となった。

清須織田氏を滅ぼし、弟信行を倒した信長にとって、残る敵対勢力は岩倉城の織田氏だけとなった。

永禄《えいろく》二年（一五五九）二月二日、信長はわずかの供を連れただけで上洛し、将軍足利義輝《あしかがよしてる》に謁見している。尾張国内がまだ治まらないのに、なぜわざわざ上洛《じょうらく》したのか疑問に思われるかもしれない。実はこのとき信長は「上洛シ、将軍義輝公へ参勤ヲ遂、尾張守護職《しゅごしき》ヲ拝セラ」れたのである（「清須合戦記」）。

この時代、実力本位の時代に、すでに守護職などといった権威は不要であったはずなのに、どうして守護職に任命してもらうためにわざわざ上洛したのだろうか。

答は簡単である。「守護職に任命された」と

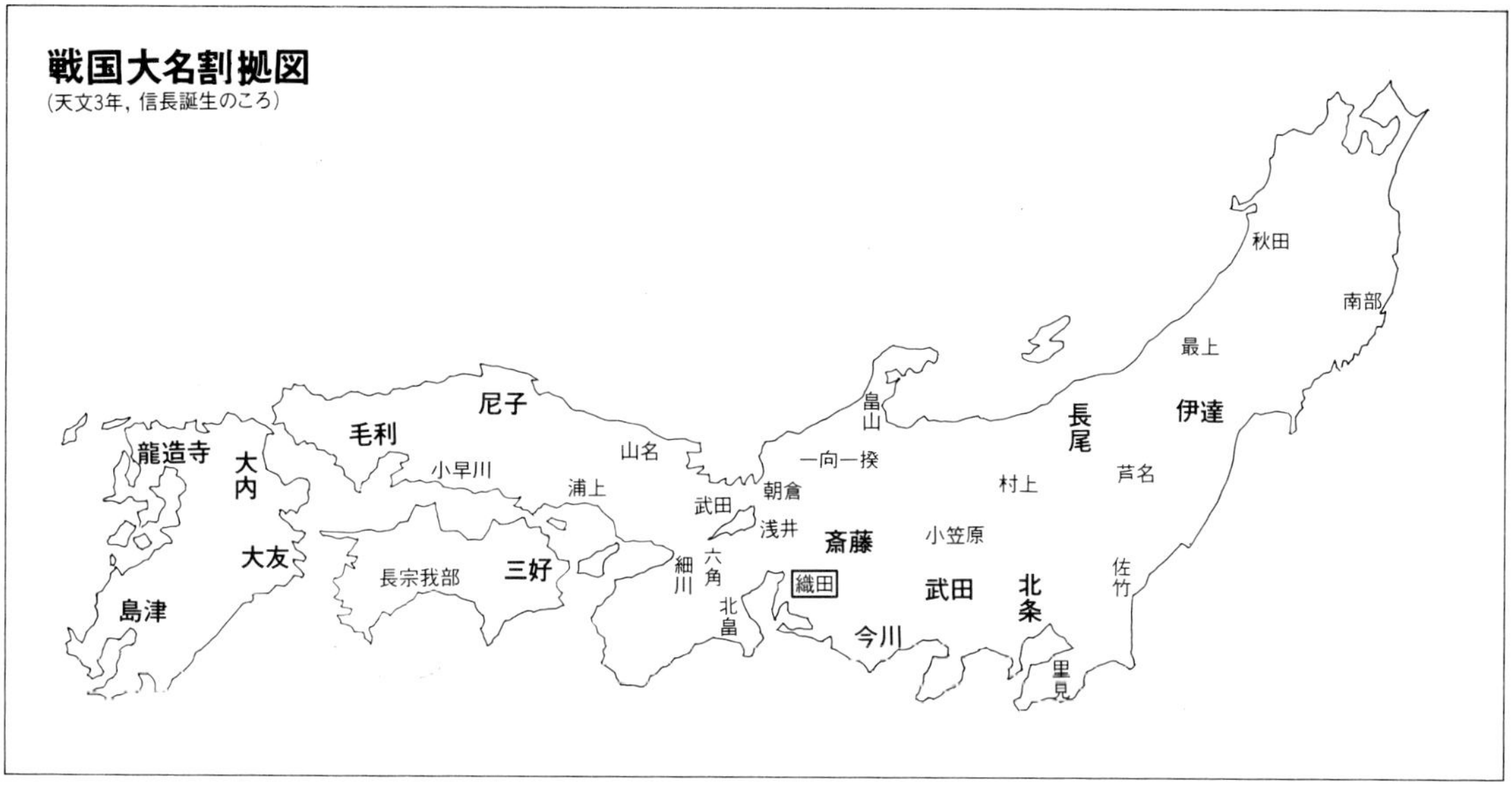

戦国大名割拠図
(天文3年, 信長誕生のころ)

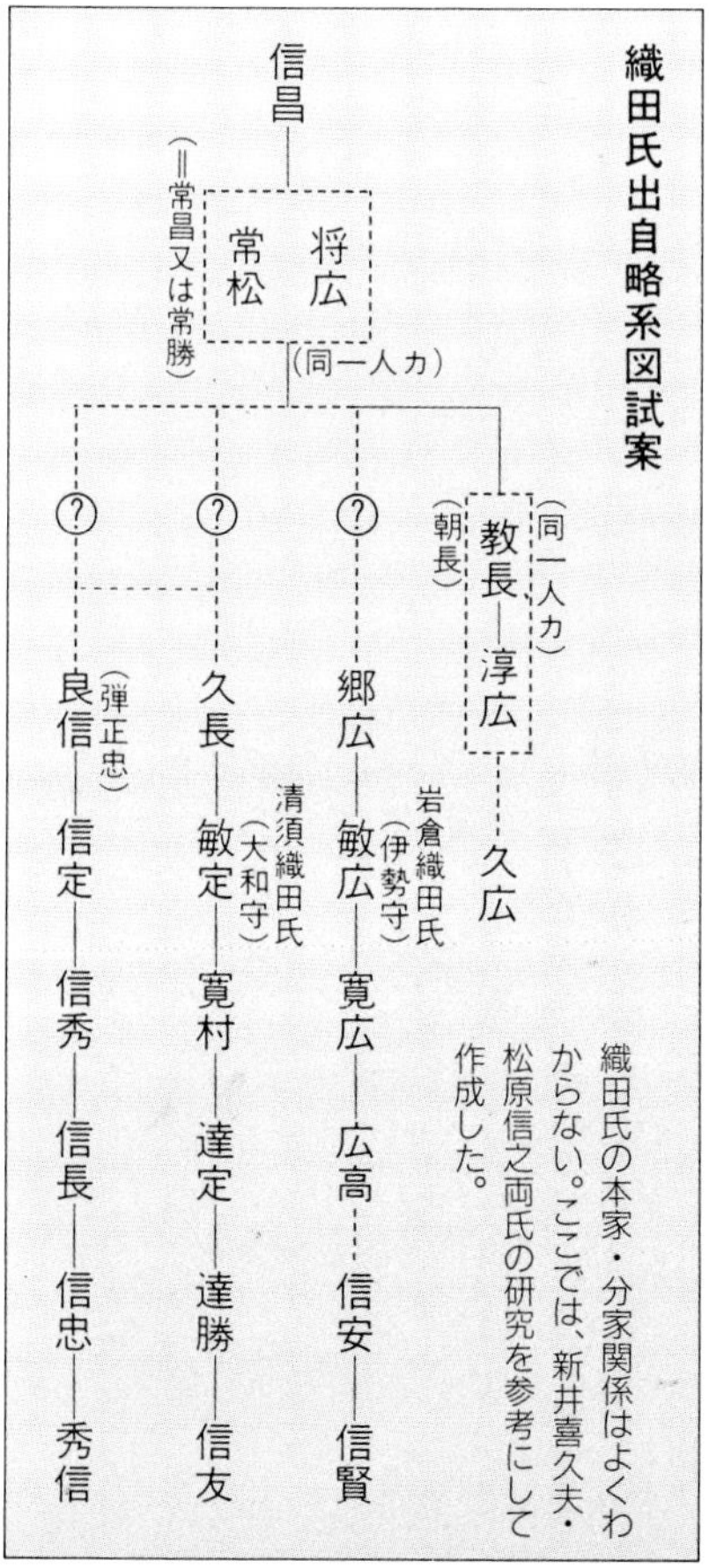

織田氏出自略系図試案

織田氏の本家・分家関係はよくわからない。ここでは、新井喜久夫・松原信之両氏の研究を参考にして作成した。

信秀時代尾張割拠図
(織田信長誕生のころ)

いうことを最大限宣伝材料として使い、まだ敵対する勢力に対し脅しをかけ、動揺している国人《こくじん》領主たちに対し最終的な決断をせまったとみることができる。

事実、謁見を終え、尾張にもどった信長は、ほとんど休む間もなく岩倉城に攻撃をしかけている。当時、岩倉織田氏は、信安のあと、信賢《のぶかた》と信家《のぶいえ》の兄弟が分裂して争っており、信長の猛攻の前に岩倉城は落ち、上四郡守護代だった岩倉織田氏も滅亡したのである。ここに、信長による尾張統一が成った。

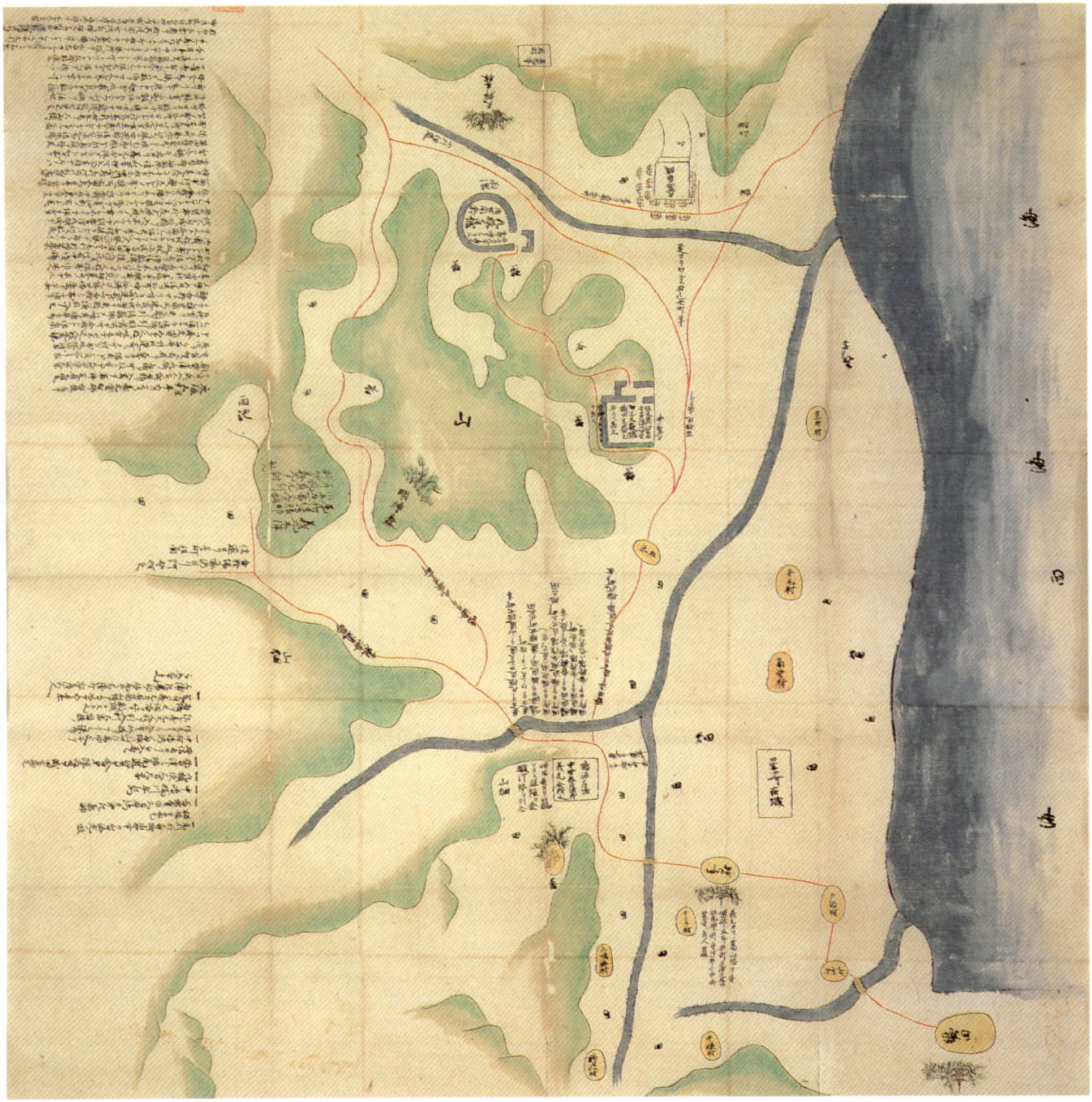

桶狭間合戦之図　織田方の城砦がどのように分布していたかがよくわかる。桶狭間の義元本陣が窪地でなく丘陵上にあったことを示す。（蓬左文庫蔵）

桶狭間の奇襲戦

同族が相争い、国内に統一勢力がいないという状態は、隣国三河《みかわ》まで制圧していた駿河の今川義元《いまがわよしもと》にとってみれば魅力であった。三河から版図を少しずつ広げ、尾張のうち、知多郡、それに愛知県の一部はすでに今川領国に組みこまれていた。義元は永禄三年（一五六〇）五月十二日、機が熟したとみて、二万五〇〇〇の大軍を率いて駿府《すんぷ》を出陣したのである。

なお、このときの出陣を、従来は上洛のための出陣とするのが通説であった。しかし、最近の研究により、この時点で、義元がそのまま上洛するには無理があり、尾張の南半分の攻略がねらいで、「あわよくば信長本人を倒せれば」と考えていたのではないかと考えられる。それにしても、義元にしてみれば、機が熟したとみた少し前に信長が尾張一国の平定に成功してしまっていたのは大きな誤算だったといえる。

五月十八日、義元本隊はいよいよ尾張に侵攻し、沓掛《くつかけ》城に入った。先鋒はすでに鳴海《なるみ》城まで進んでおり、その夜、松平元康《まつだいらもとやす》（のちの徳川家康《とくがわいえやす》）は兵糧を大高城に入れている。

そして、翌五月十九日の早暁（午前三時ごろ）、織田方最前線の砦である丸根砦・鷲津砦に対する攻撃がはじめられた。

距離から計算してその一時間後ぐらいと思われるが、「今川軍が丸根砦・鷲津砦に攻撃を開始した」との報が清須城の信長のもとに届けられた。

仮眠していた信長は、起きあがり、「人間五十年、下天の内をくらぶれば……」と例の「敦《あつ》盛《もり》」を三回舞い、立ったまま湯漬を食べ、清須城を飛び出している。従う者は近臣五騎だけだったという。

熱田《あつた》社に集結し、そこで戦勝祈願をしているうちに兵の数は三〇〇〇ほどになった。その一方で、信長は家臣の簗田政綱《やなだまさつな》に義元の動きをさぐらせていた。信長は、はじめから義

金溜塗具足《きんためぬりぐそく》　別名を「大高城兵糧入れ具足」という。桶狭間の合戦当時19歳であった松平元康(後の徳川家康)が、信長により糧道を断たれた今川軍最前戦の拠点大高城に兵糧を搬入する際に、身に着けていた具足といわれる。(静岡県　久能山東照宮蔵)

●信長をめぐる戦国時代の群像(1)

今川義元木像　(静岡県　臨済寺蔵)

今川義元　(1519-1560)

東の脅威

今川氏は名門の出である。足利《あしかが》氏から吉良《きら》氏が分かれ、その吉良氏から今川氏が出ている。室町時代末期には、すでに、「御所が絶えれば吉良がつぎ、吉良が絶えれば今川がつぐ」といった将軍継承順位を示す俗伝が今川家中では語られていたといわれる。

今川氏は駿河《するが》国守護職《しゅごしき》を代々継承する駿河の守護大名であった。応仁《おうにん》の乱《らん》以降、隣国遠《とおと》江《うみ》の守護大名だった斯波《しば》氏の勢力を駆逐し、義元の父今川氏親《うじちか》のときに、駿河・遠江の二カ国を支配する戦国大名に成長した。氏親が分国法「仮名目録」三十三ヵ条を制定し、また、領内の検地《けんち》を行うなど、戦国大名としての今川氏発展の基盤を固めている。

氏親死後、家督をついだのは長男の氏輝《うじてる》であった。ところがこの氏輝が二十四歳の若さで死んでしまったため、家督は玄広恵探《げんこうえたん》と梅《ばい》岳承芳《がくしょうほう》という僧籍にあった二人の弟によって争われることになった。

この争いに勝ったのが梅岳承芳で、還俗《げんぞく》して義元を名乗ったのである。義元は雪斎《せっさい》という名補佐役の援助を得て、領国を三河《みかわ》にまでひろげ、「海道一の弓取り」などといわれた。

甲斐《かい》の武田信玄《たけだしんげん》、相模《さがみ》の北条氏康《ほうじょううじやす》と「甲相駿三国同盟」を結び、今川氏の全盛時代を迎えている。このとき、京都の公家たちのかなりが今川氏を頼って駿河に下っており、駿府に京都文化がもちこまれた。

義元は信長の父織田信秀《おだのぶひで》と、小豆坂《あずきざか》の戦いや安祥《あんじょう》城の戦いなどでぶつかっているが、いずれも義元の勝利で終っており、その状況は信秀死後にももちこされ、家督をついだばかりの信長にとって、義元は最大の脅威であった。

永禄《えいろく》三年(一五六〇)の桶狭間《おけはざま》の戦いのときの出陣は、従来、上洛《じょうらく》のための出陣といわれてきたが、最近、尾張《おわり》制圧のための出陣とする説が浮上している。

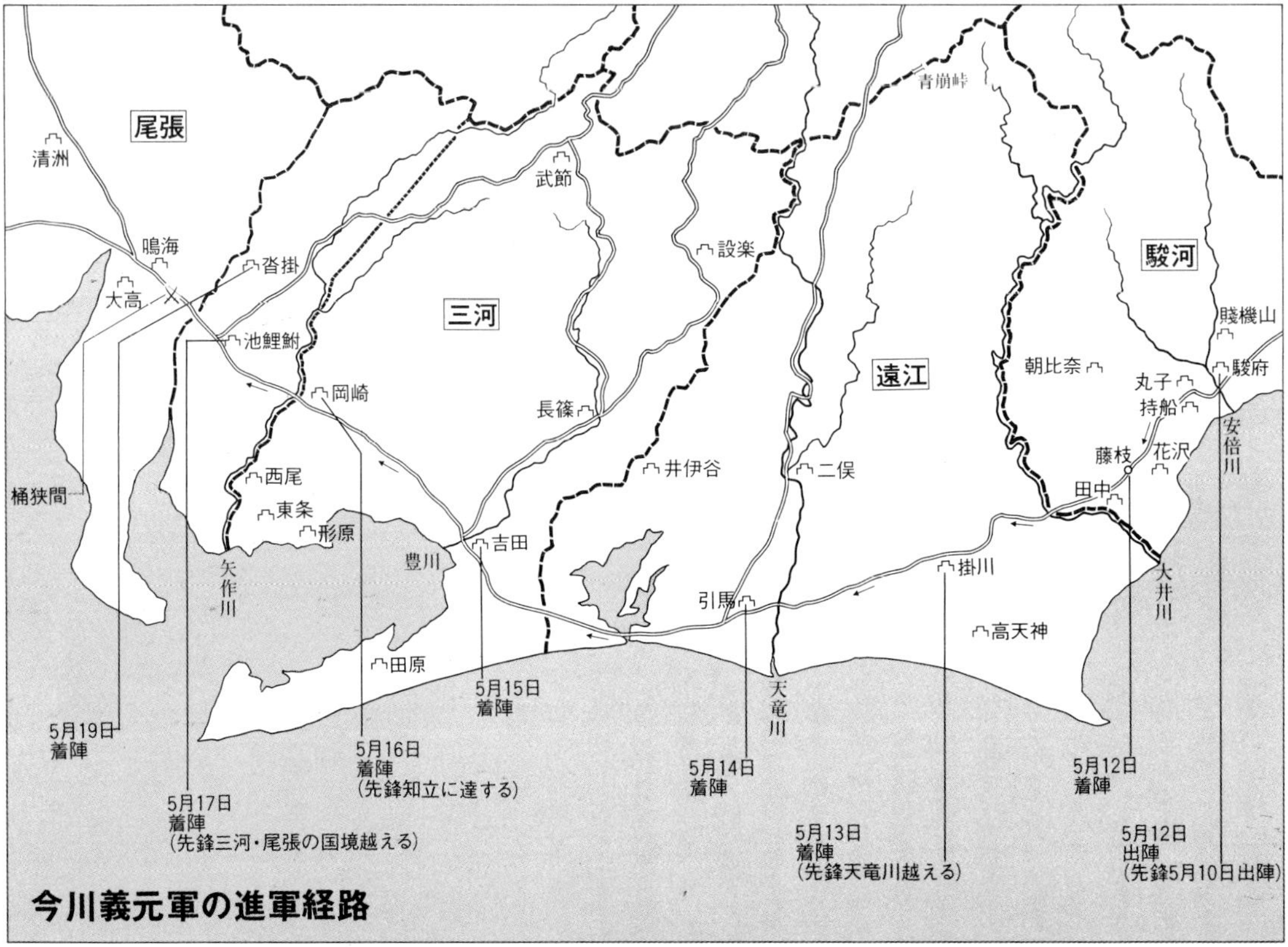

今川義元軍の進軍経路

清須城(清洲城)　信長在城時代の清須城には天守閣はなかった。最近、模擬天守閣が復原された。

元本隊への奇襲を考えていたのである。

この日、すなわち五月十九日、義元は沓掛城を出て大高城に向かっていた。途中、桶狭《おけはざ》間《ま》というところで昼食休憩をとることになった。信長は三〇〇〇の兵を率いて、決死の覚悟で桶狭間の義元本隊を襲ったのである。

なお、従来は、熱田社から善照寺砦に出、そこから義元側に気づかれないように迂回し、太子ヶ根という小高い丘にのぼり、そこから桶狭間の窪地で休憩していた義元本隊を攻めたというのが通説的理解であった。ところが、『信長公記』によると、善照寺砦から中島砦に進み、そこからまっすぐ正面に進み、桶狭間山に攻め上った様子がわかる。

義元軍二万五〇〇〇というが、このとき二万五〇〇〇すべてが桶狭間にいたわけではない。鳴海城や大高城にかなりの兵を配しており、義元のまわりには五〇〇〇ぐらいしかいなかったのではないかと推定される。

しかも、折から暴風雨となり、奇襲されることを全く予期していなかった今川軍は総崩れとなった。

現在、桶狭間の古戦場といわれる場所が二カ所ある。一つは豊明市栄町南館の「桶狭間古戦場」であり、もう一つは名古屋市緑区有松町大字桶狭間の「田楽坪《でんがくつぼ》古戦場」である。前者は桶狭間山からみて沓掛城寄りであり、後者は桶狭間山からみて大高城寄りである。つまり、今川軍は不意を襲われ、沓掛城にもどろうとする部隊と、大高城に入ろうとする部隊の二手に分かれてしまい、それぞれの主戦場になったところが前者と後者だったのではないかと考えられる。

信長は、桶狭間の戦いで今川義元の首を取ったことにより、東からの脅威をとりのぞくことができたわけであるが、桶狭間の戦いの歴史的意義はそれにとどまるものではなかった。「尾張に織田信長あり」の声がまたたく間に全国の諸大名の間に伝わっていったことである。「大うつけ」などといわれていた信長が、実は「大うつけ」ではなかったことが人びとの間に認識されていくことになった。

と同時に、信長にしてみれば、この桶狭間の戦いで運が開けるようになったこともまぎれのない事実だったのである。

●信長をめぐる戦国時代の群像(2)

徳川家康像　(静岡県　久能山東照宮蔵)

徳川家康 (1542-1616)

同盟者家康とその軍団

桶狭間《おけはざま》の戦い後、松平元康《もとやす》(徳川家康)がいつごろから今川氏真《うじざね》と手を切ろうと考えるようになったのだろうか。

いったん、自己の居城である岡崎城に入った元康は、そのままその年は何の動きもみせていない。諸書が伝えるように、今川氏真に弔い合戦を勧めていたものかもしれない。

翌永禄《えいろく》四年(一五六一)三月、元康は三河《みかわ》における今川方部将の板倉重定を攻めている。これが、具体的行動のはじめであり、同年八月には長沢城に糟屋《かすや》善兵衛を攻め、九月には東条城の吉良義昭を攻めている。

こうした行動は、今川氏真との手切れを示すものであるが、西三河を独自の領国とすべく動きだしたことを物語る。しかし、この時代、単独で勢力を保つことはむずかしい。

そこへ、織田信長から講和の話がもちかけられたのである。信長・家康の同盟をプロデュースしたのは信長の臣水野信元である。彼は、家康の生母於大の方の兄であり、翌永禄五年(一五六二)正月十五日の清須《きよす》城での会見となった。このとき結ばれたのが清須同盟で、これは、天正十年(一五八二)の信長の死まで続くのである。

清須同盟は、単なる不可侵同盟ではなく、攻守同盟であった。たとえば、信長が近江《おうみ》姉川で戦うときには家康が援軍として行っており、家康が三河長篠《ながしの》で武田勝頼と戦ったときには信長が援軍としてきて、ともに戦っているのである。

家康家臣団で初期の段階では酒井忠次と石川数正が「両家老」といわれトップ・クラスにあった。その後、本多忠勝・榊原康政・井伊直政らが台頭し「旗本先備《さきぞなえ》」を構成し、戦いのたびごとに戦功をあげていた。

長篠の戦いのとき、信長は酒井忠次の主張する作戦を採用しており、信長家臣団、家康家臣団は交流があった。

桶狭間合戦錦絵　信長率いる2000の精鋭が桶狭間山の義元本陣に突入したのは午後1時ごろである。300人の旗本に守られた義元を発見。両軍の激しいぶつかりあいが二度三度、さらに四度、五度と続き、ついには信長自身も馬からおり、自ら槍をふるう死闘を演じている。そしてついに、服部小平太が槍をつけ、義元も必死になって抵抗し、刀を抜いて小平太の膝を切りつけたところ、それをみた毛利新介が義元に突きかかり、ついに義元の首をとっている。

2 美濃攻めと上洛戦

永禄四年（一五六一）～永禄十一年（一五六八）

斎藤龍興《さいとうたつおき》との戦い

今川義元を倒したからといって、東からの脅威が全く消えたというわけではなかった。義元の子氏真《うじざね》があとをついで、今川領国はそのまま存続していたからである。

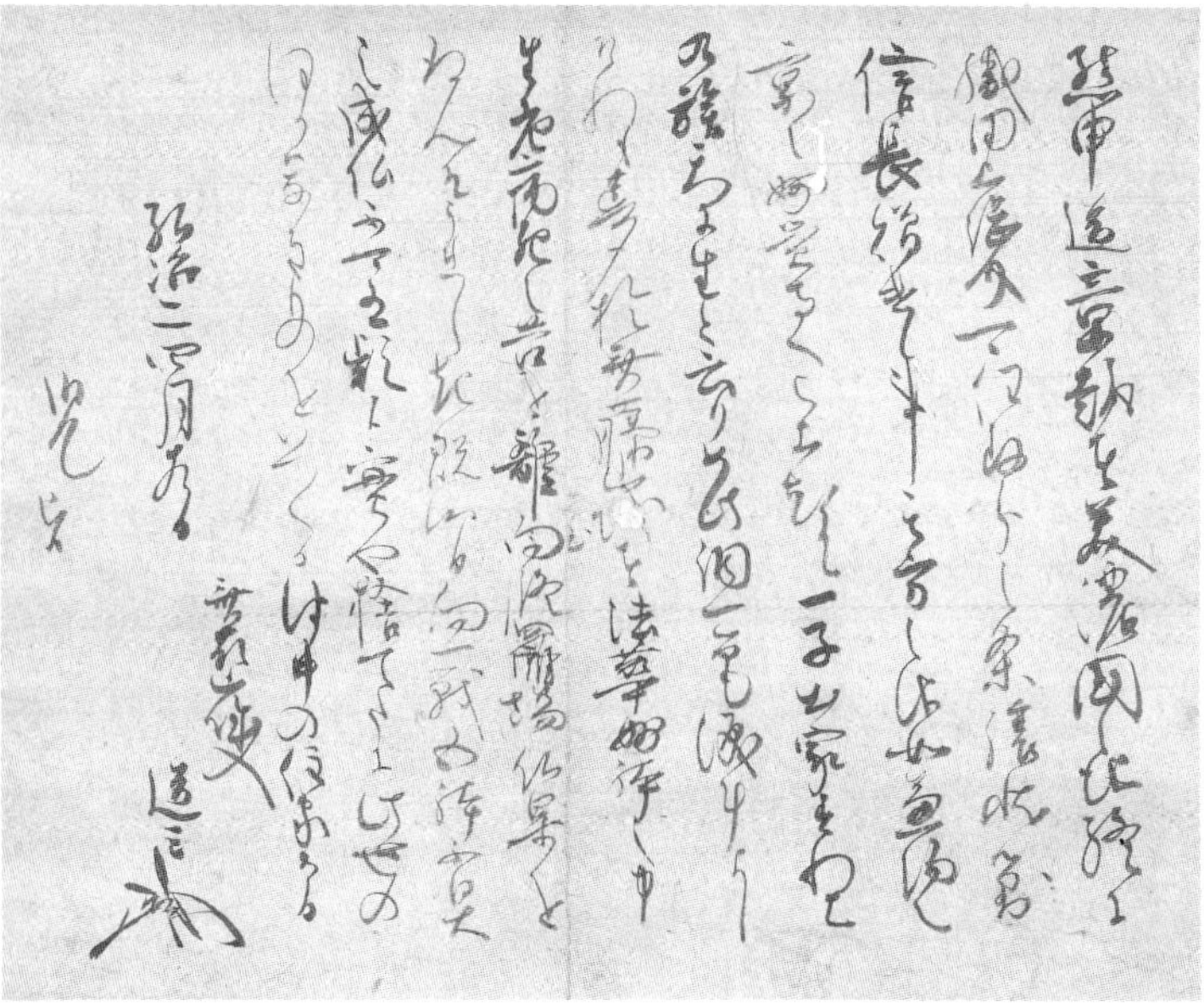

ところが、信長にとって幸いだったのは、その氏真が、尾張への侵攻を断念したばかりか、今川氏の〝保護国〟的扱いをうけていた三河の松平元康（のちの徳川家康）が、今川氏から独立する動きをみせたことである。信長は家臣の水野信元を使って松平元康との同盟を働きかけた。信元が、元康の生母於大の方の兄であったという関係がここで生かされたのである。

元康は、はじめのうち今川氏真に対し、弔《とむら》い合戦を勧めているが、氏真に全くその意思がないことがわかると、信長との同盟に傾きはじめた。結局、永禄《えいろく》五年（一五六二）正月十五日、元康が清須城の信長を訪ね、そこで両者の同盟が結ばれることになった。この同盟は「清須同盟」の名でよばれ、破ったり、破られたりすることの多い戦国時代の同盟には珍しく、天正《てんしょう》十年（一五八二）の本能寺の変における信長の死まで続くのである。

元康との同盟によって東は安全とみた信長は、すかさず美濃への侵攻にとりかかっている。美濃の戦国大名は斎藤氏である。信長の妻濃姫《のうひめ》が斎藤道三の娘ということにも明らかなように、もともと信長は斎藤道三とは同盟関係があった。

ところが、桶狭間の戦いの少し前であるが、弘治《こうじ》二年（一五五六）の長良川《ながらがわ》の戦いにおいて、道三は子の義龍《よしたつ》に殺されてしまっていた。つまり、信長と斎藤氏との同盟関係はそのとき切れ、信長と義龍とは敵対関係となったのである。もっとも、信長の方にも、尾張を統

斎藤道三遺言状

態申送意趣者、美濃国之地、終に織田上総介可レ任二存分一之条、譲状対二信長一贈遺候事、其方之儀、如二兼約之一、京之妙覚寺へ被レ上尤に候。一子出家すれば九族天に生と云り。如レ此調二一筆一儀計にて候。それも夢、於二斎藤山城一者法華妙躰《(体)》之中、生老病死之苦を離、向二修羅場一、仏果を得んぞうれしき、既明日向二一戦一、五躰不具之成仏、不レ可レ有レ疑候。実や捨てだに、此世のほかハなきものを、いづくがつゆの住家なる

弘治二　四月十九日

斎藤山城入
道三（花押）

児
まいる

斎藤道三《さいとうどうざん》遺言状　弘治二年（一五五六）正月、長男義龍と父子血肉の争いの末、道三は長良川合戦で討死した。その前日幼い愛児に書き残したものであるが、信長に美濃国の譲り状を与えたことが記されている。（大阪府　岡本家蔵）

斎藤道三像　寺伝では道三の娘の寄進によるものとされる。道三没後まもなく描かれた肖像画である。（岐阜県　常在寺蔵）

一することが先決であり、美濃へ駒を進めることができないでいた。

その美濃において変化がみられたのは永禄四年（一五六一）五月十一日のことで、義龍が病死し、あとをついだのが十四歳の龍興《たつおき》だったのである。信長は早速兵を送りこんだが、斎藤方の反撃にあって兵を引いている。

元康との同盟によって、東からの脅威がなくなった信長は、いよいよ本格的な美濃攻略に踏みだした。そのことを形として示したのが、清須から小牧山《こまきやま》への移城であろう。美濃

●信長をめぐる戦国時代の群像（3）

斎藤義龍像　（岐阜県　常在寺蔵）

斎藤義龍　（1527-1561）

西と北の厚い壁

美濃《みの》の守護大名は土岐《とき》氏であった。その土岐氏では、守護職にあった土岐政頼《まさより》と弟の頼芸《よりなり》とが対立していた。

通説では、京都 妙覚寺《みようかく》で修行したあと、寺がいやで飛びだし油売りとなった一人の男が、妙覚寺時代の同僚の斡旋《あつせん》で仕官し、西村勘九郎と名乗って頼芸のお気にいりとなり、長井新九郎、さらに、守護代斎藤氏が断絶していたのをうけて斎藤氏になったという。これが斎藤道三である。

もっとも、従来のこの説に対し、最近では、頼芸に仕えたのは道三の父長井新左衛門 尉《しんざえもんのじよう》で、その子道三による守護追い落としとする父子二代がかりの国盗《くにと》りとする説の方がうけいれられている。

道三の下剋 上《げこくじよう》によって守護大名土岐氏は滅び、戦国大名斎藤氏の全盛時代を迎えるが、道三自身はその後、弘治《こうじ》二年（一五五六）の長良川《ながらがわ》の戦いで、子の義龍《よしたつ》に殺されている。一説に、義龍が道三によって放逐《ほうちく》された土岐頼芸の子だったからともいわれるが、真相は不明である。義龍が、家督を弟に譲られそうになったのをみて、実力で父道三を倒した戦いであった。

このとき、道三方に集まったのはわずか二七〇〇、義龍方に集まったのが一万七〇〇〇といわれている。

しかし、義龍の時代は長くは続かなかった。永禄《えいろく》四年（一五六一）五月十一日、義龍が病死したためである。あとを子の龍興《たつおき》がついだが、龍興はまだ十四歳という若さであった。

信長と斎藤家とは、道三の娘が信長に嫁いでいたということもあって、道三の時代は同盟関係にあった。しかし、義龍の時代からは全くの手切れとなり、信長にしてみれば、義龍から龍興への家督継承の時期は、それまでたちはだかっていた壁を突破する絶好の機会だったことになる。

岐阜城図　江戸時代に想像で描かれた岐阜城図。（岐阜市神田町　円徳寺蔵）

攻めの前進基地として、清須よりさらに稲葉《いなば》山《やま》城に近い小牧山への築城は、信長の決意のほどを示したものといえる。

小牧山築城は永禄六年（一五六三）のことであるが、その翌年、美濃において一つの事件がおきている。斎藤龍興の家臣で、菩提山《ぼだいやま》城主だった竹中半兵衛重治《しげはる》が、稲葉山城を奪取してしまったのである。このとき、竹中半兵衛はすぐ城を返しているが、斎藤家中の弱体ぶりがさらけだされたことはたしかであった。

信長がこの動きをみのがすはずはない。すぐ木下藤吉郎秀吉《ひでよし》（のち羽柴《はしば》、さらに豊臣《とよとみ》）を使って濃尾国境付近を守っていた美濃松倉城主坪内利定《つぼうちとしさだ》を寝返らせることに成功し、その坪内利定を案内役として東美濃の斎藤方諸将の誘降をはかっているのである。

通説では、このあと、永禄九年（一五六六）、秀吉が墨俣《すのまた》城を築き、それを足がかりとしてその翌年、一挙に織田軍が稲葉山城に総攻撃をかけ、斎藤龍興を逐《お》ったとしているが、最近の研究では、墨俣城の築城が果たして史実であったかどうか、疑問視されている。

墨俣城が仮に幻の城だったとしても、永禄十年（一五六七）八月十五日、信長は斎藤氏を滅ぼし、美濃を奪い取ったことはまちがいない。

足利義昭《あしかがよしあき》を擁して上洛《じょうらく》

このあと、信長は稲葉山城を居城としてい

天下布武の印　美濃奪取直後から、信長は禅僧沢彦宗恩の撰んだ「天下布武」の印文を彫った印判を使いはじめる。はじめ楕円形、ついで上の写真の馬蹄形、最後にまわりを龍がとりかこむ形へと変化していった。

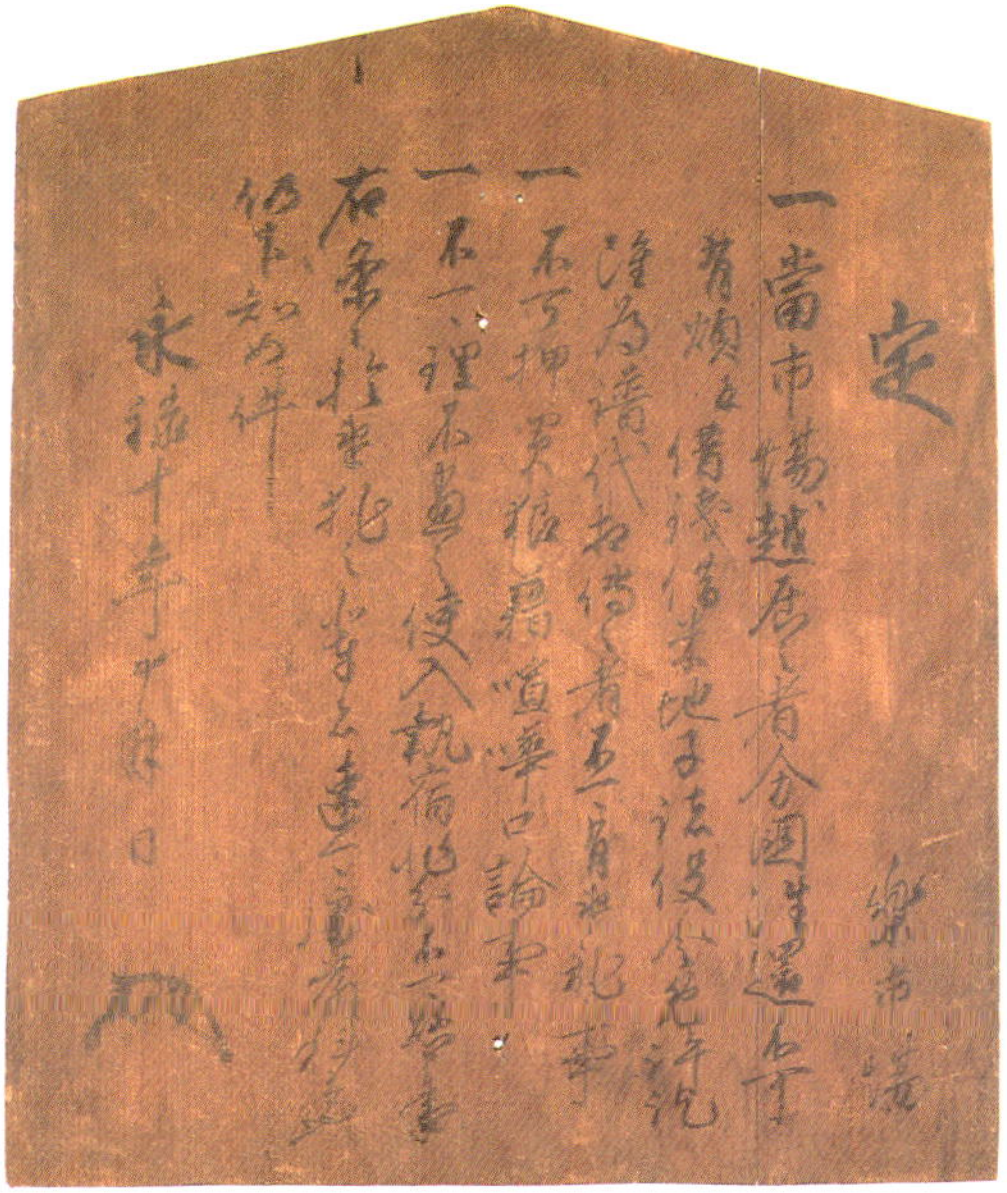

定　　　　　　楽市場

一當市場越居之者、分國往還不可有煩、幷借銭・借米・地子・諸役令免許訖、雖為譜代相傳之者、不可有違亂之事

一不可押買・狼藉・喧嘩・口論事、

一不可理不盡之使入、執宿非分不可懸申事右條々、於違犯之輩者、速可處厳科者也、仍下知如件、

永禄十年十月　日　　（花押《信長》）

楽市楽座の制札　永禄十年（一五六七）十月、信長が岐阜城下加納の市を楽市と定めたもの。翌年九月の制札には「楽市楽座」とある。（岐阜市神田町円徳寺蔵）

る。これまでの通説だと、信長がこのとき、それまで城を稲葉山、城下を井之口とよんでいたのをあらため、周《しゅう》の文王《ぶんおう》が岐山に拠って天下を取った故事にならい、城も城下も岐阜《ぎふ》とよぶようにしたということであるが、これ以前に岐阜といっている徴証があり、それまで佳名として使われていた岐阜を正式名称としたというのが正しいようである。

なお、信長にとって、岐阜奪取は天下への夢をつなぐ実に大きな意味をもつものであったことは、その直後から「天下布武《ふぶ》」の四文字を印文とする印判を使いはじめたことにも明らかである。この年の暮か、翌十一年（一五六八）早々、信長は妹お市《いち》の方を隣国近江の浅井《あざい》長政《ながまさ》に嫁がせている。これは、上洛を射程に入れた政略結婚だったといってよい。

もっとも、上洛のための条件は次第に整っていったが、それだけで上洛を決行できるというわけではなかった。信長には上洛のための名分が何もなかったのである。

ところが、そこにおあつらえむきな人物がとびこんできた。前将軍足利義輝《あしかがよしてる》の弟義昭《よしあき》である。義昭は越前の朝倉義景《あさくらよしかげ》を頼って京都回復・将軍就任を画策していたが、義景にその力がなく、義昭の臣細川藤孝《ほそかわふじたか》、義景の臣で、もと美濃斎藤氏の臣であった明智光秀《あけちみつひで》が間にたって義昭を信長のもとにつれてきたのである。

信長は永禄十一年九月七日、四万とも六万

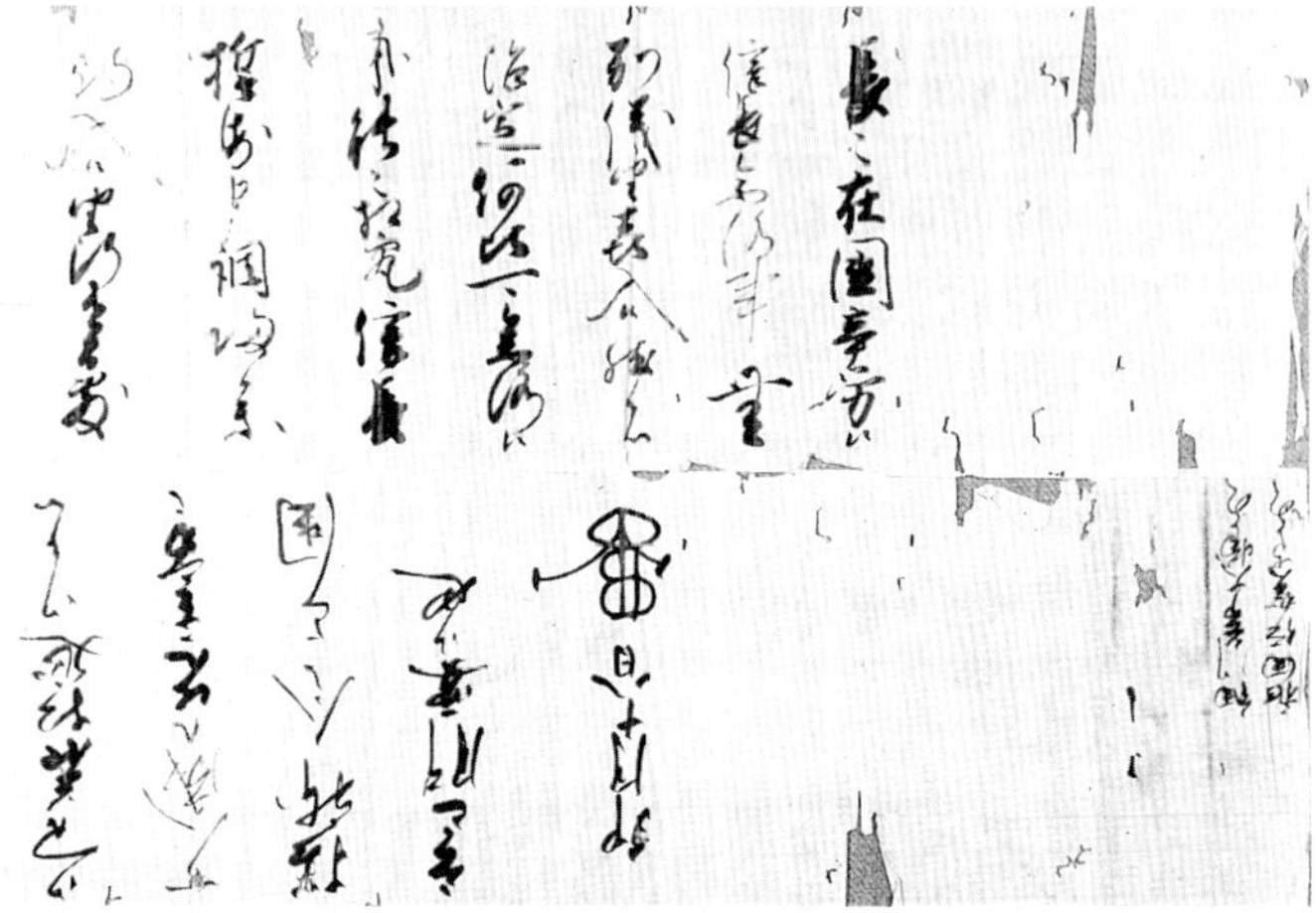

足利義秋(義昭)書状　近江矢島に滞在していた一乗院覚慶は、永禄９年(1566)２月17日に還俗して義秋と名のった。この文書は、その直後の４月18日付で信長の入京時期の確認を求めたもの。しかし、信長はこのときは入京できなかった。

観音寺城跡　佐々木氏の居城。（滋賀県）

ともいわれる大軍を率いて上洛の軍をおこした。北近江《おうみ》の浅井長政は信長軍に合流したので、敵対するのは南近江の六角承禎《ろっかくじょうてい》・義弼《よしすけ》父子だけであった。信長軍が観音寺《かんのんじ》城の支城箕《み》作《つくり》城を陥落させたところ、六角父子は観音寺城を捨てて逃げてしまい、これといった抵抗をうけることなく義昭を擁して上洛することに成功したのである。

はじめ、抵抗するとみられていた松永久秀《まつながひさひで》は、信長の破竹の快進撃におそれをなし、名器九十九髪《つくもがみ》を信長に進上し、戦わずに降伏してきた。

結局、義昭は同年十月十八日、征夷《せいい》大将軍に任命され、よろこびのあまり、その感状において「御父織田弾正忠殿」と書き、わずか三歳年長の信長を父とよぶほどのはしゃぎようであった。翌十二年、義昭は信長に対する感謝のしるしとして、信長に斯波《しば》氏の名跡をつがせ、管領《かんれい》に任命しようとした。しかし、信長は、陪臣の家柄の人間としては冥利《みょうり》につきるといって断わっている。

おどろいた義昭は、管領では不服とみて、副将軍に任命しようとしたが、信長はそれも断わり、そのかわり、堺と近江《おうみ》の大津および草津を信長の直轄地とし、代官を置くことを要求している。信長にしてみれば、管領なり副将軍になってしまえば、一生義昭の下に仕えなければならなくなり、自らが目標とする天下統一が遠のいてしまうと判断したのである。

なお、この年、信長は伊勢にも攻め込んでおり、伊勢の戦国大名でもあり国司《こくし》でもあった北畠《きたばたけ》具教《とものり》は降伏し、信長の二男信雄《のぶかつ》に家督を譲ることを条件に許されている。はるかのちのデータであるが、伊勢の石高は約五八万石であり、これに尾張五七万石、美濃五四万石を加え、約一七〇万石を領する大々名となったのである。

義昭を将軍にしたという政治力と、この一七〇万石という経済力をバックに、信長の天下布武実現の戦いが具体化しはじめた。

観音寺城絵図　六角氏の居城観音寺城は典型的な山城である。その石垣はみごとで、信長の安土築城のとき、石積みの点で大きな影響を与えた。

●信長をめぐる戦国時代の群像(4)

足利義昭《よしあき》木像　（京都市　等持院蔵）

足利義昭 (1537-1597)

没落する足利将軍家

足利将軍家は、よくいわれるように、三代義満《よしみつ》から六代義教《よしのり》のころが最盛期であった。嘉吉《かきつ》元年（一四四一）、嘉吉の乱で、義教が播磨《はりま》の守護赤松満祐《あかまつみつすけ》に殺されてから急速に衰え、八代義政《よしまさ》のときにひきおこされた応仁《おうにん》の乱によって、将軍権力は完全に失墜《しっつい》し、権威だけがかろうじで残る状況だった。

しかし、各地の戦国大名にとって、将軍権威が全く不要になってしまったというわけではなく、名乗りの一字を大名たちに与える偏《へん》諱《き》、さらには、官位を朝廷に斡旋する権利を保持しており、戦国大名たちも完全に将軍を見捨ててしまったわけではなかった。

十二代義晴《よしはる》は、大永《たいえい》元年（一五二一）に細川《ほそかわ》高国《たかくに》に擁されて将軍となったが、何度も京都を逐《お》われており、そのあと、天文《てんぶん》十五年（一五四六）に十三代将軍となった義輝《よしてる》も、細川氏、さらには三好《みよし》氏・松永氏といった新興勢力に実権を奪われ、そればかりか三好三人衆・松永久秀《ひさひで》に命まで奪われてしまっている。

松永久秀らによる将軍義輝襲撃は永禄《えいろく》八年（一五六五）五月十九日のことで、この日、義輝は名刀の鞘《さや》をはらい、畳に突き刺しておいて、刀をとっかえひっかえ敵を斬ったという。当代きっての兵法者とうたわれた上泉伊勢守の剣を上覧し、実際、剣を塚原卜伝に学んだともいわれ、相当、自信があったものと思われる。

しかし、多勢に無勢で勝ち目はなく、結局、殺されてしまっている。世に「抜刀将軍」という。

義輝が殺されたあと三好三人衆によって擁立されたのが十四代義栄《よしひで》である。ところが、永禄十一年（一五六八）、信長に擁立された義輝の弟義昭《よしあき》が入京するとともに、摂津《せっつ》に逃がれ、そこで病死している。義昭が十五代将軍となったわけであるが、この義昭が信長に追放され、室町幕府が滅亡することになる。

洛中《らくちゅう》洛外《らくがい》図《ず》屏風《びょうぶ》　永禄11年(1568) 9 月26日、信長は足利義昭を奉じて入京を果たした。図は信長が天正 2 年(1574)上杉謙信に贈ったと伝えられる屏風。戦国期の京都の様子がわかるだけでなく建物や人物も詳細に描かれており、当時の生活文化をうかがう貴重な資料である。制作年代はその頃と思われるが、描かれた景観年代については天文末年から永禄 6 年頃まで諸説がある。（米沢市蔵）

3 姉川の戦い

永禄十二年（一五六九）～元亀元年（一五七〇）

義弟浅井長政《あざいながまさ》の離反

信長が足利義昭を擁立したのは、上洛のための手段であり一つの方便であったわけであるが、当然のことながら、義昭も、自分が傀《かい》儡《らい》将軍であることに気がつきはじめた。そのことに気がついた時点で、「自分は信長の傀儡である」とひらきなおり、それに徹した生き方をすればうまくいったのかもしれないが、義昭には将軍権威の復興、室町幕府による全国支配という理想があった。二人の関係は次第にぎくしゃくしはじめるのである。

信長は信長で力にまかせて義昭を押さえこもうとする。元亀《げんき》元年（一五七〇）正月二十三日、信長が義昭につきつけた五カ条の「条々」は、このときの信長のねらいを端的な形で示している。

「条々」第一条では、諸国へ御内書を遣わすときには、信長の書状を添えることを規定し、第四条においては、天下のことは信長にまかされたのだから、義昭の意見を聞かず、自由に成敗できるとしている。

全体を通して、将軍義昭の権限を信長が制限した内容となっている。信長はこの「条々」を義昭に押しつけたと同じころ、諸国の戦国大名たちに、皇居修理および「天下　弥《いよいよ》静謐《せいひつ》」のためということを名目に、「上洛せよ」との招集状を発している。

特に信長は越前の戦国大名朝倉義景の上洛を再三にわたって求めている。信長自身、義昭が裏で義景と結び「反信長」行動に動きはじめたことをキャッチしたからであろう。

ところが、案の定、義景は信長の上洛命令を黙殺した。そこで信長はその年の四月二十日、三万の大軍を率いて京都を出発し若狭《わかさ》に向かったのである。そのときは、「幕命に背い

浅井長政　北近江３郡を領する戦国大名。信長の妹お市の方を娶り、同盟関係にあったが、のち朝倉義景と結んで信長に叛き、滅ぼされた。（和歌山県　高野山持明院蔵）

●信長をめぐる戦国時代の群像（5）

浅井長政（1545-1573）・朝倉義景（1533-1573）

反信長統一戦線

信長が畿内《きない》の制圧をほぼなしとげた元亀《げんき》元年（一五七〇）、信長に対して抵抗しはじめたのが浅井長政と朝倉義景であった。

浅井氏は、北近江《おうみ》の守護大名だった京極《きょうごく》氏の重臣の一人浅井亮政《すけまさ》のとき、国人一揆《こくじんいっき》をおこし、まず、守護大名京極高清《たかきよ》を追いだし、そのあと、浅井亮政が頭角をあらわし、小谷城に拠って戦国大名として歩みはじめた。

ところが、この亮政は、南近江の戦国大名六角《ろっかく》氏としばしば戦い、戦いに負けては越前の朝倉氏を頼っている。そしてまた力を盛りかえして近江に復帰するのである。後年、亮政の孫長政のとき、長政が信長に寝返って朝倉氏を助けたのは、こうした父祖以来の結びつきがバックにあったためである。

亮政のあとを久政《ひさまさ》がつぎ、久政のあとを長政がつぎ、この亮政―久政―長政を浅井三代とよんでいる。

朝倉氏の本拠地は越前一乗谷《いちじょうだに》で、ここは館跡と城下の全面的な発掘調査が行われ、これまで不明だった戦国期の城館内での生活の様子がよくわかるようになってきた。

ふつう、「戦国朝倉氏五代」というのは、孝《たか》景《かげ》―氏景《うじかげ》―貞景《さだかげ》―孝景《たかかげ》―義景《よしかげ》の五人をさしているが、初代の孝景と四代の孝景は名前が同じである。もちろん、同名異人である。

越前の守護大名は斯波《しば》氏で、朝倉氏もはじめはその家臣であった。「戦国朝倉氏五代」の初代にあたる朝倉孝景が、応仁・文明の乱においてうまくたちまわり、斯波氏に代わって越前守護となり、急速に戦国大名化に成功しており、「朝倉孝景条々」（「朝倉敏景十七箇条」で知られる）を制定している。

流寓《るぐう》する公家《くげ》も一乗谷に多く居を構え、山口の大内文化、駿府《すんぷ》の今川文化とならび、一乗谷の朝倉文化は戦国三大文化の一つに数えられている。

朝倉義景《あさくらよしかげ》　越前の戦国大名。一乗谷を本拠として繁栄したが、信長に攻められて滅亡した。（福井県　心月寺蔵）

姉川古戦場風景

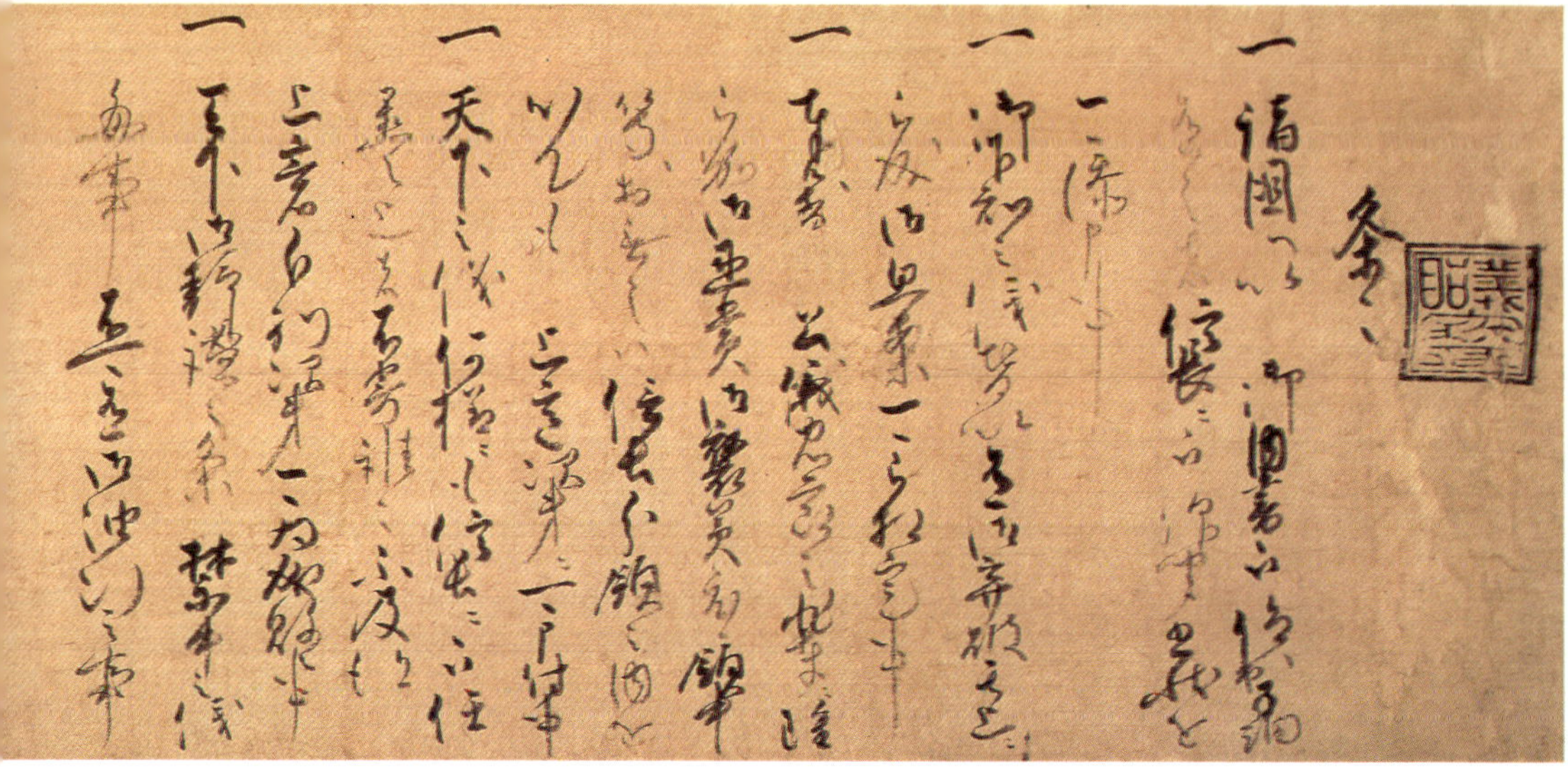

足利義昭・織田信長条書

黒印(義昭)

条々

一諸国へ以 御内書被㆓仰出㆒子細
有㆑之者、信長ニ被㆓仰聞㆒、書状を
可㆓添申㆒事
一御下知之儀、皆以有㆓御棄破㆒、其上
被㆑成㆓御思案㆒、可㆑被㆓相定㆒事
一奉㆑対㆓ 公儀㆒、忠節之輩ニ雖
被㆑加㆓御恩賞、御褒美㆒度候㆓、領中
等於㆑無㆑之ハ、信長分領之内を
以ても、 上意次第ニ可㆓申付㆒事
一天下之儀、何様ニも信長ニ被㆓任
置㆒之上者、不㆑寄㆓誰々㆒、不㆑及㆑得㆓
上意㆒、分別次第可㆑為㆓成敗㆒之事
一天下御静謐之条、 禁中之儀、
毎事不㆑可㆑有㆓御油断㆒之事
已上
永禄十参
正月廿三日 (信長)朱印
日乗上人
明智十兵衛尉殿

足利義昭・織田信長掟条々 正親町《おおぎまち》天皇の仲介で、義昭と信長の間にかわされた和解の条文である。左端には証人の日乗上人と明智光秀の名があり、右端には条文を承諾したことを示す義昭の黒印がある。(東京都お茶の水図書館蔵)

朝倉攻めと姉川の戦い

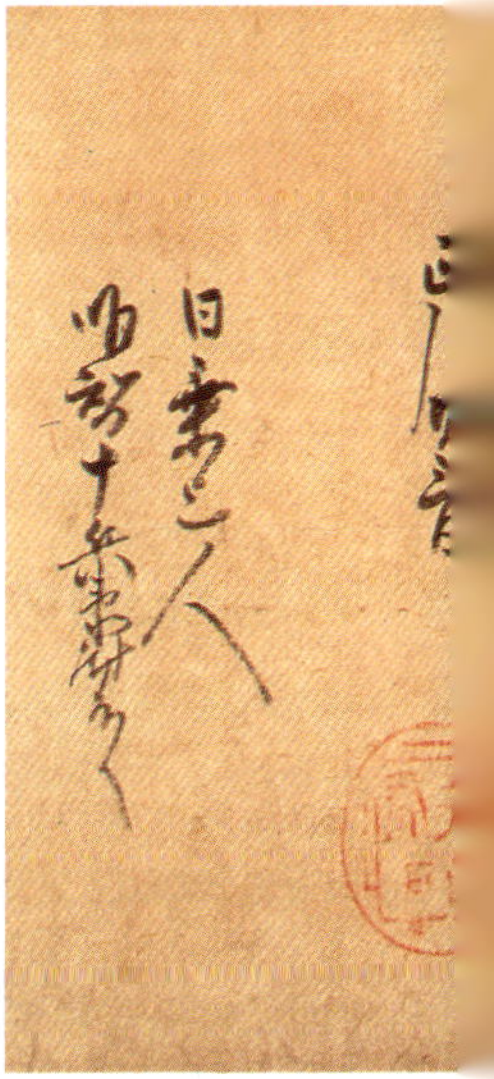

徳川家康所用の熊毛黒色威具足
（東京都　徳川黎明会蔵）

た若狭の武藤上野介《こうずけのすけ》を討つ」という名目をかかげているが、真のねらいは朝倉攻めであった。

予定通り、信長軍は若狭・越前の国境を越え、朝倉方の支城手筒山《てづつやま》城・金ヶ崎《かねがさき》城を攻めはじめた。不意の信長軍の来襲にびっくりした朝倉義景は、まだ防戦態勢が整っていないということも手つだって危機的な状況を迎えたのである。そのまま信長軍が進撃していれば、朝倉氏はそこで滅亡したはずであった。

ところが、ここに、信長方の全く予期していなかったことがおこった。近江の浅井長政《あざいながまさ》の離反である。信長は、自分の妹お市の方を嫁がせていた長政が謀反をおこすなど考えてもみなかった。しかし、伝えられる情報によって謀反の事実は動かしがたいと判断し、急遽兵をもどすことになった。長政が越前に進軍してくれば、信長は朝倉と浅井の二つの敵に挟みうちにされてしまうからである。

信長は朽木谷《くつきだに》の間道を通り、ほうほうの態《てい》で京都に逃げ帰ったが、浅井長政に対する怒りの気持を押さえることはできなかった。いったん京都から岐阜にもどった信長は、六月十七日、岐阜を出発し、浅井攻めを開始した。

一方、朝倉義景は、一族朝倉景健《かげたけ》に一万の兵をつけて援軍として近江に送りこんできた。

このとき、信長も徳川家康から五〇〇〇の援軍を得ており、ここに、織田・徳川連合軍対 浅井・朝倉連合軍の戦いがはじまったのである。

戦いは六月二十八日に近江の姉川畔でくりひろげられた。そのため、この戦いを姉川の戦いとよんでいる。

浅井軍が織田軍とぶつかり、朝倉軍が徳川軍とあたることになった。はじめ、浅井軍の善戦で織田軍先鋒《せんぽう》が崩されるということもあったが、朝倉軍と徳川軍との戦いで、朝倉軍が敗走をはじめたため、浅井軍もそれにつられる形で敗走し、ついに織田・徳川連合軍の圧勝で終った。

石山本願寺《いしやまほんがんじ》の挙兵

信長家臣の中には、「このまま浅井長政の居城小谷《おだに》城を攻めるべし」と主張する者もいたが、信長はそうした声を押しとどめ、「深追い無用」と兵を引いている。小谷城が峻嶮な山城であり、力攻めでは容易に落ちる城ではないことを信長は熟知していたからである。とはいえ、浅井長政に大打撃を与えておきながら、ここで長政の息の根をとめることができなかったことは、その後の信長の天下布武のプログラムにとっては大きな誤算であった。

一つの動きはすぐあらわれた。姉川の戦い後、織田軍が浅井長政の居城小谷城を攻めずに、すぐ岐阜城に兵をもどしたのをみた三好《みよし》

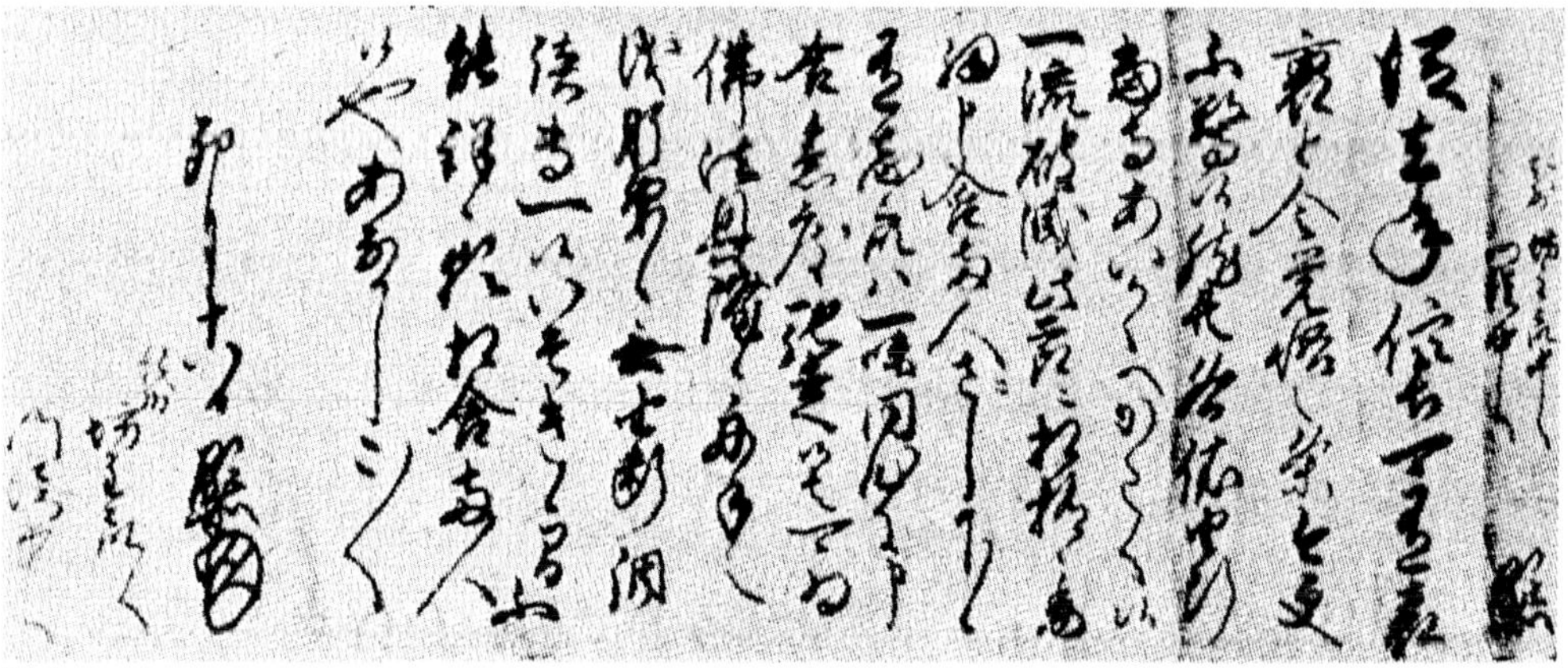

顕如《けんによ》の檄文　本願寺の危機に直面し、結束を呼びかけた。

三人衆が「信長は敗退した」と勘ちがいしたのである。このような勘ちがいが、その後に続く歴史的大事件の直接的な引き金になったなど信じられないという人があるかもしれない。しかし、これは事実である。

信長が上洛してくるので、摂津《せっつ》・河内《かわち》あたりで勢力をもっていた三好三人衆とよばれる三好長逸《ながゆき》・三好政康《まさやす》・岩成友通《いわなりともみち》ら三好一党の武将たちは、勢力挽回の機会をねらっていたが、姉川の戦いのあと、信長軍が岐阜に撤退したのを敗退とみてしまったのである。一万三〇〇〇の兵を率いて阿波《あわ》から和泉《いずみ》に渡り、野田砦・福島砦を補強し、信長に対する反撃に動きだした。

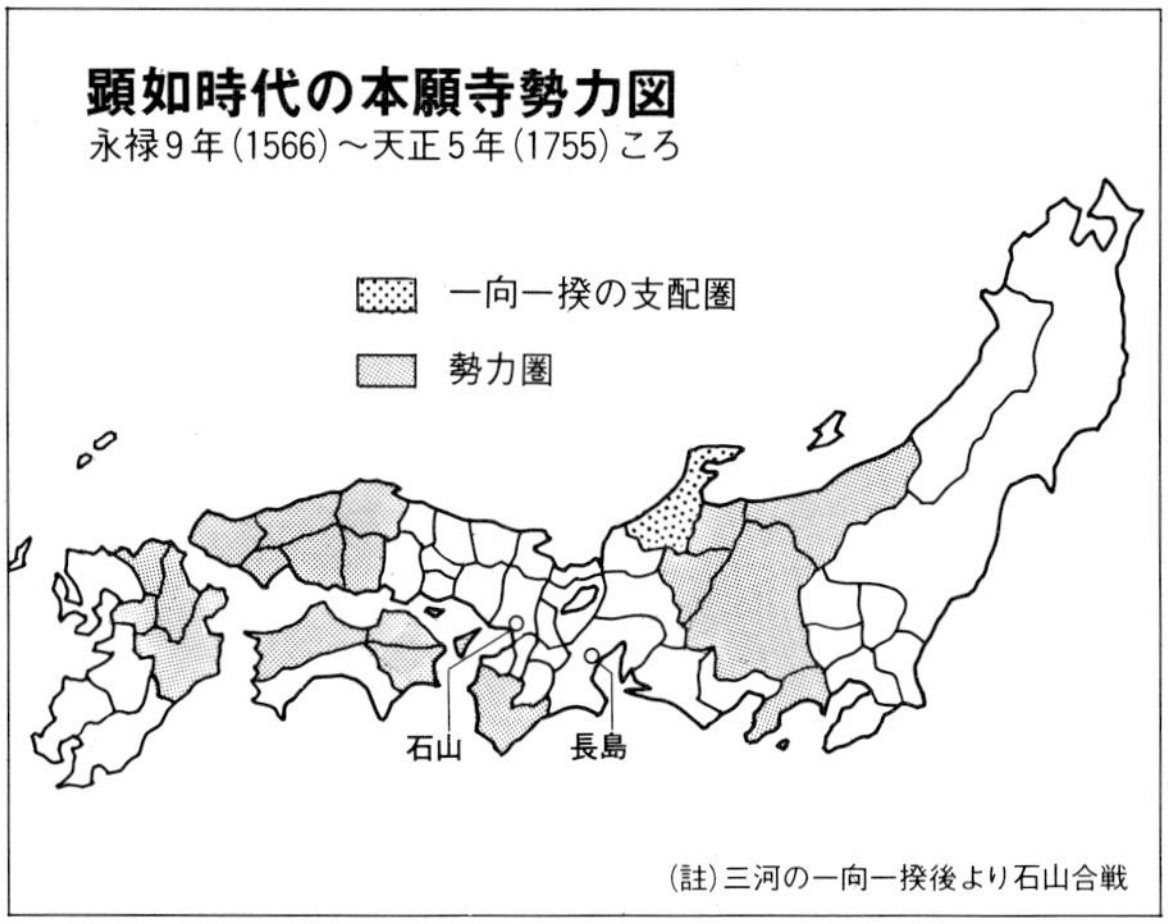

せっかく治まりはじめた畿内《きない》が再び騒然としはじめたので、信長もそのまま手をこまねいているわけにはいかず、河内・摂津方面に出陣し、野田砦・福島砦にせまり、さらに天王寺に進出し、天満宮の森から海老江・川口・神崎・上難波・下難波に布陣をしいた。

実は、この布陣の体形は、信長が意図したか意図していなかったかは別としても、ちょうど本願寺を包囲する形となっていたのである。

石山本願寺の顕如《けんによ》は、「これは信長が本願寺をつぶそうとしている」とみた。まず、九月五日、紀州門徒に出馬を命じ、ついで翌六日、諸国の門徒に檄《げき》をとばし、信長に対する戦いに決起することを命じている。その檄文には、「もし無沙汰の輩は長く門徒たるべからず候也」と、破門に処すという脅しをちらつかせながら、対信長との戦いに門徒農民をかりたてていったことがわかる。

三好三人衆と石山本願寺の挙兵により、信長は摂津・河内に釘づけされる形となった。その様子をみて、浅井長政・朝倉義景が、さきの姉川の戦いの敗戦の雪辱《せつじょく》にたちあがり、近江から山城にせまり、醍醐《だいご》・山科《やましな》あたりまで駒をすすめてきたのである。

仮に、浅井・朝倉軍が京都に攻め入り、将軍足利義昭を手中にしてしまうような事態になれば、信長のそれまでの努力は水泡に帰し

●信長をめぐる戦国時代の群像（6）

顕如《けんによ》像　（大阪府　願泉寺蔵）

顕如光佐（1543-1592）

一《いっ》向《こう》一《いっ》揆《き》の嵐

浄土真宗はいくつかの派に分かれているが、中でも最大なものは本願寺派である。特に、本願寺派八世蓮如《れんによ》が農民層の中に教線を拡大し、惣《そう》の乙名《おとな》層を中心に支持者を得、惣村全体をつかむことに成功している。

九世実如《じつによ》（蓮如五男）を経て、十世証如《しようによ》（実如の孫）のとき、それまでの布教の中心だった山科《やましな》本願寺を焼かれたため、石山《いしやま》本願寺に移り、そこを本山とした。証如は、蓮如の六男蓮淳や、坊官下間《しもづま》頼慶《らいけい》らの補佐を得て、本願寺派を大きくしている。

本願寺第十一世顕如《けんによ》（諱《いみな》は光佐《こうさ》）は天文《てんぶん》十二年（一五四三）の生まれで、父証如が同二十三年（一五五四）に没したあとをうけて本願寺の住職となった。なお、正親町《おおぎまち》天皇から門跡《もんぜき》に補《ぶ》されたのは永禄《えいろく》二年（一五五九）のことである。その翌年、門跡寺院を助ける寺として院家に補任《ぶにん》する勅許《ちょっきょ》があり、本願寺派としてははじめて本宗寺・願証寺・顕証寺を院家としている。朝廷との結びつきを強め、本願寺派そのものの勢力拡張をはかっていたことがうかがわれる。

長享《ちようきよう》二年（一四八八）の加賀一向一揆によって、加賀は蓮如の子どもたち、具体的には本泉寺蓮悟《れんご》・松岡寺蓮綱《れんこう》・光教寺蓮誓《れんせい》が支配する体制ができていたが、顕如のときも、越前が「一揆もちの国」になり、顕如は越前に下間頼照らを送りこんで支配させている。当時、越前一向一揆の人びとは彼らを「大坂殿御上使」とよび、その下にたとえば、大野郡は大野郡司杉浦壱岐、足羽《あすわ》郡は足羽郡司下間和泉というような、顕如の息のかかった人物が支配する体制がとられていたのである。

こうして、顕如は「仏法《ぶつぽう》為本《いほん》」の考え方を全面的に押したてて、「王法《おうぼう》為本」の担い手織田信長に徹底抗戦をすることになる。加賀・越前の本願寺法王国、すなわち門徒共和国を全国に波及させる試みは結局成功しなかった。

石山合戦の軍旗　（石川・通敬寺蔵）

てしまう。「何とかそれだけは避けなければならない」と考え、兵をもどすことにし、とりあえず浅井・朝倉軍を迎え討つことを考えた。

このとき、信長軍に押された浅井・朝倉の軍勢は比叡《ひえい》山《ざん》にのぼり抵抗したが、信長は比叡山延暦寺《えんりやくじ》に対し、「味方すれば、分国中にある山門領をすべて還付しよう」といって勧降している。しかし、延暦寺は信長側のこの申し出を黙殺した。実は、これが翌年の比叡山焼き討ちの伏線となるのである。

しかも、信長にとって都合悪いことに、伊勢長島でも本願寺の指令をうけた一《いっ》向《こう》一《いっ》揆《き》が蜂起し、尾張小木江《こきえ》城を守っていた信長の弟信興《のぶおき》が自刃するという事態を迎えていた。しかし、信長自身動くことができず、信興を見殺しにせざるをえなかったのである。

四面楚歌の状態の信長は、生涯最大の苦境に立たされたわけであるが、信長はこの危機を政治力で乗り切っている。いわば奥の手といってもよいが、天皇を動かし、〝勅命講和〟ということにして窮地を脱し、岐阜にもどっているのである。

4 比叡山《ひえいざん》の焼き討ち

元亀二年（一五七一）～元亀三年（一五七二）

伊勢《いせ》・近江《おうみ》への出陣

前年暮に味わった屈辱は、信長のような性格の武将には耐えられなかったものと思われる。年が明けて元亀《げんき》二年（一五七一）を迎え、信長は一つずつ障碍をとりのぞいていこうと考えていた。

これは、ある意味では兵法の常道ともいえるが、束になってかかってこられては勝ち目がないので、各個撃破で、相手の弱いところを一つひとつつぶしていく戦法をとることになった。

ターゲットの一つは浅井氏である。信長は木下藤吉郎秀吉に命じ、浅井家臣団の切り崩しをはからせている。その成果があがってきたのは二月十七日のことで、浅井長政の重臣の一人、小谷《おだに》城の支城佐和山《さわやま》城を守っていた磯野員昌《いそのかずまさ》が信長方に降ってきたのである。

ついで、もう一つのターゲットは伊勢長島一向一揆であった。前年、弟信興を殺されたといううらみもあって、信長自身も出馬する念のいれようであったが、予想外の抵抗にあい、家臣の氏家卜全《うじいえぼくぜん》は討死し、柴田勝家も疵をこうむるという状態で、この年五月の伊勢長島一向一揆討伐は失敗に終っている。

そしてもう一つのターゲットが比叡山延暦寺であった。もっとも、はじめから「比叡山を攻める」などといえば、家臣たちの猛反対をうけるであろうことを予想していた信長は、その出陣の意図を隠したまま出馬している。そして、下坂本に布陣したとき、「敵は比叡山」と告げているのである。

信長が比叡山攻めを決意するに至った直接的な契機は、前年、浅井長政・朝倉義景に加担し、信長を苦しめたことにあったわけであるが、もう一つ、仏教勢力に鉄槌を下すこともねらいにあったのではないかと考えられる。仏法よりも王法が優先することを天下に示そうとしたのではなかろうか。

延暦寺根本中堂

さて、比叡山焼き討ちはその年、すなわち元亀二年の九月十二日である。信長の意図を知って、明智光秀《あけちみつひで》・佐久間信盛《さくまのぶもり》らは、「伝教大師以来の鎮護国家の大道場を攻めるなどもってのほか」と諫《いさ》めたが、信長は、すでに延暦寺を寺とはみず、浅井・朝倉と結ぶ敵対勢力の一つとして考えていた。

この信長軍の焼き討ちによって、根本中堂《こんぽんちゅうどう》はもとより、社寺堂塔五百余棟が一宇《う》も残らず灰になり、僧俗男女三千人がひとりひとり首を切られたという。その様子が、当時の人の日記である『言継卿記《ときつぐきょうき》』や『御湯殿の上の日記』などに克明に記されていたため、全山火の海となり、大虐殺が行われたと理解されてきた。

ところが、近年、比叡山で発掘調査が進められた結果、従来のそうした通説に対しては見直しが必要となってきた。

具体的には、発掘調査の結果、焼土層があまりみられないことであり、また、出土遺物も、平安期のものが多く、戦国期のものが極端に少ないという点である。つまり、これらのことから、比叡山焼き討ちは、伝えられるほど大規模なものではなく、すでに、比叡山延暦寺そのものが平安時代のころのような五百余宇を数えるような大伽藍《がらん》ではなく、若干の堂や塔が残っていた程度であったことが浮き彫りになってきたのである。

　しかし、実態はそのように衰微していたとはいえ、延暦寺は天台宗の総本山であることにはかわりなく、その延暦寺を焼き払ったという信長の行為そのものの宣伝効果は大きなものだったことはいうまでもない。中世的権威の否定を態度で示したことはたしかだからである。

しのびよる武田《たけだ》信玄《しんげん》の脅威

　そのころまで、信長と武田信玄との関係は友好関係が保たれていた。自分の養女を信玄の子勝頼《かつより》に嫁がせたり、また、彼女が出産で死んでしまうと、今度は、信玄の娘を自分の長男信忠《のぶただ》と婚約させるなど、政略結婚によって同盟関係が保たれていたのである。

　ところが、次第に信玄との関係は悪化しはじめ、ついに翌元亀三年（一五七二）には完全な手切れ状態となった。信長は、それまでの反対勢力の脅威だけでなく、〝戦国最強〟のよび声の高い武田軍団の脅威にも直面することになった。

　しかも、こうした信長の不安感をみすかすかのように、信長の上洛以来帰順していた松永久秀が信《し》貴《ぎ》山《さん》城に籠もって信長に反旗をひるがえしはじめたのである。

　信長にしてみれば、信玄が動かないことをひたすら祈るだけであったが、その年十月三日、信玄が甲斐《かい》の躑躅《つつじ》ケ《が》崎《さき》館を出陣し、とうとう西上に動きはじめた。二万五〇〇〇の大軍を率いた信玄は十月十日、信濃と遠江《とおとうみ》の国境である青崩峠を越え、家康の支城二俣《ふたまた》城を攻めはじめた。

　その二俣城攻めの最中の十一月十九日、信玄は朝倉義景に手紙を出しているが、そこには「来年五月に至り張陣のこと」とみえる。

疾如風
徐如林
侵掠如火
不動如山
孫子の旗　武田軍旗「疾如風、徐如林、侵掠如火、不動如山（はやきこと風のごとく、しずかなること林のごとく、おかしかすむること火のごとく、動かざること山のごとし）」金泥の文字は信玄が私淑した快川国師の揮毫と伝える。（山梨県　恵林寺・雲峰寺蔵）

南無諏方南宮法性上下大明神
諏訪明神旗　信玄は信仰する諏訪明神の加護を信じ本陣旗とした。（山梨県　恵林寺・雲峰寺蔵）

つまり、信玄は、朝倉義景に「来年五月になったら出陣してきてほしい」といっているのである。これは、信玄が、来年五月、浅井、朝倉、さらに三好、松永、石山本願寺と一緒になって信長をたたく作戦を考えていたことを示している。

信玄に攻められている家康からは援軍の要請もきていた。しかし、信長自身、浅井・朝倉との戦いに手いっぱいで、自らが後詰《ごづめ》として出陣していくことはもちろん、まとまった数の援軍を送ることも不可能であった。このときは三〇〇〇の援軍を送るにとどまってい

楯無鎧《たてなしのよろい》　小桜韋威鎧《こざくらがわおどしよろい》大袖付《おおそでつ》き。甲斐源氏の始祖新羅三郎義光以来、武田の宗家が代々御旗《みはた》とともに受け継いで重宝とした。（塩山市　菅田神社蔵）

る。

さて、信玄は、二俣城を落とし、いよいよ家康の居城浜松城に向かった。ところが、途中で向きをかえ、浜松城には迫らず、三方ケ原台地にあがってしまったのである。確証になる史料はないが、このとき、家康は信長から「信玄の大軍を遠江でくいとめるように」との命令をうけていたと思われる。籠城戦にもちこめば何カ月間か抵抗できるとみていたのである。

逆に、信玄は「来年五月には、近江あたりで信長との雌雄を決する戦いに臨まなければならない」と考えており、タイム・スケジュールが決まっているので、家康が籠城しては面倒なことになると考えていた。そこで、三方ケ原台地に家康軍をおびき出す作戦をとったのである。家康はこの信玄のおびき出し作戦にまんまと乗せられてしまったことになる。

このとき、武田軍は二万五〇〇〇、徳川軍は信長からの援軍三〇〇〇をいれても一万一〇〇〇であり、十二月二十二日の三方ケ原の戦いは武田軍の圧勝に終り、家康は命からがら浜松城に逃げもどるというありさまであった。

なお、この三方ケ原の戦いの少し前であるが、信長の叔母が嫁いでいた美濃岩村城も武田軍の支隊秋山信友《のぶとも》に攻められている。城主遠山景任《とおやまかげとう》が戦死したあと、城内の動揺をよみとった秋山信友が、調略によって景任未亡人、すなわち信長の叔母と結婚し、岩村城を武田方の城としてしまったのである。岩村城にいた信長五男御坊丸は甲府に人質として送られてしまった。

●信長をめぐる戦国時代の群像（7）

武田信玄像　（和歌山県　高野山成慶院蔵）

武田信玄 (1521-1573)

戦国最強武田騎馬軍団

武田信玄は大永《たいえい》元年（一五二一）の生まれで、天文《てんぶん》十年（一五四一）、二十一歳のとき、父信虎《のぶとら》を駿河に逐って自立し、翌年から信濃《しなの》に侵攻して諏訪《すわ》氏を滅ぼし、やがて信濃のほとんどを制圧することに成功した。ただ、北信濃をめぐっては、上杉謙信《うえすぎけんしん》との間に折りあいがつかず、前後五回にわたる川中島の戦いがくりひろげられている。

信玄と信長は、はじめのうちは同盟関係にあった。ところが、信長の同盟者だった徳川家康が信玄との戦いにふみきるにおよんで、信長も信玄との戦いが不可避であると考えるようになった。

信玄には男子が七人いたが、長男義信《よしのぶ》は、信玄が今川氏を攻めるとき、その犠牲になる形で自刃に追いこまれており、二男龍芳《りゅうほう》は盲目、三男信之《のぶゆき》は早世していたため、四男の勝《かつ》頼《より》が家督をついでいる。信玄が天正元年（一五七三）、五十三歳で没したとき、「三年間喪《も》を秘せ」という遺言を守ったことは有名である。

武田軍は騎馬の比重が高かったことでも知られており、武田騎馬隊は「戦国最強」などといわれ、まわりから恐れられていた。武田氏の最大動員兵力は約二万五〇〇〇で、上層部は、御親類衆・御譜代家老衆・信州先方衆・西上野衆・駿河先方衆・海賊衆・遠州・三河先方衆・御旗本武者奉行・足軽大将衆から構成されていた。

なお、武田家臣団というと、よく「武田二十四将」といういい方をするが、これは、のち、江戸時代になって設定されたもので、信玄・勝頼の時代にはそのようなよばれ方はしていない。重臣としては、穴山梅雪《あなやまばいせつ》・小山田信茂・板垣信方・飯富《おぶ》虎昌・原虎胤《とらたね》・馬場信房・内藤昌豊・山県昌景・秋山信友・土屋昌恒といった名前がリスト・アップされよう。

5 将軍義昭《よしあき》追放　浅井《あざい》・朝倉《あさくら》討伐

元亀三年（一五七二）

足利義昭所用胴衣　信長に逐われた義昭は、河内、紀伊から備後の鞆《とも》に移り、毛利氏を頼って幕府再興をはかろうとした。秀吉の天下統一後は山城国槙島に住んだ。（広島県　常国寺蔵）

室町幕府の滅亡

元亀《げんき》四年（一五七三）は、途中で改元され、天正《てんしょう》元年となる。遠江浜松城の徳川家康を打ち破った信玄は、三河に進み、正月十一日から徳川方の支城の一つ野田城を攻めた。城将菅沼定盈《さだみつ》が率いるわずか四〇〇ほどの城兵が守る城で、簡単に落とせると武田方ではみていたが、実際に攻めてみると容易には落ちなかった。しかし、野田城側に後詰《ごづめ》の援軍は期待できず、とうとう二月十日落城してしまったのである。

ふつうならば、そこからさらに西へ進んで家康の西三河《みかわ》支配の拠点である岡崎城を攻める段どりとなるが、このあと信玄およびその軍勢は不可解な行動をとる。

鳳来寺山《ほうらいじやま》にのぼり、少したって、平谷《ひらや》・浪《なみ》合《あい》を通って信州へもどりはじめたのである。実は、このときすでに信玄の病気は相当悪化していたわけであるが、療養に専念するためいったん兵を甲斐にもどすことにしたのである。ところが、その途中の駒場《こまんば》というところで四月十二日、信玄は息をひきとってしまった。

「三年間は喪《も》を秘せ」という遺言にしたがっ

朝倉館復元模型　朝倉氏本館は背後に山を背負い三方を土塁と堀で囲まれていた。面積約5,600平方メートル（約1,700坪）。館内には公式の対面を行うための主殿や主人の居住空間である常御殿、接客のための会所などが廊下でつながれてあった。京都の細川管領邸とよく似た配置となっている。（国立歴史民俗博物館蔵）

て信玄の死は秘匿《ひとく》された。「敵をだますには味方から」というセオリー通りのことが実践された結果なのかどうかわからないが、信玄の死は、敵方の信長・家康らに対して隠されただけではなく、味方の浅井長政・朝倉義景、さらには足利義昭にも隠されていた。そして皮肉なことに、味方足利義昭がだまされたことによって、反信長勢力に亀裂が入りはじめるのである。

義昭は、松永久秀・三好義継《よしつぐ》と結び、畿内《きない》において勢力をもりかえしたのに加えて、「信玄が三河野田城を落とし西上中である」という情報を得て急に強気になった。信玄がタイム・スケジュールとして考えていた〝五月決戦〟の情報を義昭も得ていたものと思われる。

信玄が死んだことを知らない義昭は七月三日、三淵藤英を二条城に置いて、自らは宇治の槇島城に拠って挙兵した。

一方、信長方では家康側からの情報によって信玄が死んだということをつかんでいた。そのため、信長は背後を心配することなく、大軍をつぎこんで槇島城を包囲し、結局、義昭は城を支えることができず、自分の子どもの義尋《よしひろ》を人質として差し出し、大坂→堺→毛利領へと護送されていた。広島県福山市にある鞆《とも》ノ浦がその流寓地である。

もっとも、義昭は信長に追放はされたが、征夷《せいい》大将軍の職を解任されたわけではなかった。しかし、実際には、このときの槇島城の退去の時点をもって室町幕府が滅亡したととらえることができる。

朝倉氏の滅亡

信玄が病死したことによって危機を脱した信長は、いよいよ元亀元年以来の争乱の元凶である浅井・朝倉両氏の討伐に本腰を入れることになった。そして、その機会は意外と早く訪れた。

朝倉館址　発掘調査が進み、戦国大名朝倉氏の居館と城下の様子が明らかになってきた。

その年、すなわち天正元年の八月四日、足利義昭を追放した信長は久しぶりに岐阜城にもどったが、休む間もなく、「浅井長政の家臣阿閉貞征《あつじさだゆき》が寝返ってきた」という報に接し、間髪をおかず出陣となった。

当然、信長近江出陣の報は越前にも伝えられ、朝倉義景自らが二万の大軍を率いて近江に入り、小谷城の一つの曲輪《くるわ》となっている大《おお》嶽《づく》城に布陣した。

そして八月十三日、城外において織田軍と朝倉軍の戦いがあり、朝倉方の敗軍となり、義景は越前に退却をはじめた。「勝に乗ずる」という言葉があるが、このときの信長の攻め方はまさにこれで、信長は逃げる朝倉軍を追い、木之本から刀根《とね》越えをし、疋田《ひきた》を経て敦《つる》賀《が》に乱入していったのである。

以前ならば、織田軍が越前に一歩踏みこんだところで、背後から浅井軍が攻めかかるところであるが、すでに浅井長政にはその戦意も力もなかったものとみえ、浅井側の動きは全くみられなかった。

小谷城址　小谷城は本丸、中丸、京極丸、小丸、山王丸といった曲輪が小谷山の尾根に一列に並ぶ連郭式の縄張りだった。

朝倉義景は本拠地一乗谷《いちじょうだに》で信長を迎え討とうとしたが、一乗谷を支えることができず、大野郡の山田荘にある六坊賢松寺に逃れ、ついに八月二十日、そこで一族の朝倉景鏡《かげあき》にせまられて切腹した。義景の母および子阿君《くまぎみ》丸もさがし出されて殺され、ここに越前の戦国大名朝倉氏は滅亡したのである。義景の首は京都に送られてさらし首となり、信長は、義景から寝返ってきた前波吉継《まえばよしつぐ》を守護代に任じ、残務整理などを行わせている。

前波吉継は名を桂田長俊《かつらだながとし》と改め越前支配を開始したが、翌年、同じ信長への寝返り組の一人でありながら前波ほどは優遇されなかった富田長繁《とみたながしげ》が越前一向一揆と結び、桂田長俊を攻めて殺してしまった。

浅井氏の滅亡

ところで、朝倉氏を滅ぼした織田軍は八月二十六日、小谷城攻めのために対《たい》の城として築かれていた虎御前山《とらごぜやま》砦にもどってきた。小谷城は山上・山腹に二〇〇〇ほどの大小の曲《くる》輪《わ》を配した典型的な山城で、簡単には攻め落とせない要害だったが、今度ばかりは後詰《ごづめ》として頼りになってきた朝倉氏がすでに滅亡してしまっており、孤立した状態で戦わざるをえなかった。また、織田軍の方でも、「今度こそ落とすんだ」という気魄があり、落城は時間の問題となった。

翌二十七日、木下藤吉郎から羽柴藤吉郎に名前を改めたばかりの秀吉が、まず小谷城の京極丸を攻撃した。これは、長政のいる本丸部分と、長政の父久政《ひさまさ》のいる小丸・山王丸の部分とを分断するもので、この作戦によって小谷城の指揮系統が分断された。織田軍に攻められた久政はこの日自刃し、ついで翌二十八日、信長自身が京極丸に攻め上り、長政を攻めたため、ついに長政も自刃して果てた。

落城の寸前、お市《いち》の方と三人の娘たち、すなわち、茶々《ちゃちゃ》・初《はつ》・小督《おごう》は城を出て信長のもとに送りこまれた。これは、お市の方が信長の妹という縁によったものであり、また、女子を落城の際に落とすという当時の一般的慣行に従ったものであった。

長政には、お市の方との間にではないが二人の男子がおり、長男を万福丸、二男を万菊丸といった。二人とも、城攻めがはじまる前に城を出てかくまわれていたが、万福丸の方は余呉湖《よごこ》の近くにかくまわれていたところを捜し出され、関ケ原《せきがはら》において磔《はりつけ》にかけられて殺されてしまった。

弟の万菊丸の方は、近くの福田《ふくでん》寺という寺に預けられて無事だったという。浅井氏の家系はその後この万菊丸によって伝えられるが、戦国大名としては、浅井長政の切腹によって終りをつげたといってよい。

信長が朝倉義景・浅井久政・浅井長政の三人をいかにうらんでいたかは、翌年正月、家臣たちが集まった年賀の席に、「珍奇の御肴《さかな》」として、三人の髑髏《どくろ》を漆塗りにし、その上に金粉をかけた「薄濃《はくだみ》」が並べられたことにも明らかである。

単なる残酷趣味というにとどまらず、天下布武をさまたげたこの三人に対する怒りの気持のあらわれだったのだろう。

●信長をめぐる戦国時代の群像(８)

三好長慶・三好三人衆・松永久秀

混迷する畿内の実力者

信長が上洛したころ、将軍権力は失墜し、畿内《きない》は混迷の極にあったが、実権を握っていたのは管領《かんれい》細川氏ではなく、細川氏の家宰《かさい》だった三好氏にとって代わられていた。

三好長慶《ながよし》が実権を握ったのは天文《てんぶん》二十二年（一五五三）からで、近江に放浪していた足利義輝を京都に迎え、細川高国《たかくに》の養子氏綱《うじつな》を傀儡《かいらい》として管領にすえてからである。ここにおいて、管領細川氏の家宰にすぎなかった三好長慶が幕府を思いのままに動かす実力者にのしあがったのである。

長慶が実力者になりえた背景のもう一つが堺の経済力であった。堺と密接に結びついていたことも手伝って、一族からは政長《まさなが》（号宗三《そうざん》）、康長《やすなが》（号笑岩《しょうがん》）、之康《これーす》（号実休《じっきゅう》）など名の知られた茶人も輩出している。

この長慶の部将で、三好日向守長逸《ひゅうがのかみながゆき》・岩成主税助友通《いわなりもんどのすけともみち》・三好下野守政康《しもつけのかみまさやす》の三人を特に三好三人衆とよんでいる。長慶死後、この三好三人衆が三好氏の実権を握っていた。

さて、もう一人の実力者が松永久秀である。三好三人衆はいずれも三好氏の一族の出であるが、松永久秀については出身が不明で、一説に、山城国《やましろのくに》西岡の商人だったともいわれている。

三好長慶に仕えて次第に頭角をあらわし、弾正忠に任官し、松永弾正の名で有名である。長慶の嫡子義興《よしおき》の死については、すでに当時から久秀が毒殺したという噂もあった。義興の死、それに続く長慶の死によって三好氏の実権を奪い、はじめのうちは三好三人衆と同一歩調をとっていたが、やがて対立し、そのときの戦いで東大寺大仏殿を焼いたことは有名である。

大和信貴《しぎさん》山城、さらに多聞山《たもんやま》城を築き、のち信長に降るが、天正《てんしょう》五年（一五七七）、信長に背き、信貴山城で自刃した。

6

伊《い》勢《せ》長島一《いっ》向《こう》一《いっ》揆《き》

天正二年（一五七四）

血染めの阿弥陀如来画像　阿弥陀如来画像の裏に門徒衆の名前と血判があることから、世に「血染めの阿弥陀如来画像」として知られ、しかも、伊勢長島一向一揆の際の遺品といわれてきた。ところが、門徒衆の地名を調べると、伊勢長島のものではなく、近江の長浜のものであることが明らかとなった。湖北一向一揆の門徒たちが、結束と信仰の固さを誓いあったものであろう。どす黒く変色した血の色に、当時の一向一揆の強さをみることができる。（愛知県　浄顕寺蔵）

東大寺大仏殿　永禄10年(1567)10月、三好三人衆と反目し、合戦に至った松永久秀は三好軍が布陣した東大寺に夜襲をかけた。この戦闘での失火により大仏殿は猛火に包まれ炎上、堂塔の大部分を焼失した。現在の東大寺の建物は元禄５年(1692)に復興されたものである。（奈良県）

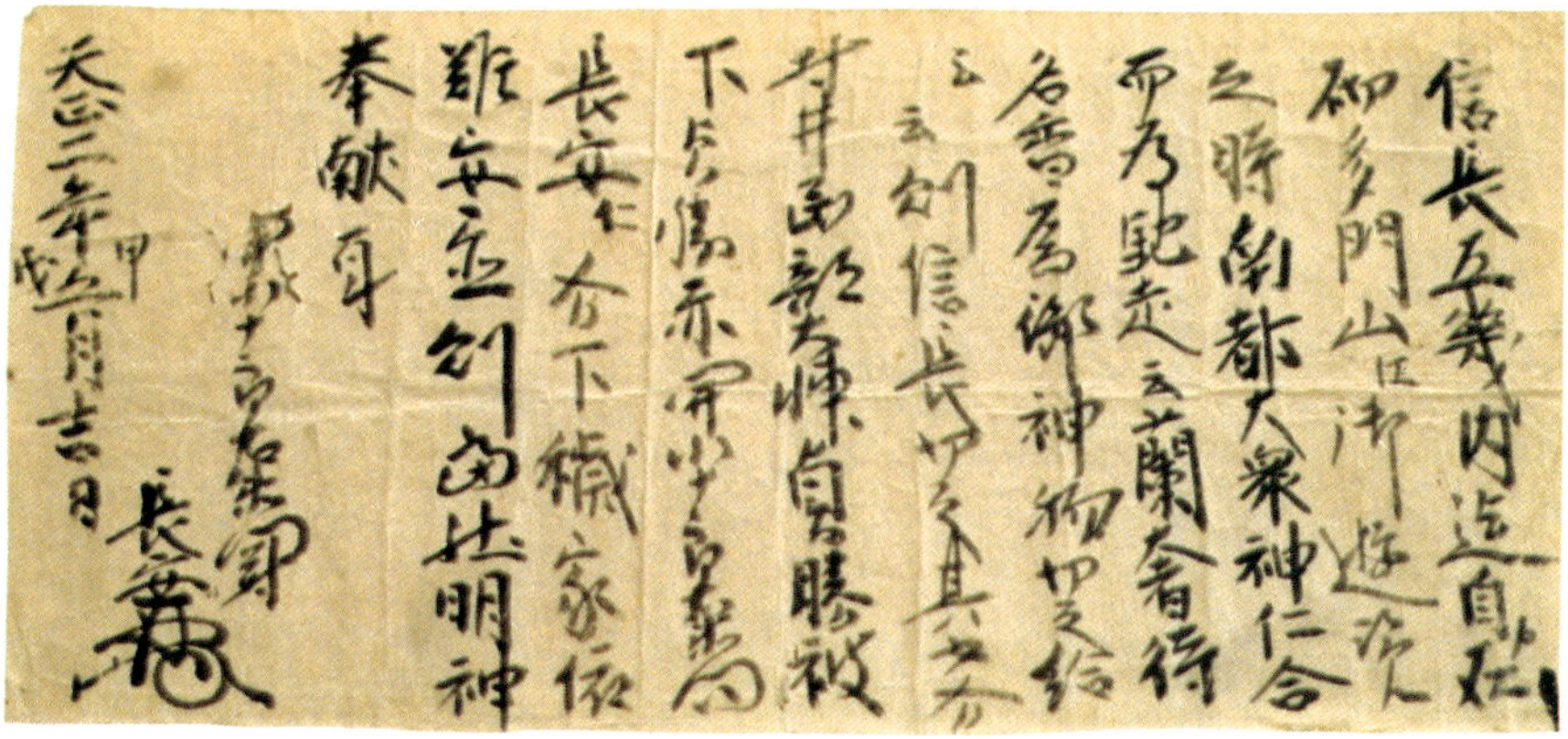

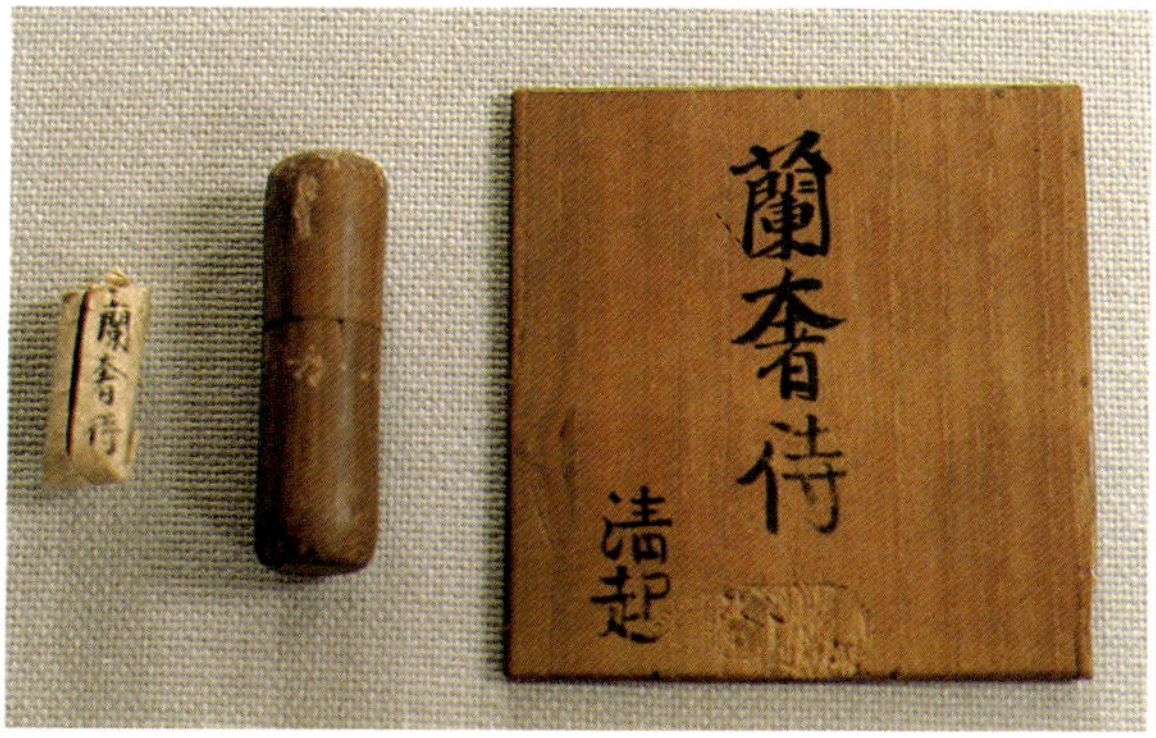

蘭奢待《らんじやたい》の香木(左)と関長安の蘭奢待奉納状(上)　信長が切り取った蘭奢待は、さらに細かく切って家臣たちに与えられた。家臣たちは、それをまた細分して自分の家臣に与えたが、これは村井貞勝から関長安に与えられたものといわれている。（愛知県　真清田神社蔵）

名香木蘭奢待《らんじゃたい》を切る

天正《てんしょう》二年（一五七四）の正月を朝倉義景・浅井久政・長政父子の「薄濃《はくだみ》」で迎えた信長は、越前における桂田長俊の敗死、それにともなう「一揆もち」の国への転化、さらには武田勝頼の出兵など、依然として騒然とした状況下にあったが、突然、何を思ったか東大寺の蘭奢待《らんじゃたい》を所望している。

蘭奢待の名には、それぞれ一字ごとに東大寺という字をいれているが、聖武天皇の時代にわが国にもたらされた名香木《こうぼく》で、勅許《ちょっきょ》がなければ切らせないという貴重品であった。

そのような貴重品を、この時期、信長が突然思いついたように切らせたのはどうしてなのだろうか。ただ香木を切って香りを楽しみたいといった次元の発想ではなかったことはいうまでもない。

このことの意味を考えていくうえでのヒントになるのは『信長公記』のつぎの短い文章である。

……東山殿《ひがしやまどの》召置かせられ候て已来、将軍家御望の旁数多これありといへども、唯ならぬ事に候間、相叶はず……

ここで「東山殿」といっているのは東山銀閣を建てた足利義政《あしかがよしまさ》である。つまり、勅許を得て蘭奢待を切りとることを許されたのは、足利義政以来のことだという点である。信長は足利義政が集めた名物茶道具などのコレクション「東山御物《ごもつ》」が町人たちの手に流れてしまったものをかなり取りもどし、自分の所持品に加えているが、これは、「天下の権を持つもの、天下の名器を持つ」という考えからきており、このことと蘭奢待の切り取りはある意味では同一の発想からきているといえる。

信長は三月二十七日、大和《やまと》の多聞山《たもんやま》城まで出かけ、翌二十八日、東大寺の蔵を開けて蘭奢待を出し、それを多聞山城まで運ばせ、一寸八分ほど切らせている。自分が天下の権を握っていることを内外へアピールする宣伝効果をねらった行為であったことがわかる。

さて、その時期の動きとして注目されるのは、武田勝頼《かつより》による遠江《とおとうみ》の高天神《たかてんじん》城攻めである。高天神城は徳川家康の支城で、家康の家臣小笠原長忠が守っていた。父信玄も落とすことができなかった高天神城を、勝頼はその年五月三日、二万五〇〇〇の大軍を率いて甲斐の躑躅ケ崎《つつじがさき》館を出発し、早くも十二日から高天神城を囲みはじめている。

徳川・武田抗争の舞台となった高天神城

小笠原長忠はすぐ浜松城の家康に後詰《ごづめ》の兵を送ってくれるよう要請する。家康は自分の力だけでは救援は困難であると判断し、すぐさま信長に救援を求めた。ところが、この時期、信長は畿内《きない》を留守にすることは不可能であった。

それでも家康からの催促で出陣して救援のため兵を率いてきたが、そのころ、高天神城の方では六月に入って西の丸が落ち、井戸曲《くる》輪《わ》も占領され、とうとう六月十七日、長忠は武田方の提示する条件をのんで開城する段どりになってしまったのである。

六月十四日岐阜を発した信長は十七日に三河の吉田に着き、さらに東へ進んで今切《いまぎれ》を渡ろうとしたところへ高天神城開城のしらせが届き、信長は何らなすところなく岐阜城へ兵をもどしているのである。

伊勢長島の大虐殺

岐阜城へもどった信長は、少し兵を休ませただけで、つぎの攻撃目標である伊勢《いせ》長島に向かった。伊勢国ではあっても、長島は最も尾張に近いところであり、木曽川・揖斐《いび》川の中洲に集落ができる輪中《わじゅう》集落となっており、

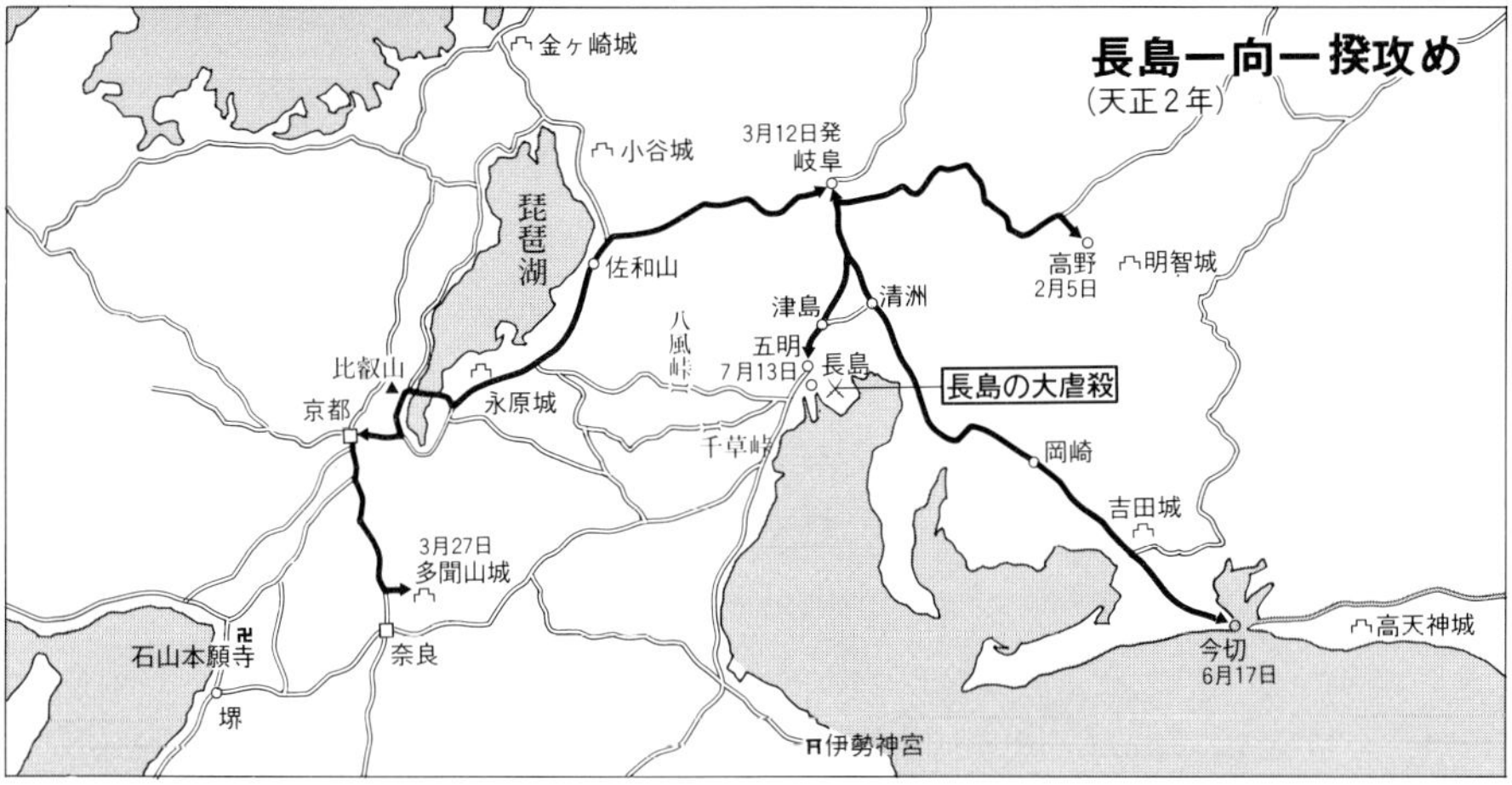

そこが一向一揆《いっこういっき》地帯となっていたのである。

信長は各地の一向一揆の中でも特にこの伊勢長島一向一揆を目のかたきにしていた。それは、この一向一揆の蜂起によって弟信興《のぶおき》が自刃に追いこまれており、その弔い合戦として出陣したときも家臣の氏家卜全を殺され、柴田勝家が疵をうけ、手も足も出ないという状況が長く続いていたからである。

天正二年七月十三日から攻撃がはじめられたが、一揆勢は篠橋・大鳥居・屋長島・中江・長島の五つの城に籠もり、信長に対して徹底抗戦を叫んでいる。

これに対し信長は、五つの城をいっぺんに敵にまわすのは適切でないと考え、各個撃破の戦略をたてている。具体的にみると、まず信長は八月二日夜、大鳥居城を攻めた。このとき、城中から籠城中の一揆勢が討って出てきたが、信長方の兵によって男女一〇〇〇人ほどが切り捨てられている。

ついで信長の軍勢は篠橋城に猛攻をかけた。守りきれなくなった篠橋城の一揆勢は長島城に逃げこんだ。籠城のとき、それぞれの城では、それぞれの城ごとに一揆勢の数にみあった兵糧しか備蓄していなかったため、長島城の兵糧が日ましにピンチになっていった。そして、ついに九月二十九日、一揆側から降伏の申し出があった。このとき、信長は降伏の申し出を了承し、一揆勢が城から出るのを許しているのである。長島城を出た一揆勢は多芸山とか北伊勢、さらに大坂など思い思いの方向へ落ちていった。

これで五つの城のうち大鳥居城・篠橋城・長島城の三つが落ち、残りは中江城と屋長島城だけとなった。

信長軍は、最後まで抵抗したこの中江城・屋長島城のまわりに幾重にも柵をめぐらし、四方からいっせいに火をかけた。この二つの城だけで、二万の男女が焼き殺されたという。信長の一向一揆ジェノサイドのハイライト・シーンである。

この結果、何年にもわたって信長を苦しめた伊勢長島一向一揆は殲滅《せんめつ》させられ、この地域から一向一揆勢力を一掃することに成功する。もっとも、織田方でもこの戦いの最中、信長の妹婿で小田井城主の織田信時《のぶとき》が戦死しており、犠牲を払った勝利だったということがわかる。

なお、伊勢長島一向一揆を鎮圧した直後、信長は分国内の街道整備にとりくんでいる。天正二年閏《うるう》十一月二十五日付篠岡八右衛門・坂井文助・河野藤三・山口太郎兵衛宛信長朱印状《しゅいんじょう》（「坂井遺芳」）によると、尾張国内の道路を年に三度改修させること、橋の修理のことなどの指示が記されている。また、信長は道路幅についても、本道・脇道・在所道といった三つのランクをつけ、並木道構想なども打ちだしており、交通政策においても新しい施策をとりはじめていたことがうかがわれる。

従来、軍事的、特に防衛の観点から、道路が狭くまがりくねったものがよいとされていたが、信長はむしろ商品流通等優先の考えから、今日の道路政策に近い方向に転化していったことがわかる。

7 長篠《ながしの》の戦い

天正三年（一五七五）

長篠城の戦い

天正《てんしょう》三年（一五七五）五月二十一日の織田信長・徳川家康連合軍と武田勝頼《かつより》の戦いは、新兵器鉄砲の効果的な利用の具体例として知られ、世に長篠の戦いとして有名である。しかし、ふつう長篠の戦いとよびならわされているものは、厳密にいうと、長篠城の攻防戦と、設楽《しだら》ヶ原《がはら》における武田騎馬隊と織田鉄砲隊の激突という二つの性質の異なる戦いから成っていた。

武田信玄死後、しばらくなりをひそめていた武田軍が動きだしたのは前年のことで、特に、勝頼が、父信玄ですら落とすことができなかった遠江《とおとうみ》の高天神《たかてんじん》城を落としたことによって自信を強め、三河《みかわ》山間部、すなわち奥三河とよばれる地域に侵攻をはじめていた。

長篠城は、信玄の時代は武田方の属城であったが、信玄死後、家康がこれを奪い、奥平《おくだいら》信昌《のぶまさ》が城主となっていた。勝頼はこの長篠城の奪還に動きはじめたのである。この年五月十一日から武田軍による長篠城の包囲がはじまった。奥平信昌からの連絡をうけた家康は、すぐさまそのことを信長に報告し、援軍を要請した。

このころ、信長自身は大変な状況におかれていた。というのは、四月八日から、三好笑岩《みよししょうがん》の立て籠もる河内《かわち》の高屋城攻めに出陣し、戦いの最中には、信長自ら苅《かり》働きとよばれる青田刈りを行うほどの戦いを進めていたからである。ようやく三好笑岩を降伏させ、京都にもどってきたのが四月二十一日のことであ

長篠城《ながしの》　『長篠合戦図屏風』部分　（東京都　徳川黎明会蔵）

落合左平次指物《おちあいさへいじさしもの》　家康の家臣落合左平次は、長篠の合戦における鳥居強右衛門の壮烈な最期を描き、自らの指物とした。（東京大学史料編纂所蔵）

軍旗　二本横に入った金が鮮やかなこの軍旗は山崎重友が信長から拝領したと伝えられる。（名古屋城蔵）

信長の本陣

家康の本陣

徳川家の使番の「五」の字の旗　（茨城県本願寺蔵）

金の開扇《かいせん》の馬印
（静岡県　久能山東照宮蔵）

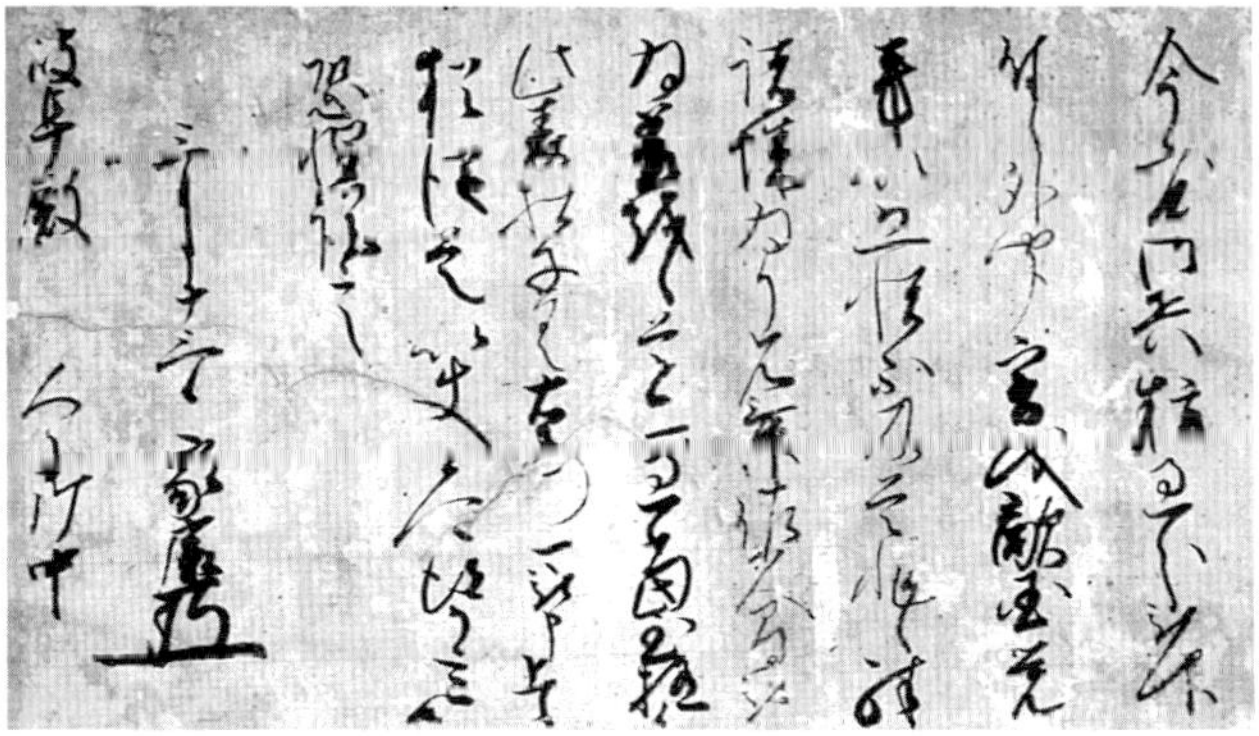

徳川家康書状　天正３年(1575)信長は佐久間信盛に命じて兵糧米約2000俵を家康に贈った。そのうち300俵が長篠城に貯蔵された。本書状はそのことに対する信長への丁重な礼状である。(大阪城天守閣蔵)

った。そして二十八日、岐阜に帰城している。

そこへ家康からの援軍の要請である。まだ畿内は不安定だし、越前一向一揆も何とかしなければならないところだった。しかし、信長は自ら家康の援軍として出馬することを決意した。それは、前年、高天神城の戦いのとき、出馬が遅れたため、高天神城が武田方の手に落ちてしまい、家康の立場が苦しいものとなったことが理由としてあった。

今度また長篠城が武田方の手に落ちてしまうような事態になれば、同盟者家康の力が弱くなってしまうことが考えられた。また、それだけではなく、同盟者家康との信頼関係にひびが入ることを懸念したのである。

事実、『三河後風土記』によれば、このとき家康は「姉川の戦いに応援に行ったにもかかわらず、高天神城の戦いのときに信長は応援にきてくれなかった。もし、今度こなければ、この際、武田に寝返るか」と家臣にいったといわれている。

長篠城跡　豊山と寒狭《かんさ》川の合流点に築かれた長篠城。家康の臣奥平信昌が武田方の猛攻に耐えたことが、長篠の戦いの勝利の要因だった。

つまり、信長は、一つには忠実な同盟者を失わないためにも、ここで無理をしてでも援軍として出馬しなければならない立場にあった。また、もう一つ、ここで仮に長篠城が落ち、その勢いで岡崎城などが攻められるようなことになれば、東方が攪乱《かくらん》され、天下布武《ふぶ》の達成があやうくなるという点もあった。

五月十四日、信長は自ら三万の大軍を率いて岡崎城に着いた。このころ、長篠城は風前の灯《ともしび》であったが、城を脱出し、家康に援軍を要請した鳥居強右衛門《すねえもん》が城にもどる途中で武田軍に捕らえられ、「城兵に、援軍がこないといえば命を助けよう」といわれながら、城兵に向かい、「まもなく援軍がくる」とさけんだため磔《はりつけ》にかけられて殺されるという一齣《こま》もあった。

設楽《しだら》ケ《が》原《はら》の戦い

信長三万、家康八〇〇〇、合わせて三万八〇〇〇の大軍が長篠《ながしの》城の西、設楽ヶ原に到着したのは五月十八日のことである。信長はこのとき、兵に丸太をもたせていた。馬防柵を作るためである。

いっぽう、武田勝頼は、それまで長篠城を包囲していたのを解き、全軍を設楽ヶ原近くに移した。そのまま包囲を続けていると織田・徳川連合軍によって逆に包囲されてしまい、中と外から挟みうちにあう危険があったからである。

　二十日の夜、信長は家康の家臣酒井忠次《ただつぐ》に命じ、武田方の砦の一つ鳶ヶ《とびが》巣山《すやま》砦を攻めさせている。これは、武田軍が馬防柵の背後にまわれないようにするためであった。それと前後してのことと思われるが、信長は武田方に、「織田軍は、武田騎馬隊の威力におそれ、馬防柵を破られればおしまいだとビクついている」という噂を流させたのではないかとみられる。

　武田騎馬隊が馬防柵の前にこないことには信長の考える作戦がはじまらないので、このような工作を行った可能性はある。

設楽ヶ原に復元された馬防柵

　翌二十一日、時間としては午前六時ごろといわれているが、まず、武田軍の右翼にいた山県昌景《やまがたまさかげ》隊が織田・徳川軍左翼の大久保忠世隊に攻撃をはじめた。これが開戦の合図となって両軍入り乱れての戦いとなった。

　もっとも、前述のように、織田・徳川連合軍三万八〇〇〇といわれ、武田軍も一万五〇〇〇といわれるが、どちらも数に誇張があったようで、実際には、織田・徳川連合軍一万七〇〇〇、武田軍は六〇〇〇ぐらいではなかったかと考えられる。

　信長は、このとき鉄砲三〇〇〇挺を用意していた。三〇〇〇という数の多さもおどろきであるが、設楽ヶ原の戦いのポイントは、むしろこの鉄砲の利用のしかたにあった。というのは、鉄砲そのものはすでに天文《てんぶん》十二年（一五四三）に種子島《たねがしま》に伝えられて以来、実戦に何度か使われていたが、それまでは、弾ごめに時間がかかったりして、実戦の兵器としてよりは、音に象徴されるように、相手を威《い》嚇《かく》するための兵器としての色彩の方が濃厚であった。それを信長は、このときの設楽ヶ原の戦いで、効果的な実戦兵器として使っているのである。

　鉄砲は、一発弾を発射させると、そのあと筒を掃除したり、弾ごめをしたり、火薬を入れたりと、つぎの発射までに時間がかかる。しかも、有効射程距離はせいぜい一〇〇メートルぐらいなので、相手が騎馬武者だと、一発目を撃ち損ずると、つぎの弾ごめなどをしている間にやられてしまうという弱点があった。信長はその弱点を、大量の足軽鉄砲隊といわゆる「三段式装填法」によってカバーしようとしたのである。

　最前列の鉄砲が撃つ間、二列目・三列目がつぎの発射のための準備をする。そして撃ち終ったら最後列につく。このようにして、鉄砲三挺一組にすることによって、弾がいつでも飛び出るしくみを考えたのである。これと馬防柵とを組み合わせることによって、織田鉄砲隊は武田騎馬隊を打ち破ったのである。

　午前六時ごろはじまった戦いは、午後二時ごろ終ったという。武田方では、馬場信房・山県昌景といった信玄以来の武田軍の中核となっていた錚々《そうそう》たるメンバーが討死した。戦い後、本国甲斐《かい》にまでたどりつくことができた者はわずか三〇〇〇だったということからも、この戦いがいかにすさまじい戦いであったかがわかろう。

　この結果、武田氏の勢力は三河から一掃されたが、信長にとってみると、この戦いの意義はもっと大きなものがあった。とにかく、滅亡にまで追いこむことができなかったとはいえ、東の方における最大の脅威だった武田氏の勢力をそいだことは重要な点で、こののち、信長は畿内の戦いに全力をそそぐことができ、さらに中国毛利《もうり》氏との戦いにふみこんでいくことが可能となったのである。

長篠合戦《ながしのかっせん》図屏風《ずびょうぶ》　画面中央の連吾川を挟んだ織田・徳川連合軍の鉄砲隊と武田軍の騎馬隊の対決を中心に長篠合戦の激戦を描いた屏風である。右端は家康側の奥平信昌が守る長篠城。白地に「大」の字の旗が立つのが武田勝頼の本陣。金扇の馬印、「五」の字の旗が家康本陣。左上に永楽銭の旗を掲げているのが信長の本陣である。本屏風と同じ図柄を持つ作品は大阪城天守閣蔵などいくつかある。（東京都　徳川黎明会蔵）

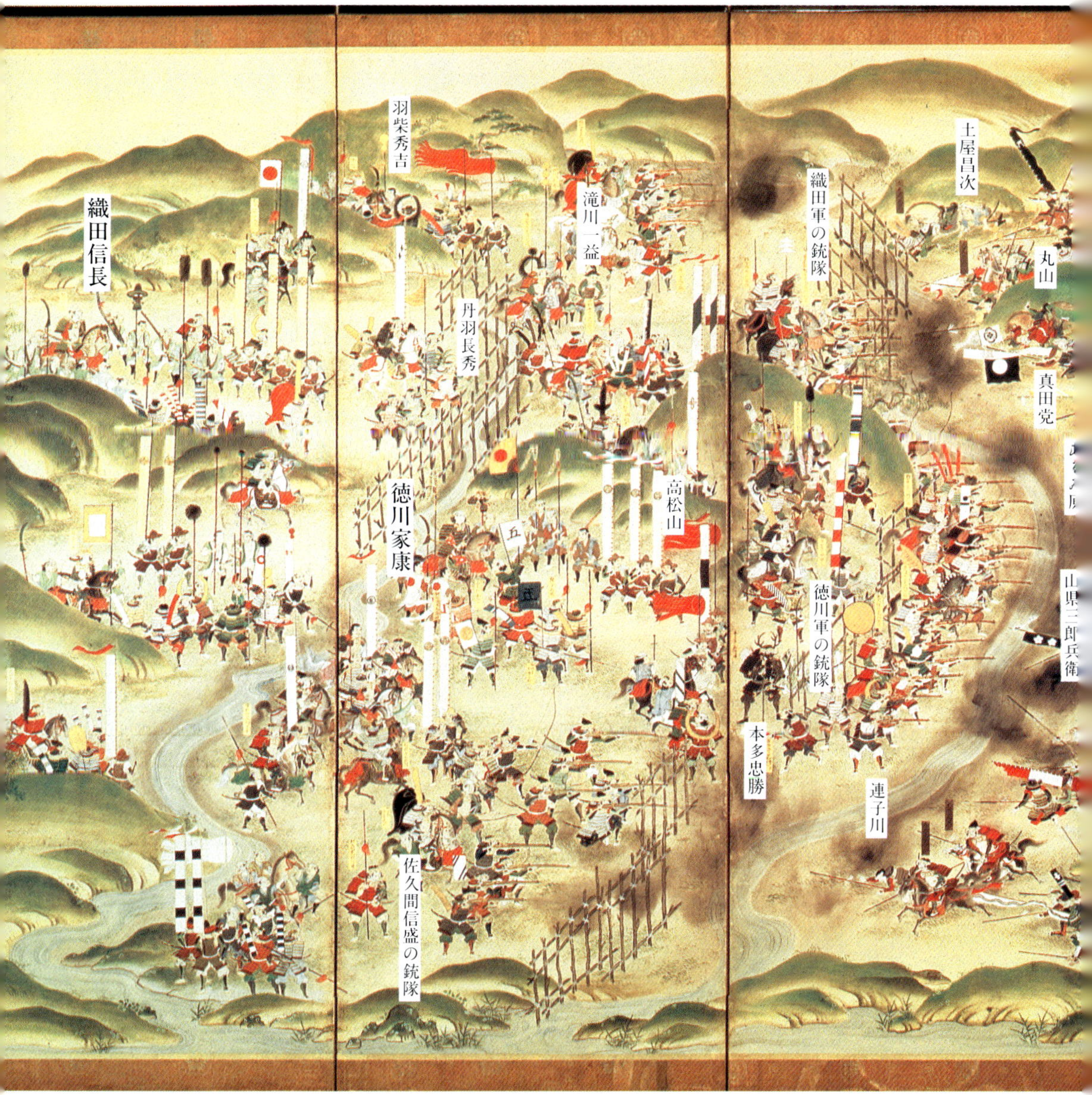
土屋昌次
丸山
真田党
山県三郎兵衛
織田軍の銃隊
徳川軍の銃隊
本多忠勝
連子川
羽柴秀吉
滝川一益
丹羽長秀
高松山
徳川家康
佐久間信盛の銃隊
織田信長

8 越前《えちぜん》一向《いっこう》一揆《いっき》討伐

天正三年（一五七五）

「府中町は死骸ばかり」

天正《てんしょう》三年（一五七五）という年は、信長にとって重要な年であった。一つには長篠の戦いで武田勝頼を破ったことであり、一つには越前一向一揆を平定したことである。

越前は、すでにみたように、天正元年（一五七三）八月、朝倉氏滅亡後、桂田長俊が守護代《しゅごだい》として置かれていたが、その桂田長俊が越前一向一揆《いっこういっき》と手を結んだ富田長繁に殺され、越前は「一揆もち」とか「門徒もち」といわれる状態となった。各地の一向一揆は石山《いしやま》本願寺の指令で動いており、この越前一向一揆も例外ではなく、本願寺から守護として坊官の下間頼照《しもつまらいしょう》が派遣されてきた。

石山本願寺が信長と戦っていたことも原因であるが、おそらく、その戦費捻出などが影響していたものであろう。かなりきびしい収奪が行われていたのである。

農民たちが一向宗、すなわち浄土真宗の信者（門徒）になったのは、きびしい武家支配の収奪からのがれたいという気持が根底にあった。当時の農民の発言として、「武家を地頭にして手ごわい仕置にあうよりは、一向坊主を領主にしてわがままをいいたい」という趣旨の言葉が『総見記』にみえるが、まさに門徒農民たちの要求は、「門徒もち」の国になれば、苛酷な支配がなくなるという願望と結びついていたのであった。

ところが、本願寺から派遣された下間頼照の支配は、そうした門徒農民たちの願望をうちくだくものであった。次第に下間頼照ら大坊主と門徒農民との間に対立がはじまったのである。

信長は、越前一向一揆内部のこうした対立状況をみのがさなかった。しかも、手をまわして越前の浄土真宗の高田派・三門徒派あるいは真言《しんごん》・天台宗など本願寺派以外の勢力を味方につけ、万全の態勢を整えて越前一向一揆討伐のための軍事行動をおこしたのである。

天正三年八月十二日、信長自ら越前攻めに出陣し、十六日には木目峠《きのめ》に到着した。一揆勢は虎杖城《いたどり》に下間頼清、鉢伏城《はちぶせ》に専修寺・阿《あ》波賀《ばか》三郎兄弟を置き、その他、今城《いまじょう》・火燧《ひうち》ケ《が》城など国境付近の要衝に兵を配置して織田軍の侵入を防ごうとしたが、圧倒的軍事力にまさる織田軍の前になすすべもなく府中《ふちゅう》（現在、福井県武生市《たけふ》）めざして敗走していった。

ところが、府中にはすでに明智光秀・羽柴秀吉が入っており、それと、もと朝倉義景の家臣で信長に属することになった「越前牢人《ろうにん》衆」がいた。特に、「越前牢人衆」は、わが身の安全のためにも、信長に対する忠節度をアピールする必要から、熾烈な一揆狩りを演じている。その結果、信長自身、「府中町は死骸ばかり」と京都の村井貞勝に報告するような状況が生まれたのである。

八月十五日から十九日までのわずか五日間の一揆狩りによって、一万二二五〇人ほどが捕らえられて信長のもとに連行され、信長は小姓たちに命じてその首を切らせている。『信長公記』によると、そのほか三〜四万人の門徒が殺されたという。さきの伊勢長島一向一揆のときの大虐殺と同じ状況が越前でもくりひろげられたのである。

越前支配をまかされた柴田勝家

信長は、前回、朝倉氏を滅亡させたあと、その遺臣前波義継（改名して桂田長俊）に越前支配をまかせて失敗した苦い経験から、今度は自分の腹心に越前を支配させることにした。柴田勝家である。

柴田勝家は周知のごとく、信長の父信秀以来の織田家の宿老で、家臣のランクからいえばナンバー・ワンであったが、居城とか所領の点では新参の羽柴秀吉・明智光秀に追い越されていた。今回、その柴田勝家を大抜擢《ばってき》し、越前八郡を与え、新しく北ノ庄に城を築かせ、越前支配をゆだねているのである。

このとき、信長は勝家に九カ条におよぶ長文の「掟《おきて》条々」を与え、越前支配のための政治方針を示している。「門徒もちの国」「一揆もちの国」であった越前の支配が困難であることを知っていて、このようなこまかい統治方針を提示したと思われる。その中に、「我〱あるかたへハ、足をもささるやう二心もち簡要候、其分ニ候へハ、侍の冥加《みょうが》有て長久たるへく候」とあるあたりが注目される。

信長は、勝家を越前北ノ庄《きたのしょう》城に置くだけでは心配だった。よほど、前回の前波義継（桂田長俊）の件がこたえていたようで、家臣の不破《ふわ》光治・佐々成政《さっさなりまさ》・前田利家の三人に越前のうちの二郡を与え、これを府中に置いて勝家の目付としているのである。

なお、越前一向一揆を討伐した勢いで、信長は加賀にも軍勢を進めさせている。加賀は史上はじめての「門徒もちの国」が実現した地域で、長享《ちょうきょう》二年（一四八八）、当時の守護富樫政親《とがしまさちか》を追い出して以来、蓮如《れんにょ》の子どもたち、すなわち本泉寺蓮悟《れんご》・松岡寺蓮綱《れんこう》・光教寺蓮誓《れんせい》らが直接支配する「本願寺領国」であり、本願寺の経済的基盤となっていたところである。いよいよ信長は、本願寺のドル箱であった加賀をも討伐の対象としはじめたことがうかがわれる。

もっとも、このときの出陣は越前一向一揆の平定が当面の目標だったため、稲葉一鉄らを加賀に攻めこませ、能美・江沼の二郡を平定させただけであった。

前年の伊勢長島一向一揆の討伐といい、この年の越前一向一揆の討伐といい、信長の一向一揆各個撃破の戦略が着々と功を奏していったことがうかがわれるわけであるが、最終的なねらいは石山本願寺そのものの討滅であったことはまちがいない。

しかし、石山本願寺の顕如《けんにょ》もなかなかの政治家で、このとき、すなわち、越前一向一揆敗北の時点で、石山本願寺側から信長に対し講和を求めてきた。さきに天正元年（一五七三）十一月にも講和（第一次講和）が結ばれ、顕如から名物茶器「白天目《はくてんもく》」が信長に贈られたことがあるので、天正三年十月の講和は第二次講和ということになる。顕如にしてみれば、越前一向一揆が敗北したことで、織田軍がそのまま加賀一向一揆を攻める可能性があり、加賀の討滅だけは何とか避けなければならないという切迫感が背景としてあったものと思われる。

信長の側ではそうした顕如の意図をみぬいていたが、当面、自分に敵対し、かつ自分を苦しめた伊勢長島一向一揆と越前一向一揆を討伐したことで、とりあえず石山本願寺の手足をもぎとることができたと判断し、講和に応じたものであろう。

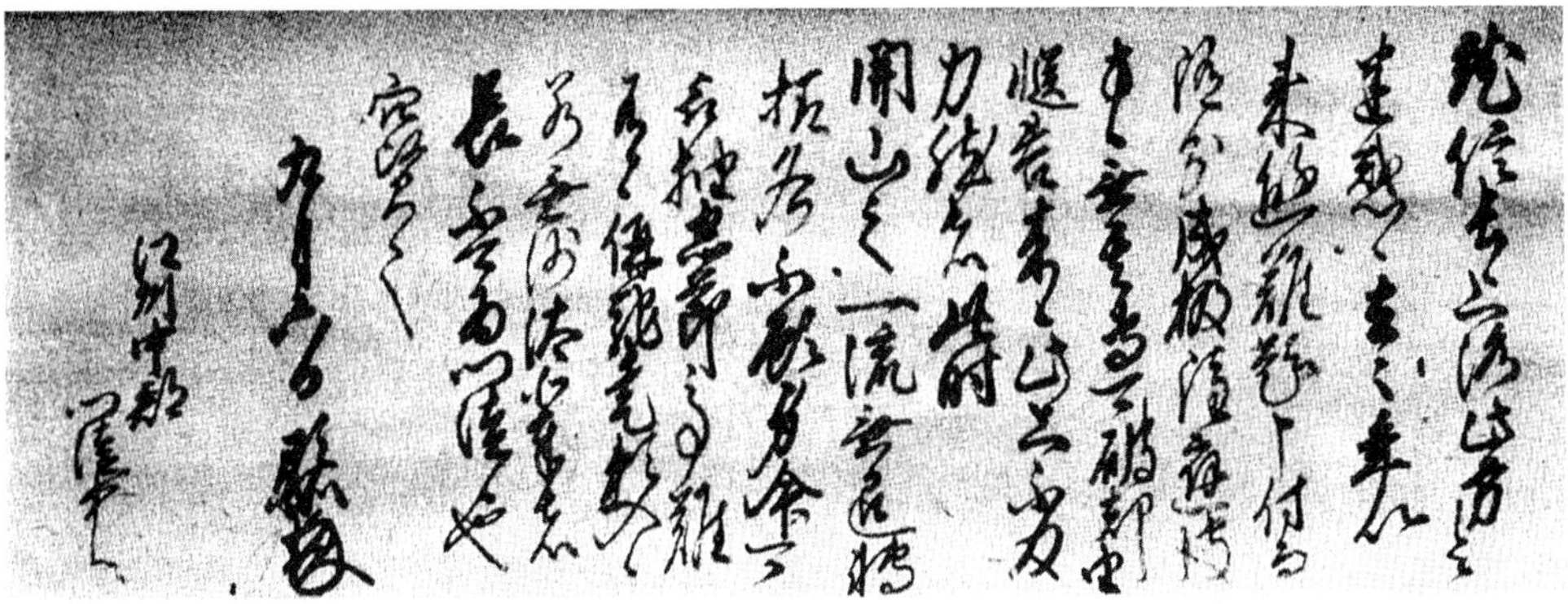

顕如の檄文　元亀元年(1570) 9月6日、近江門徒に信長への宣戦を告げ、反信長の決起を呼びかけた。「信長と戦わない者は破門に処す」とまでいっており、顕如の決意のほどがよみとれる。（滋賀県　明照寺旧蔵）

9　安土城築城《あづちじょう》

天正四年（一五七六）

安土を選定した理由

天正《てんしょう》三年（一五七五）十一月二十七日、信長は突然、家督を嫡男《ちゃくなん》の信忠《のぶただ》に譲っている。この年、信長は四十二歳であり、隠居するには若すぎる。しかも、このとき、岐阜城と、尾張・美濃も信忠に譲ってしまっているのである。信長は茶道具だけをもって、岐阜城下の佐久間信盛《さくまのぶもり》の屋敷に入った。その時点では、信長のこの突然の行動が何を意味するものか誰もがはかりかねていたが、翌天正四年正月になって、ようやくその意味がわかった。信長は、身一つになり、新たな覚悟のもと、新天地に新しい城を築くことを決意したのである。その新天地というのが近江《おうみ》の安土《あづち》であった。

判金　安土城下町から出土したもの。（滋賀県　摠見寺蔵）

では、新しく城を築く場所として近江を選定したのはどのような理由だったのだろうか。

理由はいくつかあるが、まず一つは、尾張・伊勢・美濃そして近江を手中にした信長の領国全体からみて、岐阜城では居城が東に寄りすぎるきらいがあった。特に信長のように、領国を拡大し、その拡大した最先端に近いところに新しい城を築き、そこを拠点にしてさらに領国を拡大していくというタイプの場合、新しく領土となった近江に最先端の城を築くことはある意味では自然のなりゆきであった。

二つ目は、北陸に新たな敵として上杉謙信《うえすぎけんしん》の存在を意識した点とかかわるが、北陸から上杉軍が京都をめざしたとき、岐阜ではそれをくいとめる役割を果たせない。やはり、北《ほっ》国《こく》街道沿いか、中山道《なかせんどう》沿いに城を築くことが必要であった。

三つ目は、やはり岐阜では京都の往復に時間がかかりすぎたという点である。安土は琵琶《びわ》湖畔であり、快舟（早舟）を用いれば京都まで半日で行ける。

そして四つ目の理由は経済的な側面で、安土が、名古屋と京・大坂のほぼ中間地点に位置していることがポイントである。つまり、信長は、安土に新しい城を築き、そこに城下町をつくることによって、中京経済圏と近畿経済圏を両方いっぺんに押さえようとしたことがわかる。

もっとも、こうした条件を満たすところは近江には安土以外にもあった。たとえば、岐阜城のような山城を作ろうとすれば、近江八幡の鶴翼山《かくよくざん》（比牟礼山《ひむれやま》）などは標高二八六メートルあって適地である。しかし、信長は、新しく城を築くにあたってそのような山城を考えてはいなかった。また、那古野《なごや》城や清須《きよす》城のような平城《ひらじろ》も考えていなかった。小牧山《こまきやま》城のような平山城を考えていたのである。標高一九九メートルの安土山が信長の目には理想的なものとして映ったのであろう。

天正四年正月中旬、信長は近江佐和山《さわやま》城の城主丹羽長秀《にわながひで》を普請奉行《ふしんぶぎょう》に命じ、安土城の築

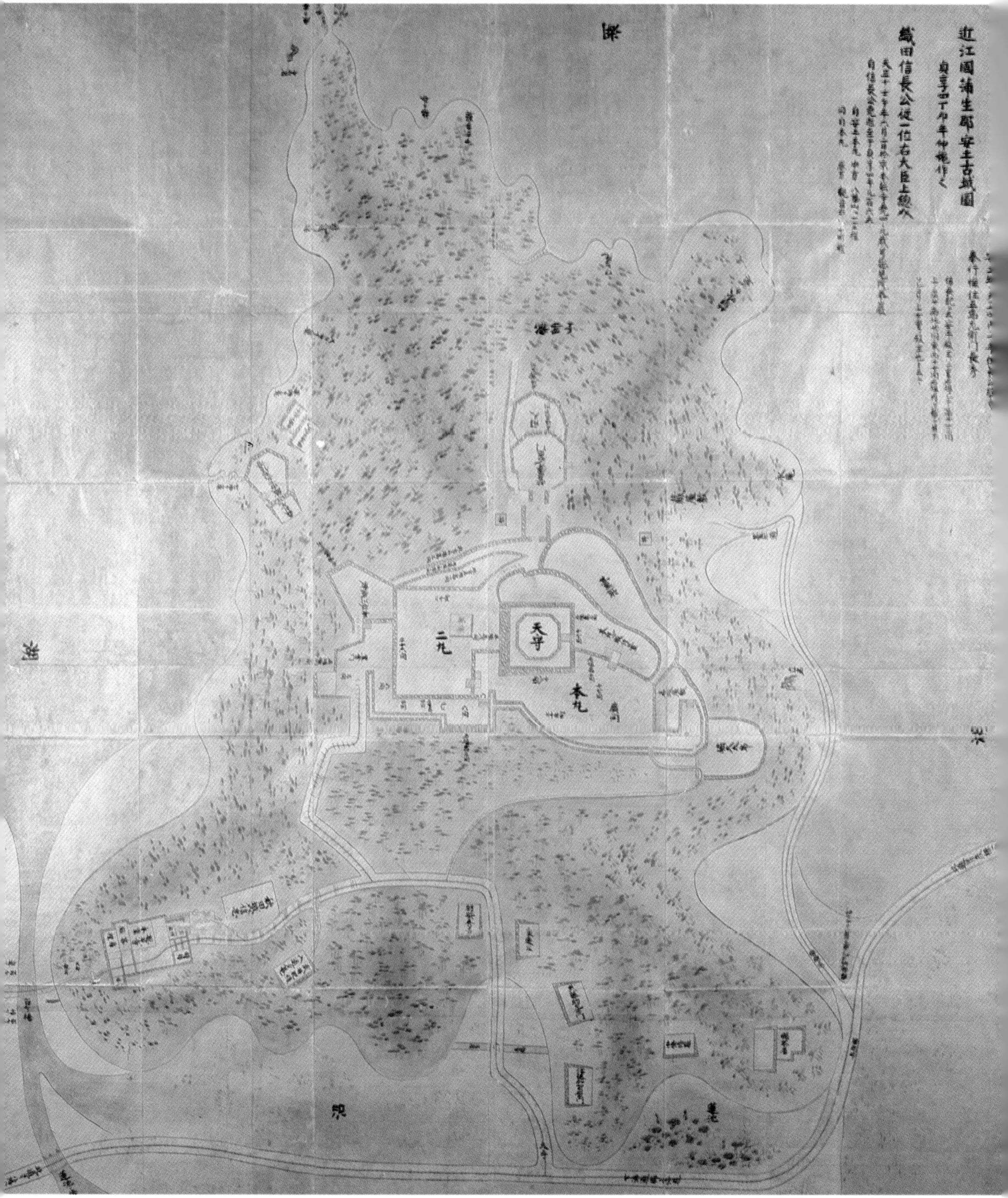

安土城古図　賛から貞享４年（1687）に作られたことが知られ、天守・本丸・二の丸などはよく現状に一致し、貞享年間の安土城跡の状況を正確に伝えていると思われる。信長百回忌に際し、膳所《ぜぜ》藩主本多康慶《やすよし》が寄進したのではないかといわれている。（滋賀県　摠見寺蔵）

安土山

城工事をスタートさせた。信長はかなり工事を急がせたらしく、すでにその年の二月二十三日には建物の一部が完成し、信長は待ちきれなかったかのように岐阜から安土に移り、自ら工事を督励して歩くほどであった。建物の工事が比較的早く進んだということで、普請奉行の丹羽長秀は嘉賞され、名器珠光《じゅこう》茶碗をもらっている。

安土城天主

なおも工事は急ピッチで進められ、四月一日からは石垣普請もはじめられた。信長は、当初から天主を造営しようと考えていた。この天主は、のち天守閣という書き方・いい方が一般的となるが、安土城についていえば天主といういい方をしている。

その規模・構造については別章（岐阜城と安土城）が用意されているのでここでは省略するが、各種史料を総合すると天主の内装を残してほとんど完成をみたのは天正七年（一五七九）五月で、かなりの歳月を要したことがわかる。

安土城築城に関しての文献としては『信長公記』がかなりくわしい記述をしていて参考になるが、工事にまつわるすべてのことを網羅していたわけではなく、特に、信長にとって都合が悪いような部分についての省略がみられる。

一例をあげておこう。信長の知遇を得たイエズス会宣教師ルイス・フロイスが『日本史』という著作を遺しているが、その中に、

……最も高い建物へ運び上げるのに四、五千人を必要とする石も数個あり、特別の一つは、六、七千人が引いた。そして人々が確言したところによれば、一度少し片側へ滑り出した時に、その下で百五十名以上が下敷となり、ただちに圧潰《おしつぶ》され、砕かれてしまったということであった。

という記事がある。ところが、太田牛一の『信長公記』にはそうした人夫圧死のことは一行も出てこない。かえって、信長の「御巧」をもって特別に大きな石がたやすく天主に引き上げられたとしているのである。

城作りとともに、町作りもそれと並行して進められ、馬廻りの直臣たちにも安土山の麓にそれぞれ屋敷地が与えられ、各自の責任において屋敷を作ることになった。『イエズス会日本年報』には、

……信長は近江国の安土山と称し、都より十四里の所に甚だ驚くべき、又非常に立派なる宮殿と市街とを建設した。信長の宮殿と七階を有する天守の壮麗なことは、彼が大いに誇ったところである。その下に開かれた市は日に日に栄え、今は

安土城跡　現在みることのできる安土城址は、建物の有無は論外としても、石垣や石段など信長時代そのままに残っていると思っている人は多い。しかし、江戸時代、かなり手が加えられており、最近部分的に進められている発掘調査によって、現状と原状のちがいがはっきりしてきたところもかなりある。

長さ一里にも及んだ。そして彼の征服した諸国を一層安全ならしむるため、主なる領主に妻子と共に同居し、広大なる邸宅を建築することを命じた。

とある。宣教師たちは、安土の人口を六〇〇〇〜七〇〇〇人としているので、信長の家臣団全員の集住ではなかったことがわかる。ただ、信長が兵農分離政策を推進していたことはまちがいなく、馬廻《うままわり》衆・弓衆・母衣《ほろ》衆などの直臣は安土城下に屋敷地を与えられて集住していたことがうかがわれる。

少しあとになるが、城下で火事があったとき、その出火の原因が、弓衆の火の不始末であることがわかり、しかも単身赴任であるための不始末だったことから、信長は、尾張《おわり》・美濃《みの》に妻子を残している家臣たちの尾張・美濃における屋敷を焼きはらうよう命じている。

いわば、そのような強権を発動しなければ、安土城下に家臣団が集住してこなかった実態がうかがわれるわけである。

信長は、商人・職人たちの安土城下への集住についても積極的にとりくみ、安土を信長の商業政策の中心に位置づけていた。

●信長をめぐる戦国時代の群像（9）

イエズス会宣教師と修道士

イエズス会、すなわち耶蘇《やそ》会はカトリックの修道会である。イグナチウス・デ・ロヨラらが、プロテスタントに対抗するため組織したもので、一五四〇年九月、法皇パウロ三世によって公認されている。

ヨーロッパ大陸がプロテスタントに押され気味だったため、東洋に新たな伝道の可能性をさぐろうとしており、その結果が、一五四九年のフランシスコ・ザビエルによるキリスト教の日本への伝来となる。

信長との関係でいえば、宣教師、すなわちバテレン（伴天連）として深いかかわりをもったのはルイス・フロイスとオルガンティーノである。

フロイスは、一五四八年にイエズス会に入り、インドのゴアに派遣され、永禄《えいろく》六年（一五六三）に来日している。はじめ、九州での伝道に従事し、のち、同八年（一五六五）から、主たる活動の場を近畿に移している。

信長にはじめて会ったのは、永禄十二年（一五六九）、京都の二条御所の建設現場においてであった。その後、信長に厚遇され、布教許可、南蛮寺の建立などを認められている。日本語が達者で、巡察使ヴァリニャーノの来日のときには通訳をつとめている。晩年、『日本史』を著した。

オルガンティーノもフロイスと似た経歴で、インド、マラッカを経て元亀《げんき》元年（一五七〇）、布教長カブラルとともに来日し、フロイスが九州に移ってからは、オルガンティーノが信長との交渉の窓口になり、安土セミナリオの建設などを認められている。

なお、巡察使ヴァリニャーノは三度にわたって来日しているが、その第一回目の来日のとき信長と交流をもっている。

修道士のことをイルマンというが、日本人最初の修道士となったのがロレンソである。説教および通訳として活躍し、信長にも謁見している。

10 石《いし》山《やま》本《ほん》願《がん》寺《じ》攻撃

天正四年(一五七六)~天正五年(一五七七)

石山合戦配陣図　石山一帯に配置された一揆方(白色)と、攻め寄せた男鹿軍(赤色)の陣所を詳しく記している。(大阪城天守閣蔵)

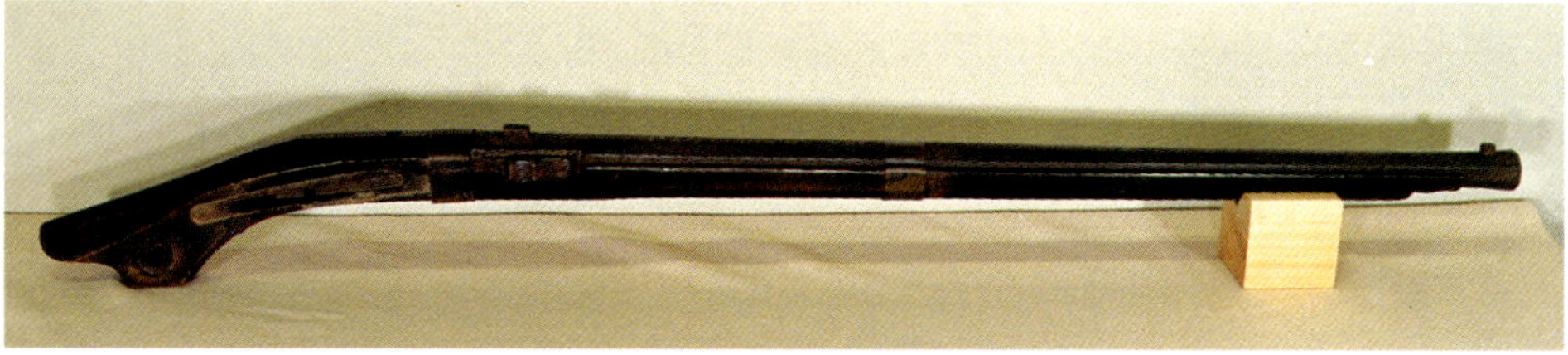

火縄銃　(和歌山市立博物館蔵)

織田水軍の敗北

信長が安土城の工事を急がせている間にも、また石山本願寺との関係が悪化しはじめた。特に、備後《びんご》の鞆《とも》に流寓していた足利義昭《あしかがよしあき》が毛《もう》利《り》輝元《てるもと》に対し、「早々に幕府の回復をはかるべし」との意を伝えたことから、輝元が石山本願寺と結び、信長に対して一戦を交える覚悟を固めたことにより、信長はいよいよ毛利をも敵として戦うことになったのである。

具体的に石山本願寺が前年の講和を破棄して再び信長に敵対しはじめたのは四月十四日で、信長は明智光秀・細川藤孝・荒木村重《むらしげ》らに命じ、石山本願寺に対する攻撃を命じている。この日から、天正《てんしょう》八年(一五八〇)四月九日の顕如《けんにょ》の石山退去まで、まる四年間、信長と石山本願寺との間で、存亡をかけた戦いが続くのである。

最終的には信長の勝利で終るため、はじめから終りまで、信長側が有利に進めていたと思いがちであるが、はじめのうちは信長側が苦戦の連続であった。たとえば、天正四年(一五七六)五月三日の戦いなどはその一例で、信長は先手として三好笑岩《みよししょうがん》と根来《ねごろ》・和泉《いずみ》衆、二番手に原田直政と大和《やまと》・山城《やましろ》衆を編成し、数

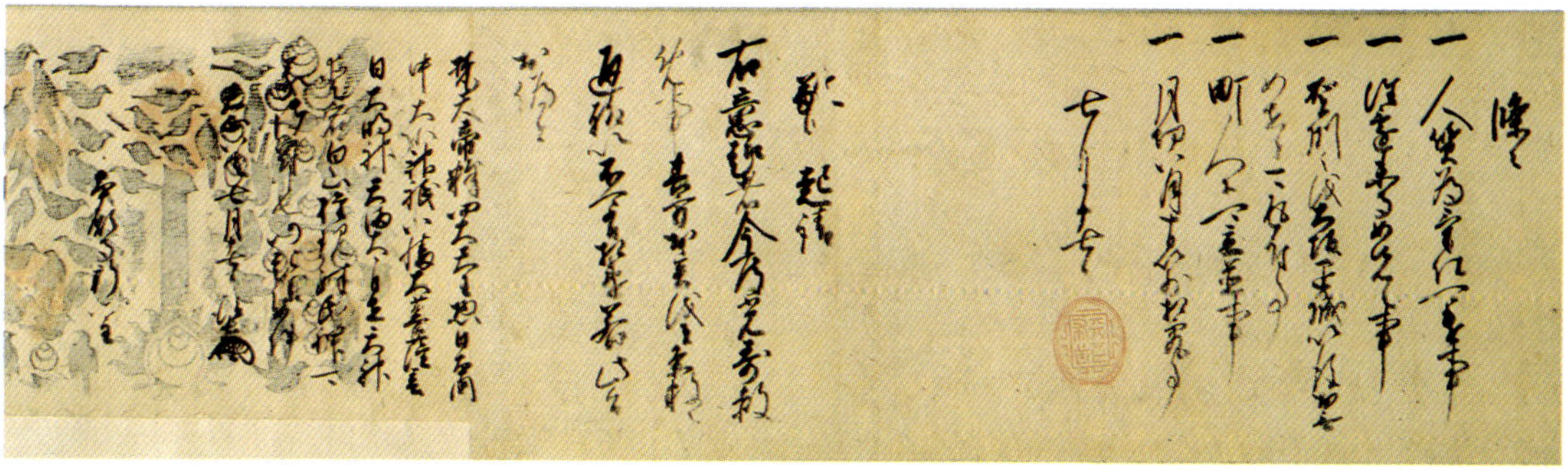

織田信長誓書覚書

覚

一惣赦免事

一天王寺北城、先近衛殿人数入替、大坂退城之刻、太子塚をも引取、今度使衆を可入置事

一人質、為気仕可遣事

一往還末寺、如先々事

一賀州二郡、大坂退城以後於無如在者、可返付事

一月切者七月盆前可究事

一花熊、尼崎、大坂退城之刻可渡事

三月十七日（朱印）

織田信長の血判誓紙　天正八年（一五八〇）三月、十一年間の長きにわたる石山戦争についに終止符が打たれる。このとき信長と顕如の間にとりかわされた誓紙である。（京都府西本願寺蔵）

一向一揆の旗　（東京都　善福寺蔵）

一向一揆の軍配　（富山県　善徳寺蔵）

千挺の鉄砲で本願寺方に攻めかからせているが、逆に本願寺勢にとりまかれてしまい、原田直政は討死し、勢いを得た本願寺勢は、信長方の布陣する天王寺に攻めかかり、明智光秀らが一時窮地におちいる事態を迎えている。このとき、信長自らがすかさず後詰《ごづめ》として出馬したので大事にいたらずにすんだが、信長としても、本願寺の戦いぶりに肝を冷やしたのではないかと思われる。

戦いは陸上での戦いだけではなかった。海戦でも信長方が負けているのである。同じ年七月十三日・十四日（『信長公記』では十五日）の大坂湾木津川《きづがわ》河口の戦いが有名である。この戦いは、信長と石山本願寺との直接的な戦いというわけではなく、本願寺の要請を得て、本願寺に兵糧を運びこもうとする毛利輝元の水軍と、それを何とか阻止しようとする信長方水軍の戦いであった。

このとき、毛利輝元は、村上元吉・乃美宗勝・粟屋元如・児玉就英《なりひで》ら、能島《のしま》・来島《くるしま》・因島《いんのしま》など瀬戸内海に浮かぶ島々を本拠とする海賊衆を主力とする毛利水軍八百余艘をくりだしていた。それに対し、織田水軍は九鬼嘉隆《きよしたか》ら志摩・熊野水軍を主力とする二百余艘で、数からいっても毛利水軍圧倒的有利な状況で、しかも、戦いぶりも、海戦になれている毛利水軍が技術的にも上で、織田水軍は火矢を射かけられて焼失・沈没と、惨敗を喫している。

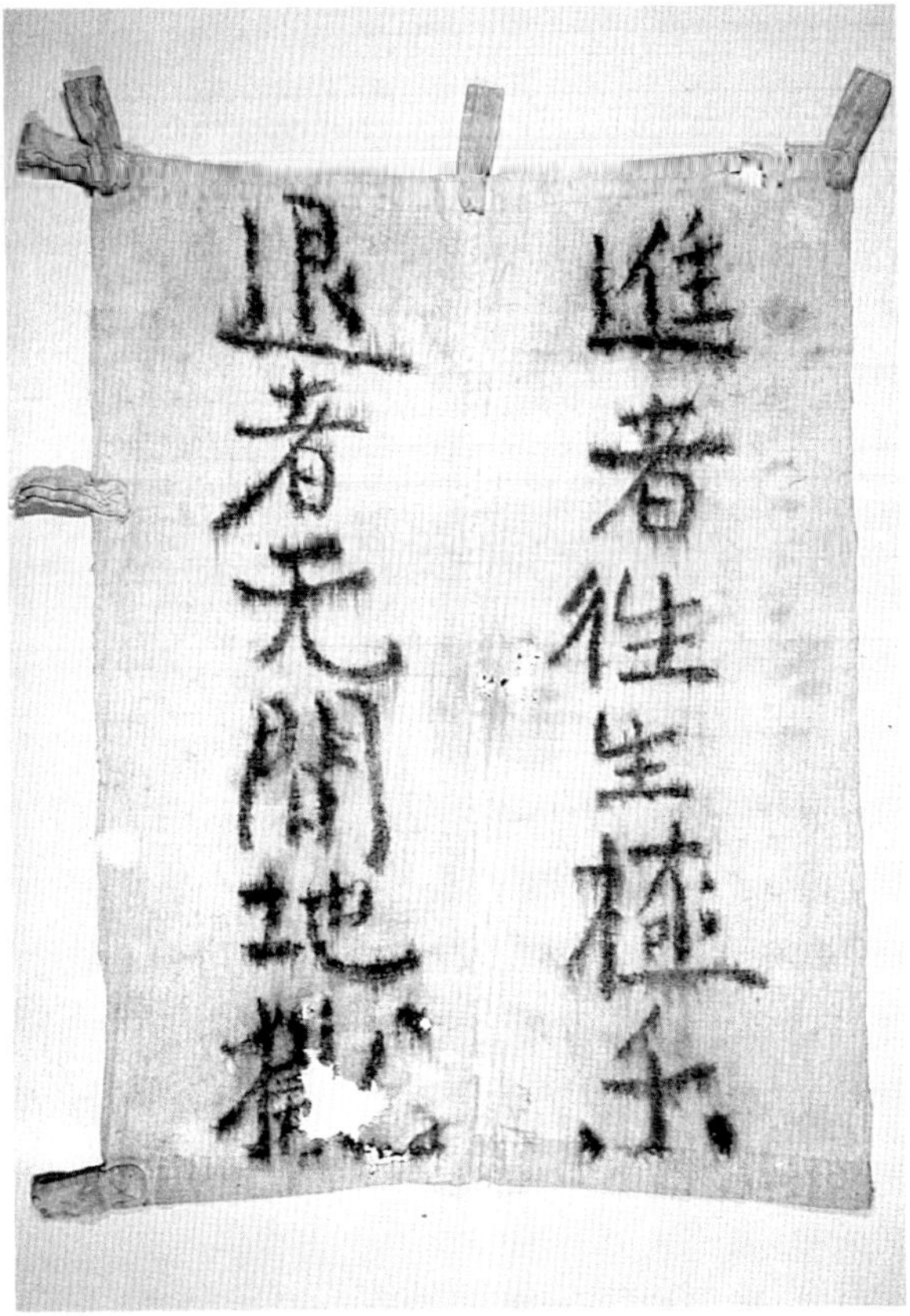

一向一揆の旗　毛利水軍の兵糧船に立てた旗。「進むは往生極楽、退くは無間地獄」と書かれている。（広島県　長善寺蔵）

鉄張り軍艦の創造

翌天正五年（一五七七）二月、紀伊の畠山貞政が雑賀《さいか》の一向宗《いっこうしゅう》門徒と根来《ねごろ》寺衆徒らとはかって挙兵した。雑賀一向一揆は石山本願寺の軍事面を支える鉄砲集団としても知られていたため、信長もこのまま放置しておくわけにはいかないと考え、自ら大軍を率いて雑賀攻めに向かい、結局、三月一日、雑賀総攻撃を行い、鈴木孫一をはじめとする雑賀衆は十五日になって降伏してきた。

このあと、安土にもどった信長は、六月、「定　安土山下町中」の書き出しではじまる有名な十三カ条掟書を発布している。楽市楽座の宣言など、安土の城下町繁栄策として知られている。

清洲公園にたつ織田信長像

そのあと、しばらくは本願寺との間に小康状態が保たれていたが、別の相手が信長を苦しめている。別の相手とは越後の上杉謙信であり、もう一人は松永久秀である。

謙信と信長は友好関係にあった。

上杉家に伝わった「洛中洛外図屏風」が信長から謙信に贈られていることにもそれは明らかであるが、ついに信長は八月、謙信との戦いを決意し、柴田勝家を総大将とする大軍を組織して加賀に攻め入らせている。しかし、謙信と手を結んだ加賀一向一揆に行く手をさえぎられ、勝家らは成果をあげることができず、十月三日に帰陣している。

そして、その間の八月十七日、それまで信長の臣として天王寺の砦を守っていた松永久秀が突然謀反をおこしたのである。信長は、明智光秀・羽柴秀吉・丹羽長秀らを投入して

信貴山神社

信貴山《しぎさん》城の久秀を攻め、久秀は秘蔵の名器「平《ひら》蜘蛛《くも》の釜」とともに自爆して果てた。

信長は、さきに毛利水軍に惨敗を喫して以来、「火矢に強い船を造れ」と九鬼嘉隆らに命じていたが、ようやく天正六年（一五七八）、鉄張り軍艦が完成した。

伊勢大湊で建造させていた鉄張り軍艦は全部で六隻で、一隻の大きさは縦約二二メートル、幅約一二・六メートルであった。信長はこの鉄張り軍艦を使ってまず雑賀《さいか》・淡輪《たんのわ》の水軍をうち破り、ついに七月十六日、大坂湾に進んで、石山本願寺に兵糧を運びこもうとする毛利水軍をうち破り、毛利輝元と石山本願寺の遮断に成功した。天正四年七月の木津川河口における惨敗の雪辱を果たしたのである。

顕如《けんによ》の石山退去

しかし、毛利水軍を破ったよろこびもつかの間のことであった。この年、すなわち天正六年十月十七日、摂津《せっつ》有岡城の荒木村重《むらしげ》が本願寺・足利義昭《よしあき》・毛利輝元《てるもと》と通じて信長に謀反をおこしたのである。高山右近《うこん》も背いたが、右近の方は、信長がイエズス会宣教師を使って説得させ、翻意している。

なお、天正七年（一五七九）五月二十七日、安土の浄厳院《じょうごんいん》で有名な「安土宗論《しゅうろん》」が行われた。浄土宗側の代表霊誉玉念《れいよぎょくねん》ら、法華《ほっけ》宗側の代表頂妙寺の日珖《にっこう》ら、判者として南禅寺の景《けい》秀鉄叟《じゅうてっそう》、それに因果居士《いんがこじ》の二人が信長によって指名され、宗論がくりひろげられ、結局、日珖らが破れ、打擲《ちょうちゃく》され、袈裟《けさ》をはぎとられ、「法華宗は以後、他宗を誹謗しない」という一札をとられている。

さて、荒木村重の謀反の方であるが、村重は九月二日夜、ひそかに伊丹《いたみ》城を脱出して尼崎城に移ったが、残された伊丹城は戦意喪失し、同月十九日陥落し、村重は脱出したものの、捕らえられた村重および家臣の妻子・家臣ら五一〇人余が四つの家に押しこめられ、火をつけられて焼き殺されている。これで荒木村重謀反の件は一件落着となったわけであるが、石山本願寺および毛利輝元側では、この荒木村重謀反失敗のショックは大きかったようで、三度目の講和の話がもちあがった。

その一つの要因となったのは、その年の八月、柴田勝家が加賀制圧に成功したことである。これによって本願寺領国がつぶれ、また、毛利からの兵糧が入らなくなったことにより、経済的に苦しくなったからである。その年の暮十二月二十五日、和睦を勧告する勅使が石山本願寺へ下り、本願寺もそれを承諾することになった。

結局、翌天正八年（一五八〇）三月十七日、講和が結ばれた。講和といっても実際は石山本願寺の降伏であり、四月九日、顕如が石山本願寺を退去し、ここに、元亀《げんき》元年（一五七〇）九月の時点から数えると、実に足かけ十一年にもおよぶ石山合戦に幕がおりたことになる。

織田軍の鉄張り軍船　水軍力は織田水軍より毛利水軍の方がはるかに上で、毛利水軍が石山本願寺に兵糧を運びこむのを阻止しようとするが、織田水軍はいつも負けていた。そこで信長は、九鬼嘉隆、滝川一益ら水軍の将に命じ、毛利水軍の火矢攻撃に耐える鉄張り軍船を造り、これによってようやく勝利している。（考証・石井謙治／画・谷井建三）

織田水軍
九鬼嘉隆と滝川一益

信長の天下布武《ふぶ》の過程において、海戦はきわめて少なく、そのため、水軍の比重も、毛利氏などにくらべれば低い。水軍とよべるのは九鬼水軍ぐらいなものである。

九鬼氏はもともと伊勢国司《こくし》北畠氏に属していた。九鬼嘉隆は、志摩田城《しまたしろ》城主九鬼定隆の子で、志摩水軍の一人であった。信長が義昭《よしあき》を擁して上洛したころから信長に接近し、天正二年（一五七四）の伊勢長島一向一揆との戦いのときには、志摩七島の兵を率い、安宅船《あたけ》十余艘を率いて海から攻撃を加え、戦功をあげ、織田水軍の長としての座を確実なものとしている。

なお、九鬼嘉隆の名を高めたのは、天正六年（一五七八）十一月、大坂湾木津川《きづかわ》河口での毛利水軍との戦いで勝利したことである。このとき、嘉隆は、信長創案になる鉄張り軍艦六艘を率い、六〇〇艘で兵糧を石山本願寺に入れようとする毛利水軍に戦いを挑み、これを撃破しているのである。

信長はこのときの嘉隆の戦功を賞し、志摩七島のほか、摂津《せっつ》の野田・福島などの地七〇〇〇石を加増している。

最終的には、鳥羽に城を築き、伊勢・志摩のうち三万五〇〇〇石を領する大名となっているのである。

九鬼嘉隆のような生粋《きっすい》の水軍というわけではないが、与えられた所領の関係から水軍としての役割を果たしていたのが滝川一益《かずます》である。

一益はもともとは近江《おうみ》の甲賀《こうが》の出身といわれ、水軍というよりは忍者に近い存在であったが、信長から伊勢攻撃を命じられ、その功によって北伊勢に所領を得、水軍を抱えこむことになり、九鬼嘉隆と同じように、水軍の将として活躍している。しかし、嘉隆とちがうのは、水軍専従ではなかったことで、天正十年（一五八二）には武田攻めの先鋒をつとめている。

11 馬揃え上洛

天正六年（一五七八）～天正九年（一五八一）

安土での左義長《さぎちょう》と京都での馬揃え

天正九年（一五八一）正月十五日、安土城下で左義長が盛大に催された。左義長は、三毬杖または三毬打とも書かれるが、民間の正月の年中行事として知られる〝どんど焼き〟のことである。このころには庶民の間だけではなく、武家社会の間にも広まっており、正月の年中行事として広汎に行われていたものである。

信長が、なぜ、急に思いついたようにこの年の正月十五日に、左義長を安土城下において信長主催の形で開いたのかはわからない。荒木村重の謀反も鎮定し、石山本願寺を降伏させたことにより、信長自身にようやくゆとりの気持が生まれてきたためかもしれない。

その日の様子を『信長公記』はつぎのように伝えている。

> 御馬場入り、御先へ御小姓衆。其次を信長公、黒き南蛮笠をめし、御眉をめされ、赤き色の御ほうこうをめされ、唐錦の御そばつぎ、虎皮の御行縢《むかばき》、芦毛の御馬、すぐれたる早馬、飛鳥のごとくなり。関東祗候の矢代勝介と申す馬乗り、是にも御馬のらせられ、
> 近衛殿・伊勢兵庫頭、
> 御一家の御衆
> 北畠中将信雄・織田上野守信兼・織田三七信孝・織田源五・織田七兵衛信澄、此外歴々美々敷御出立、思ひ〳〵の頭巾・装束結構にて、早馬十騎・廿騎宛乗らさせられ、後には爆竹に火を付け、噇《どっ》とはやし申し、御馬共懸けさせられ、其後町へ乗出し、去て御馬納《い》れらる。見物群衆をなし、御結構の次第、貴賤耳目を驚かし申すなり。

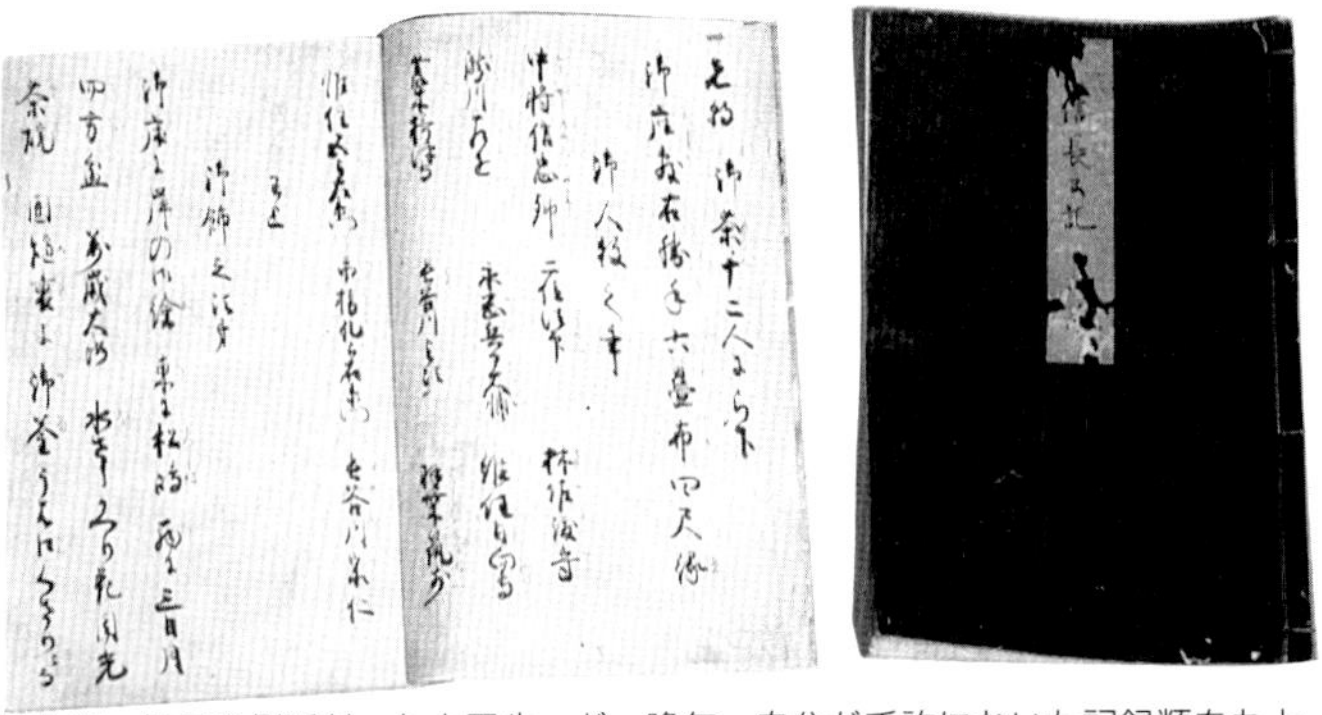

信長公記　信長の側近だった太田牛一が、晩年、自分が手許においた記録類をもとにして著したのが「信長記」である。のち、小瀬甫庵も「信長記」を著しているので、それと区別するため、特に牛一の著したものを「信長公記」と呼んでいる。（京都市　建勲神社）

ここに引用した最後の部分にもみえるように、信長とその軍団の様子を一目見ようと群衆が押しかけたわけであるが、この左義長の成功に気をよくした信長は、同じようなことを京都でもやってみたいと思うようになった。

信長は、早速、明智光秀をよび、京都で馬揃えをする準備を命じている。信長自身も上洛したが、その上洛のとき、信長は生まれてはじめて黒人というものをみた。

この黒人は、巡察使のヴァリニャーノが連れてきたもので、芸もでき、人気者だったという。黒人をみようとして負傷者が出るような騒ぎだったという。人一倍好奇心の旺盛な信長のこと、「黒人をみたい」といい出し、ヴァリニャーノらは黒人を連れて信長に謁見した。このとき、信長は黒人の肌が黒いのを容易に信じることができず、上半身を裸にして

入念に洗わせているが、洗っても洗っても黒い色が落ちず、はじめて納得したという。

さて、内裏の横で馬揃えが行われたのは二月二十八日のことであった。

この京都での馬揃えには、柴田勝家・丹羽長秀といった信長の家臣たちはもちろん、信長の武力の前に屈服した摂津《せっつ》・河内《かわち》・大和《やまと》などの武士も参加していた。しかも、近衛前久をはじめ、正親町《おおぎまち》・烏丸《からすま》・日野・高倉などの公家《くげ》衆も行列に加えられていたのである。

馬揃えは閲兵式であるが、これは、信長軍団の威容を内外に示すパレードであった。これを内裏のすぐわきで行わせ、正親町天皇も見物したわけで、信長自身のパフォーマンスだったといえる。

安土セミナリオ

信長はイエズス会宣教師に好意を示しており、すでに天正八年（一五八〇）閏《うるう》三月十六日の時点で、住院建築のための敷地を与えている。『信長公記』に、「菅屋九右衛門・堀久太郎・長谷川竹両三人御奉行として、安土御構の南、新道の北に江をほらせられ、田を塡《うめ》させ、伴天連に御屋敷下さる」とみえる。

ちなみに、その場所であるが、安土に「大臼」という地名があり、その読み方は「だいうす」である。これは、ポルトガル語の「デウス」がなまったものと考えられ、「大臼」の場所に住院があったことがわかる。現在、そこが安土セミナリオの趾と考えられている。

具体的に住院の建築がはじまったのは天正九年で、『信長公記』によっても、その年の十月七日、信長が桑実寺の方で鷹狩りをやった

●信長をめぐる戦国時代の群像(11)

柴田勝家像（京都市　建勲神社蔵）

柴田勝家 (1622-1583)

宿老柴《しば》田《た》と丹《に》羽《わ》

織田信秀の代からの織田家の宿老《しゅくろう》としては林秀貞《はやしひでさだ》・柴田勝家《しばたかついえ》・佐久間信盛《さくまのぶもり》の三人がビッグ・スリーといってよい。それに平手政秀《ひらてまさひで》・青山与三右衛門《よさえもん》・内藤勝介《かつすけ》・丹羽長秀《にわながひで》らが続いていた。ここでは、信長時代にも宿老として重きをなした柴田勝家と丹羽長秀の二人をとりあげることにしたい。

柴田勝家は、はじめ、信長の弟信行《のぶゆき》付の家臣であった。当初、同じ立場の林秀貞（通勝《みちかつ》）とはかって信長廃嫡を企てたこともある。ところが、のち、信行の謀反《むほん》を密告してきた功により信長の臣となり、信長の出陣にあたっては常に先鋒をつとめる信長軍団一の勇猛さで知られた。

特に、元亀《げんき》元年（一五七〇）、近江《おうみ》長光寺城での「甕《かめ》割り柴田」の話は有名であるが、この話そのものは残念ながら史実ではない。しかし、「鬼柴田」の名は敵将をふるえあがらせたという。

のち、越前平定後、越前を与えられて北ノ庄城主となった。

丹羽氏は、もともと尾張守護斯波《しば》氏に仕えており、織田氏とは同格であった。なお、長秀は信長より一歳下で、十六歳のときから信長に仕えたという。

元亀二年（一五七一）二月、長秀は近江佐和《さわ》山《やま》城代となり、ついで、天正《てんしょう》四年（一五七六）からはじまる安土《あづち》城の普請奉行《ふしんぶぎょう》を命ぜられている。これは、長秀の生涯にとっても最も印象深い出来事だったと思われる。

もちろん、その間にも長秀は各地の戦いに出陣しており、同五年二月の和泉《いずみ》国淡輪《たんのわ》攻め、同年八月の北国攻めにも従軍しており、信長軍団の主力としての働きもしている。

大正九年（一五八一）二月二十八日、京都で行われた信長軍団のパレード馬揃えにおいて、一番先頭に入場したのは丹羽長秀であった。

「南蛮屏風」にみる黒人　イエズス会巡察師ヴァリニャーノが連れてきた黒人を信長は気に入り、特に家臣の列に加えている。この黒人は本能寺の変のときも信長の側におり、明智勢に捕えられたが、その後の消息は不明である。（神戸市立博物館蔵）

南蛮寺（「南蛮寺扇面図」）　天正６年（1578）にでき上がった南蛮寺を描いたものと推定され、３階建てと思われる和風の建物の内外に宣教師や信者らしい日本人女性が見られる。（神戸市立博物館蔵）

帰途、たちよってみたら工事の最中だった様子がわかる。

安土の住院には、セミナリオも付設されていた。ヴァリニャーノの『日本巡察記』（松田毅一他訳）に、

……現在この街（安土）には、信長に対する敬意から、日本の全貴族の中心人物が参集しているので、我らは同所に優雅な若干の修院を建築した。それは日本風に、周囲に廊下のある部屋二十室と、廊下に同数の寝室を有し、それらすべての上の三階には大広間があって、現在は、神学校としてこの建築全体が使用されており、貴族の子弟三十名が居住している。この街はきわめて主要であるから、ここに神学校を設置することが適切であると考えられたのである。

と記されている。

ここに「貴族の子弟」とあるのは、厳密には「有力武士の子弟」の意味であり、キリシタンに帰依した武将たちが、子どもを安土セミナリオに入れていたのである。信長はこの安土セミナリオが気にいり、前ぶれもなく、突然訪れたりしており、その都度、神学校に学ぶ少年たちが演奏するオルガンを聞いたりしていた。信長にとってみれば、安土セミナリオは、異文化を吸収する格好の場所だった

ことになる。

なお、この年、巡察使のヴァリニャーノが帰国することになったが、そのとき、信長は「安土図屏風」をヴァリニャーノに与えている。この「安土図屏風」は、安土の城と町の繁栄の様子を描かせたもので、信長自身も大変気にいっており、正親町《おおぎまち》天皇がその評判を聞いて「ほしい」といってきたときも、ことわっていたほどのものであった。それを帰国に際しての土産として贈ったわけで、信長がいかにイエズス会宣教師を厚遇していたかがうかがわれる。

この「安土図屏風」は、その後、ヴァチカンまで行ったことは確実であるが、残念ながら、現在は行方不明となっている。

なお、こうしたイエズス会宣教師たちとの交流とは全く逆に、信長の仏教勢力に対する弾圧が顕著にみられたのも天正九年の特徴であった。

たとえば、この年四月二一日には、指出検地をこばんだ和泉《いずみ》の槇尾寺《まきのおじ》を焼き払っており、また、八月十七日には、諸国の高野聖《こうやひじり》を捕らえて殺し、高野山金剛峰寺《こんごうぶじ》に対する挑戦もしている。高野聖の捕殺は、荒木村重の旧臣をかくまって、信長側からの引き渡し要求をこばんだためとも、さきに高野山に追放された佐久間信盛の遺品をうけとりにきた使者を高野山側が斬ったためともいわれている。

高野山も、さきの比叡山と同じように信長によって焼き討ちされるところであったが、包囲された時点で信長が明智光秀によって殺されたので、あやういところを助かったことになる。

●信長をめぐる戦国時代の群像(12)

上杉謙信像　（新潟県　林泉寺蔵）

上杉謙信 (1530-1578)

北陸の敵・謙《けん》信《しん》の脅威

上杉謙信は享禄《きょうろく》三年（一五三〇）、越後守護代長尾為景《ながおためかげ》の末子として生まれている。兄晴《はる》景が家督をついだため、謙信は春日山《かすがやま》の林泉寺に入れられている。

ところが、その後、越後は病弱の兄晴景では押さえきれない状況が生まれ、謙信は迎えられて晴景のあとをつぐ形で春日山城に入ることになった。

上杉憲政《のりまさ》の譲りをうけ、上杉の名跡《みょうせき》と関東管領《かんれい》の要職をつぐことになったが、甲斐《かい》の武田信玄との戦いだけでなく、関東管領としての職務を遂行するため、ほとんど冬期は毎年のように関東へ出陣していた。

外交戦略も活発で、元亀《げんき》三年（一五七二）、信玄が西上の軍をおこすや、信長と同盟を結び、越中富山城を攻略している。ところが、翌天《てん》正《しょう》元年（一五七三）、信玄が没するや、それまで信玄の対抗上一向一揆《いっこういっき》と敵対していた必要はなくなり、むしろ、信長に徹底抗戦する石山本願寺と一向一揆の方に親近感を覚えるようになり、信長とは敵対しはじめた。

具体的に謙信と信長の勢力がぶつかるようになったのは天正四年（一五七六）九月からである。このとき謙信は、兵を越中から能登へ進めているが、信長の方でも、越前・加賀から能登へ手をのばしはじめたときであり、能登七尾城の争奪戦としてあらわれた。

七尾城の戦いは翌天正《てんしょう》五年にもちこされ、籠城する長綱連《ちょうつなつら》は弟連龍《つらたつ》を変装させて信長のもとに送り、援軍の出兵を要請させている。しかし、信長はすぐに動ける状態ではなく、そのうちに、謙信の内応工作が功を奏し、七尾城は開城してしまった。

信長が援軍を派遣してきたのは、開城後の九月であった。手取《てどり》川までできたところを開城と知らされ、引き返すところを謙信軍に追撃され、織田軍は散々に打ち破られているのである。

12 甲州平定

天正十年（一五八二）

武田勝頼《かつより》の自刃

天正《てんしょう》三年（一五七五）の長篠の戦いで信長に完膚《かんぷ》なきまでに討ちのめされた武田勝頼《かつより》であったが、その後、信長が石山本願寺とか上杉謙信、さらには毛利輝元などと戦っていたため、信長に攻めこまれることなく、甲斐《かい》・信濃《しなの》、それに西上野《こうずけ》などの本領は確保していた。

事態が急転回しはじめたのは、天正十年（一五八二）二月一日であった。この日、武田勝頼の家臣で、しかも信玄の女婿にあたり、信濃の木曽《きそ》地方を領していた木曽義昌《よしまさ》が信長に内通してきたのである。

武田氏の居城は信虎《のぶとら》のときから躑躅《つつじ》ヶ崎《がさき》館を本拠としていたが、勝頼は新たに新府《しんぷ》城に移ったばかりであった。

信長は、木曽義昌が寝返ってきたのを、武田氏を滅ぼす好機と考え、嫡男信忠《のぶただ》に出陣を命じ、木曽義昌を先導役として、信濃・甲斐攻めの軍事行動をおこした。信長・信忠の織田本隊は伊奈口から攻め、ほかに、徳川家康は駿河口から、北条氏政は関東口から、金森長近は飛騨口からというように、いっせいに武田領に攻め込む作戦であった。

勝頼にとってショックだったのは、駿河《するが》江尻城を守っていた穴山梅雪《あなやまばいせつ》が寝返ってしまったことであった。梅雪もやはり信玄の女婿であり、そればかりか勝頼の従兄弟でもあり、一番信頼していた武将だったからである。織田軍の侵攻をみて、信濃松尾城の小笠原信嶺《のぶみね》、駿河《するが》田中城の依田信蕃《のぶしげ》ら、勝頼側の錚々たる武将たちがいずれも戦わずに降伏してしまい、わずかに、高遠《たかとお》城を守っていた勝頼の弟仁科《にしな》盛信《もりのぶ》の抵抗が抵抗らしいものであった。一

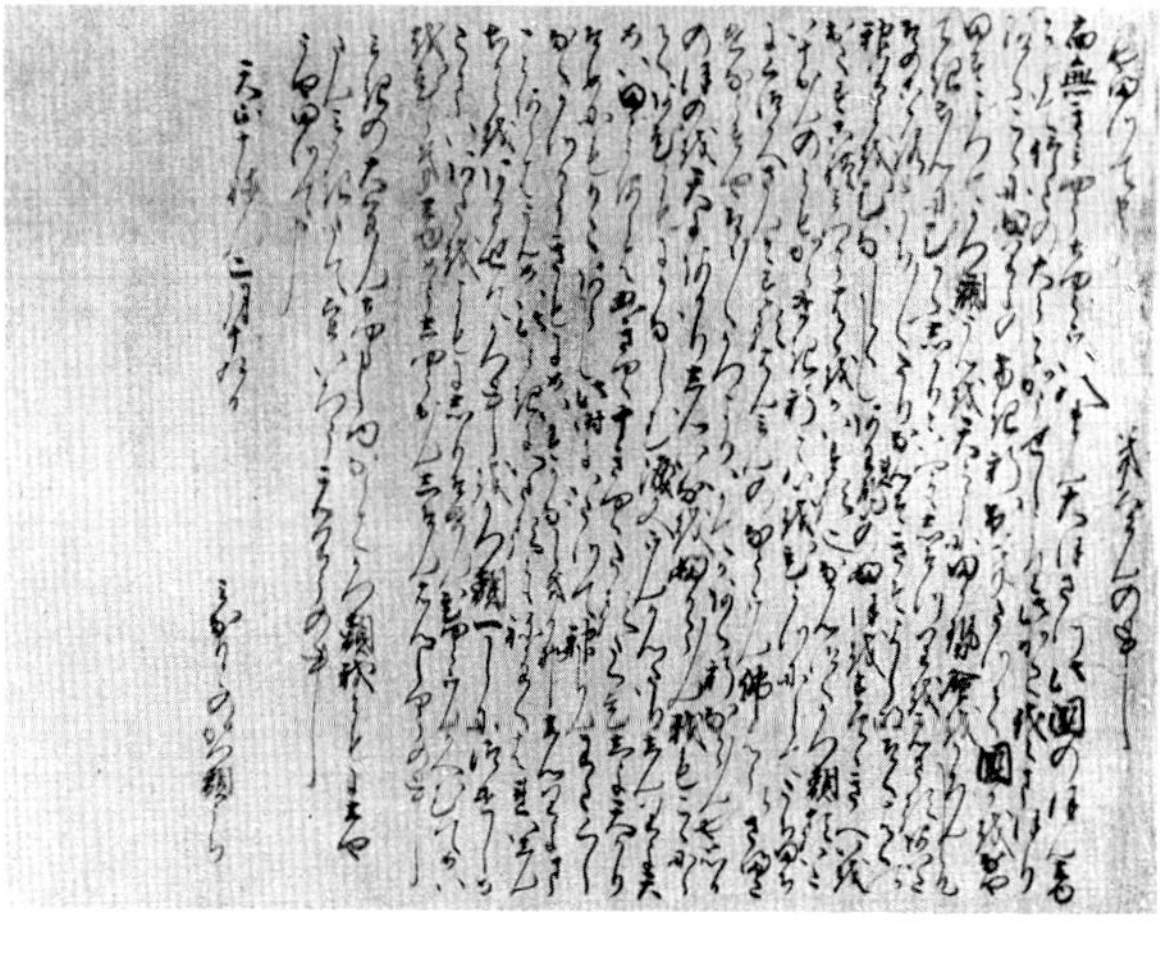

武田勝頼夫人願文　天正十年（一五八二）二月二十九日、19歳の夫人が武田八幡宮に奉納した自筆の願文。「うやまって申す祈願の事」にはじまる願文で、悲壮感がただよっている。「源の勝頼うち」と署名してある。（山梨県　武田八幡宮蔵）

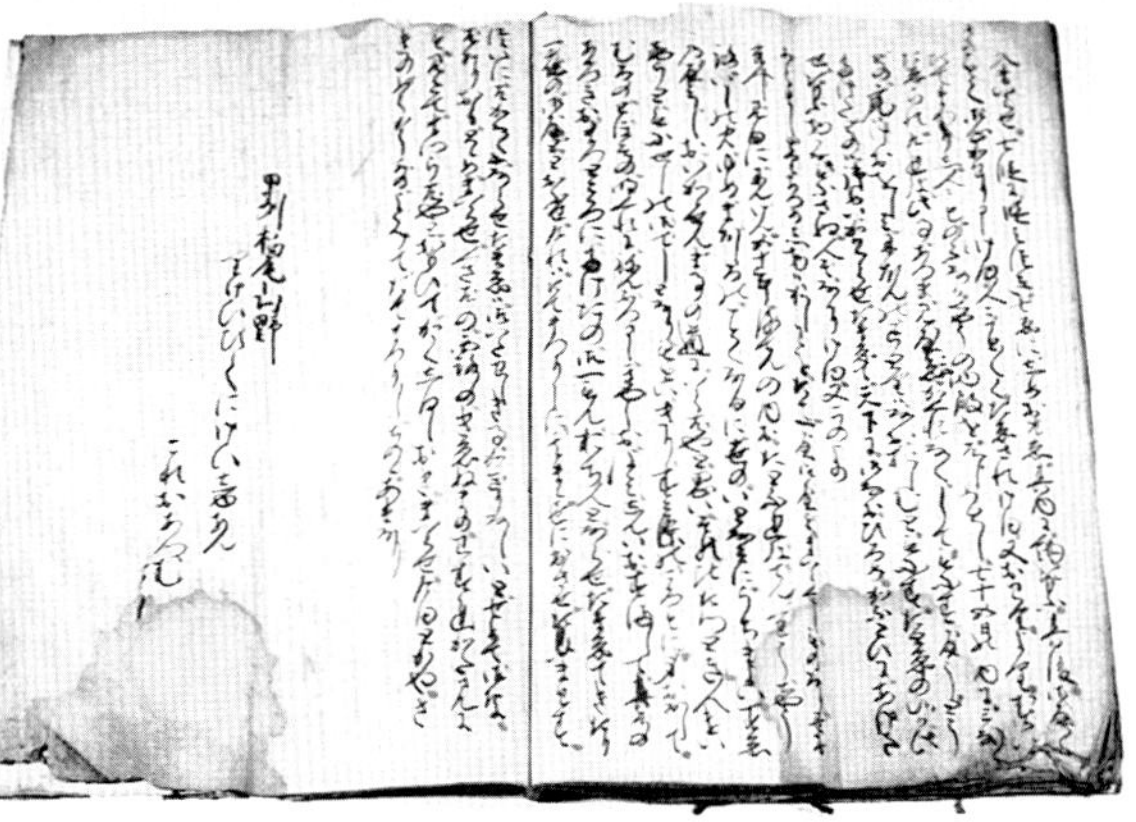

『理慶尼記』　落ちのびる勝頼たちが大善寺に一泊した折り、一行をもてなした理慶尼がその最期の様を書き綴ったといわれる。（山梨県　武田八幡宮）

族・重臣から見放された形の勝頼は、新府城を守りぬくことが困難な状況となった。

　このとき、重臣の一人小山田信茂《のぶしげ》が、「それがしの居城岩殿山《いわどのやま》城は要害の城である。そこに籠城してはどうか」と勧めた。勝頼はその意見に従って新府城に火をかけ、岩殿山城に向かうことになった。

　ところが、その途中で小山田信茂の謀反を知った。もはや新府城にもどるわけにもいかず、結局、織田軍に追いつめられる形で、先祖の武田信満《のぶみつ》が天目山棲雲寺《てんもくざんせいうんじ》で自刃した例にならい、自分も棲雲寺を最後の死に場所にしようと向かったが、織田軍に追いつかれてしまい、棲雲寺の近く、田野《たの》というところで自刃することになった。

　新府城を出るときには五〇〇人ほどいたといわれる勝頼一行も、このときには五〇人ほどに減ってしまっており、男たちはまず、女・子どもを殺し、その刀で自分たちも自刃していった。ここで勝頼とその子信勝が自刃し、武田氏は滅亡したのである。

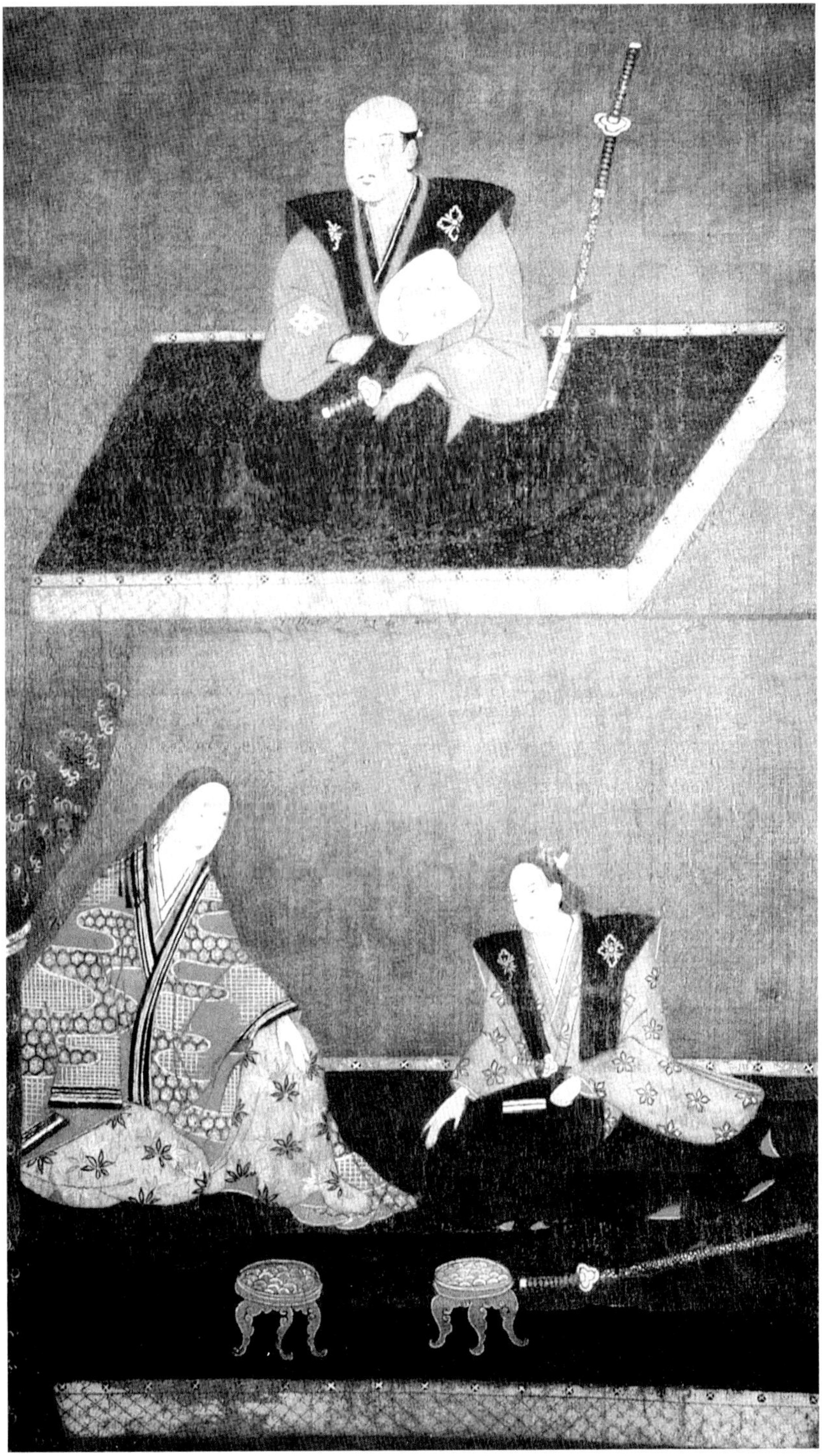

武田勝頼・同夫人・信勝像　（和歌山県　高野山持明院蔵）

関白か太政大臣か将軍か

　田野で勝頼・信勝父子が自刃したのは三月十一日。その首が信長のところに届けられたのは十四日で、信長は信濃の浪合に到着したところだった。そこで首実検を行ったあと、高遠・諏訪《すわ》・新府城の址、そして躑躅ヶ崎《つつじがさき》へと進んだ。

　その間、信長は今回の戦功に対する論功行賞を行っているが、滝川一益《かずます》に上野《こうずけ》国と信濃《しなの》の内で二郡（小県《ちいさがた》・佐久《さく》）を与え、さらに関東管領《かんれい》としている。甲斐は河尻秀隆《かわじりひでたか》に与えられ、信濃の内、高井・水内《みのち》・更級《さらしな》・埴科《はにしな》の四郡は森長可《ながよし》に与えられた。駿河は徳川家康に与えられている。

　このあと信長は、家康の案内で、富士山麓を通って東海道に出、駿府―浜松―清須―岐阜を通って、四月二十一日、安土に凱旋《がいせん》しているのである。

　武田氏滅亡、そして信長が安土に凱旋したというニュースは朝廷にも届いていた。四月二十五日、朝廷では信長に対する対応のしかたを協議している。「信長を関白《かんぱく》か、太政《だいじょう》大臣か、征夷《せいい》大将軍か、どれかにしなければ収まりがつかないのではないか」という議論である。結局、朝廷では結論がでず、「信長が望む官に任じよう」ということになり、とりあえず、勅使を派遣することが決められた。

　五月四日、勅使として勧修寺晴豊《かじゅうじはれとよ》ら一行が安土城に到着した。このとき、勅使は、「天下いよいよ静謐に申しつけられ候（中略）、朝家の御満足、古今比類なき事候へば、いか様の官にも任ぜられ、油断なく馳走申され候はんこと肝要候」という誠仁《さねひと》親王の書状も持参していた。「いか様の官にも」という言葉にも明らかなように、関白でも太政大臣でも将軍でも、とにかく信長の望みの官に任命しようという考えであった。

　信長が勅使と会ったのは五月六日である。勅使は、信長の希望を聞きだすことが役目の一つであったが、信長は琵琶湖に船を浮かべて勅使を接待しただけで、勅使に自分の希望を語っていない。このときは話を聞いただけにして、正式には上洛してから回答しようと考えていたものと思われる。

　信長の意中の官職が何であったのか、いまとなってはわからない。しかし、勧修寺晴豊の日記である『日々記』には、「関東打はたされ珍重候間、将軍になさるべきよし」と、勅使側の希望として、「信長を将軍に」という考えがあったことを伝えており、信長もその方

摠見寺《そうけんじ》　摠見寺は安土城内の一画に建てられている。信長の菩提寺ではなく、信長自身と「盆山」を拝ませるために建てられた。建物は近江国内の寺や神社の建造物を移築して寄せ集めたものであった。

向で考えていた可能性がある。

周知のように、鎌倉時代の公家将軍と、親王将軍と南北朝期の後醍醐《ごだいご》天皇の皇子たちを除いて、武家の時代となってからは、征夷大将軍は源氏の人間にしか許されていない。信長の織田家はもともと藤原姓で、それが信長のときから平姓になっていた。信長が将軍になろうとすれば、全く先例のない「平姓将軍」となるわけで、このあたりの矛盾については、信長自身も、また、信長のまわりの武将たちも、さらには、朝廷の人間たちも気がついていたはずである。

ただ、朝廷としても、武田氏を滅亡させたという信長の功績は大きなものがあるとみて、先例のない「平姓将軍」もやむをえないと判断したのであろう。

勅使が帰ったのといれかわりのように、徳川家康が安土にやってきた。家康は穴山梅雪を連れ、梅雪が許されたことに対する御礼言上にやってきたものである。

信長は明智光秀にその饗応役を命じ、十九日には安土山の摠見寺《そうけんじ》で一緒に幸若八郎九郎大夫の舞を見物している。信長は家康および梅雪に、「ゆっくり上方を見物していったらどうか」と勧め、家康・梅雪は信長の勧めにしたがって二十一日、安土をたって京に向かっている。

その後、二十六日には、光秀が備中《びっちゅう》高松城攻めをしている秀吉の援軍として赴くため、近江坂本城を出てもう一つの居城丹波《たんば》亀山城に入っている。

そして、信長自身も、二十九日に安土をたって上洛し、本能寺に入ったのである。

●信長をめぐる戦国時代の群像(13)

毛利輝元《もうりてるもと》像 (山口県 毛利博物館蔵)

毛利輝元 (1553-1625)

中国の敵 毛《もう》利《り》輝《てる》元《もと》

毛利氏が戦国大名として急速な発展をとげたのは毛利元就《もとなり》のときである。それまで安芸《あき》国吉田荘三〇〇〇貫を領する在地領主にすぎなかったのが、この元就によって最終的には中国地方一〇カ国を領する戦国大名にのしあがっている。

元就は、三男隆景《たかかげ》を小早川《こばやかわ》氏の養子に入れ、二男元春《もとはる》を吉川《きつかわ》氏の養子に入れ、この吉川・小早川両氏が本家毛利氏を補佐する体制ができた。これを〝毛利両川《りょうせん》体制〟とよんでいる。

この元就の長男が隆元《たかもと》で、毛利氏の家督をついだが、隆元は、永禄《えいろく》六年(一五六三)、安芸佐々部で急死してしまい、隆元の子幸鶴丸が祖父元就の後見と、二人の叔父、吉川元春・小早川隆景の補佐によって、毛利本家を担ってたつことになった。

幸鶴丸は翌々永禄八年(一五六五)、元服し、将軍足利義輝から「輝」の一字を与えられ、輝元と名乗った。

信長が台頭してきたころには輝元は信長と関係をもたず独自な動きをしていたが、次第に信長の勢力が播磨《はりま》から備前《びぜん》に伸びてくるにしたがい対立の度を加え、ついに、石山戦争のときは、大坂の石山本願寺を支援し、信長と対向し、毛利水軍はたびたび織田水軍を破っている。

天正十年(一五八二)の、秀吉の備中《びっちゅう》侵攻にあたっては、叔父吉川元春・小早川隆景に兵をつけて備中高松城の清水宗治を支援させている。

輝元の使僧安国寺恵瓊《あんこくじえけい》が天正元年(一五七三)、京都にのぼって足利義昭の処遇をめぐって信長方と交渉したとき、信長の印象を本国に書き送っているが、その中に、「信長の代、五年三年は持たるべき候。明年辺《あたり》は公家などに成らるべく候かと見及び申候。左候て後、高ころびにあおのけにころばれ候ずると見え申候」(吉川家文書)とみえる。

主要戦国大名

天正五年（一五七七）閏七月、出羽の戦国大名秋田愛季《ちかすえ》から信長にラッコの皮十枚が贈られている。また、関東の北条氏政　陸奥の伊達氏や南部氏・最上氏からも鷹が贈られてきており、臣従というわけではないが、信長になびいていたといってよい。こうした状況をみると、西国よりも東国に力を伸ばしていたことがわかる。信長が征夷大将軍になりたいと考えたのも当然であった。

本能寺　応永22年（1415）日隆の開創になる法華宗本門流大本山。明智光秀が信長を襲い灰燼に帰した当時は四条西洞院にあった。天正17年（1589）豊臣秀吉の区画整理により再建の途中で現在地（中京区寺町通り）に移転。現在の建物は昭和３年（1928）の造営。信長の供養塔がある。

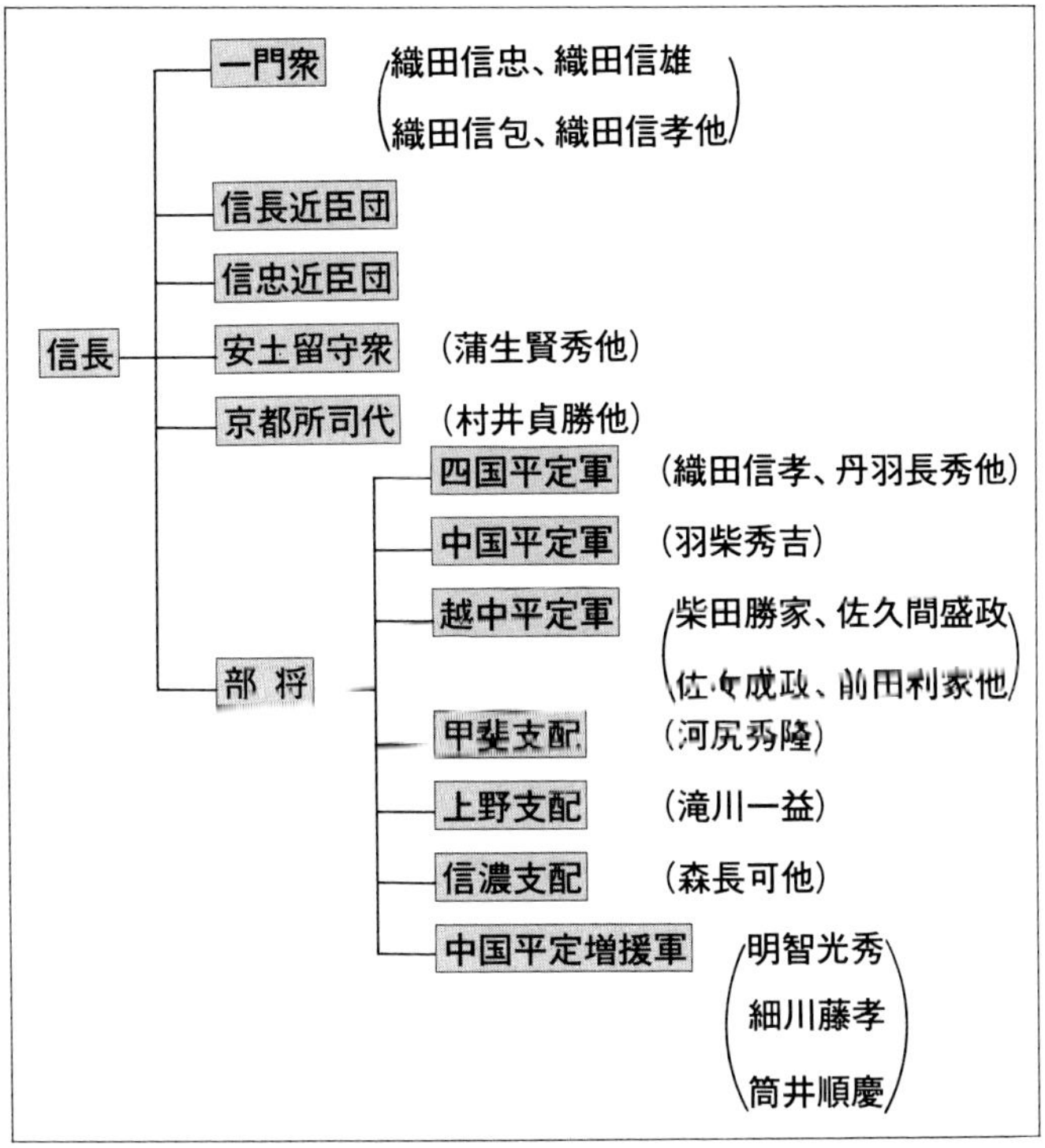
信長
一門衆
織田信忠、織田信雄
織田信包、織田信孝他
信長近臣団
信忠近臣団
安土留守衆
(蒲生賢秀他)
京都所司代
(村井貞勝他)
部将
四国平定軍
(織田信孝、丹羽長秀他)
中国平定軍
(羽柴秀吉)
越中平定軍
柴田勝家、佐久間盛政
佐々成政、前田利家他
甲斐支配
(河尻秀隆)
上野支配
(滝川一益)
信濃支配
(森長可他)
中国平定増援軍
明智光秀
細川藤孝
筒井順慶

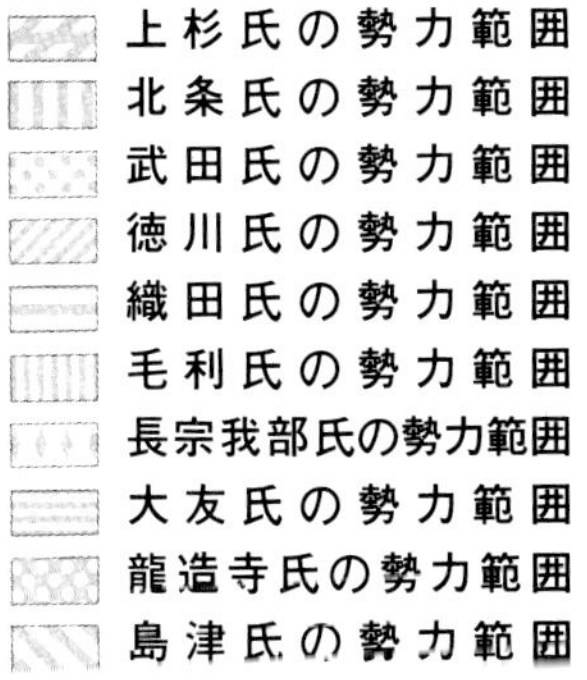
上杉氏の勢力範囲
北条氏の勢力範囲
武田氏の勢力範囲
徳川氏の勢力範囲
織田氏の勢力範囲
毛利氏の勢力範囲
長宗我部氏の勢力範囲
大友氏の勢力範囲
龍造寺氏の勢力範囲
島津氏の勢力範囲

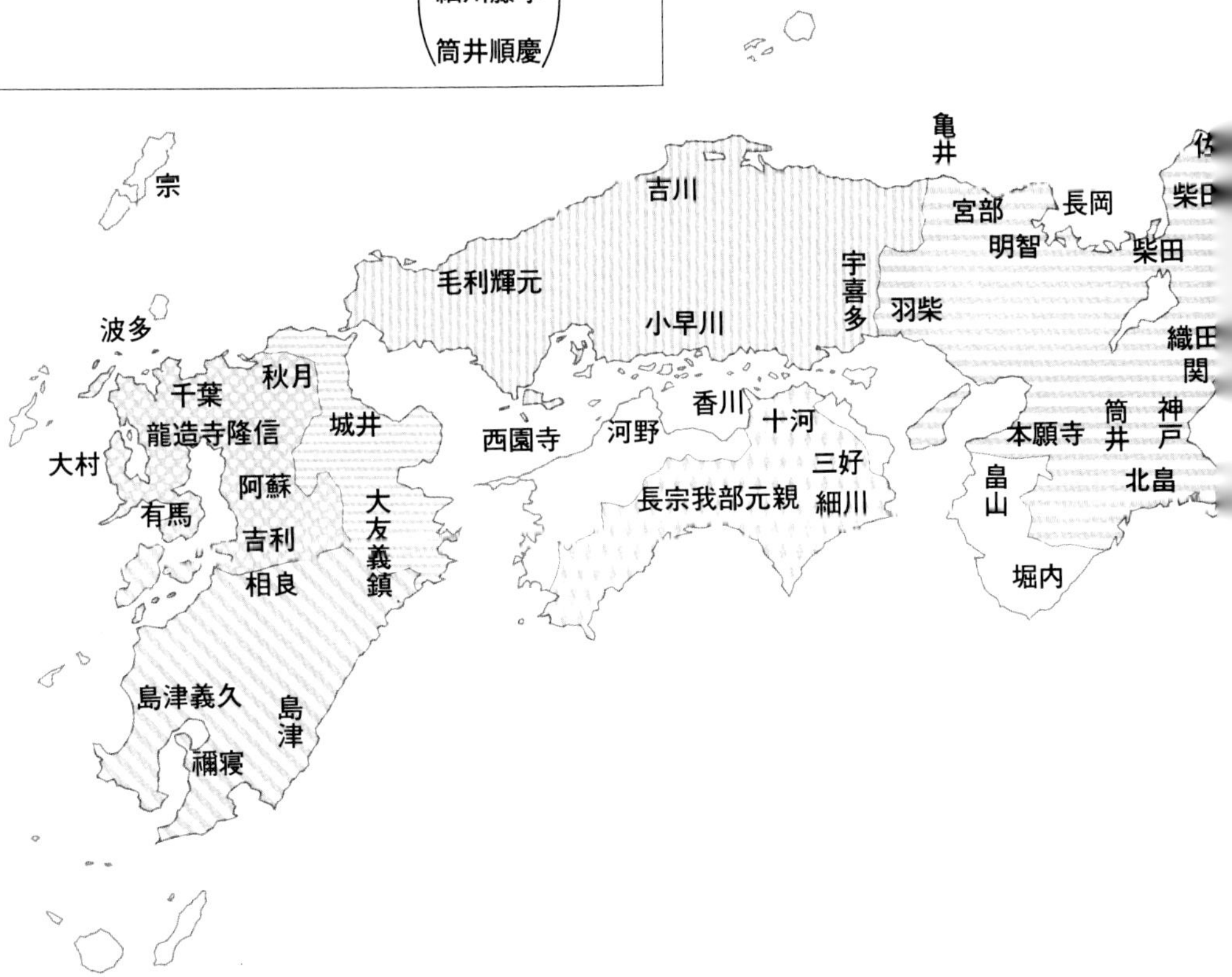
亀井
宗
吉川
宮部
長岡
柴田
明智
柴田
毛利輝元
宇喜多
羽柴
小早川
波多
織田
関
秋月
千葉
香川
十河
西園寺
河野
城井
本願寺
筒井
神戸
龍造寺隆信
大村
阿蘇
三好
細川
長宗我部元親
畠山
北畠
有馬
大友義鎮
吉利
相良
堀内
島津義久
島津
禰寝

13

本能寺の変

天正十年（一五八二）

明智光秀画像　光秀は信長家臣の誰よりも早く「一城の主」になった。ところが、天正９年〜10年の時点では、秀吉に追い越されつつあった。その焦りも謀叛の引き金の一つになったと思われる。（大阪府　本徳寺蔵）

亀山城跡　天正３年（1575）、信長から丹波一国の支配を認められた明智光秀は亀山城を拠点とした。７年後の６月１日光秀はこの城から本能寺へ向けて謀叛の出馬を決行する。（京都府）

明智光秀《あけちみつひで》の謀反《むほん》とその原因

丹波亀山城に入った光秀は、家臣たちに出陣の準備を命ずるとともに、自らは五月二十七日、亀山城を出て愛宕山《あたごやま》に参籠《さんろう》し、そこで二度、三度と籤《くじ》を引いている。光秀がこのとき、二度、三度と籤を引いたということは、すでにその時点で、信長に対する謀反《むほん》にふみきるか、思いとどまるべきか悩んでいたものと思われる。

翌二十八日、愛宕山内の西ノ坊で連歌会《れんがえ》が開かれている。これは、戦国武将にとっては恒例ともいうべき「出陣連歌」で、「出陣の前に連歌会を開き、その連歌を奉納して戦いに臨めば勝てる」という習慣にのっとっていたことがわかる。連歌師は里村紹巴《さとむらじょうは》で、このときの光秀の発句《ほっく》が有名な、

時は今あめが下しる五月哉

であった。

「時」はいうまでもなく明智氏の本姓土岐《とき》に通じ、「あめが下しる」は「天下」に通ずる。つまり、光秀は、発句において思わず本心を吐露《とろ》してしまったというのである。光秀自身、

すでにこのときには信長に対する謀反を決意していたとみられる。

では、光秀は、なぜ信長に対する謀反にふみきったのだろうか。従来から、怨恨《えんこん》説・野《や》望《ぼう》説・偶発事件説などが唱えられているが、光秀が信長から手ひどいしうちをうけたことが何度かあり、その意味では怨恨説のなりたつ余地はある。

しかし、根本的な原因はもっと別なところにあったとみるべきだろう。一つは、ライバル関係にあった羽柴秀吉に追い越されつつあ

●信長をめぐる戦国時代の群像(14)

豊臣秀吉像　(神戸市立博物館蔵)

豊臣秀吉 (1536-1598)

ライバル秀吉《ひでよし》と光秀《みつひで》

信長軍団をみていく場合、柴田勝家・丹羽長秀ら譜代の宿老とは異なり、信長のときに仕えはじめ、しかも急速に家臣団の中核にのしあがっていった武将たちの存在に注目しなくてはならない。その代表格が羽柴秀吉と明智光秀である。この二人は、ライバル意識をお互いにもちながら、功を競いあった。

二人の年齢は、明智光秀の生年がはっきりしないので、正確なところはわからないが、光秀の方が八つほど上だったと思われる。しかし、信長に仕えるようになったのは秀吉の方が先であった。

秀吉が信長の小者《こもの》として仕えるようになったのは天文《てんぶん》二十三年（一五五四）、秀吉十八歳、信長二十一歳のときである。その後、秀吉は、小者頭《こものがしら》から足軽、足軽組頭から足軽大将へと出世していった。その間、塀奉行・薪《たきぎ》奉行などをつとめたというエピソードがある。

永禄《えいろく》七年（一五六四）ごろから東美濃《みの》武将への誘降工作も行っているので、すでに信長の信頼を得ていたことがわかる。

もう一人の明智光秀の方は、もともとは美濃斎藤氏の家臣で、その後、牢籠し、越前の朝倉義景《あさくらよしかげ》に仕えていた。ちょうど、そこへ足利義昭《よしあき》が頼ってきており、義昭の近臣細川藤孝に接近し、義昭を織田信長に引き合わせる役割を果たした。これが永禄《えいろく》十一年（一五六八）のことなので、秀吉よりはかなり遅いスタートであった。

ところが、〝城持ち〟になったのは光秀の方が先だった。元亀《げんき》二年（一五七一）の比叡《ひえい》山焼き討ちのあと、それを監視する意味で信長は光秀に坂本城の築城を命じ、光秀がその城主になっている。

秀吉が〝城持ち〟になれたのは、それに後れる二年後の天正《てんしょう》元年（一五七三）、浅井《あざい》氏が滅亡してからである。その後も二人のライバル意識には強いものがあった。

ったことへの焦りの気持である。光秀が、秀吉の援軍として出陣しなければならなくなったことが大きなインパクトを与えたものと思われる。

それともう一つは、明智氏は土岐氏からの分かれで、源氏であったことがベースにあったものと理解される。さきにみたように、歴史上先例のない「平姓将軍」の誕生は、源氏の人間としては黙ってみすごすことができなかったものと考えられる。幸い、京都周辺にはこれといった家臣がいない。しかも、本能寺に泊まる人数は、わずか一〇〇名ないし一五〇名だということも光秀は知っていた。

信長に対する怨み、信長の有力家臣捨て殺し政策に対する不安、そして、ライバル秀吉に追い越される焦り、これらが一つになって信長に対する謀反にふみきったのではなかろうか。

さて、天正十年五月は小の月で、二十九日で五月が終り、翌日は六月一日である。五月二十九日に、わずかの近臣を連れただけで上洛した信長は本能寺に泊まり、翌六月一日、本能寺の書院で茶会が催された。

この茶会は、博多《はかた》の豪商島井宗叱《しまいそうしつ》（宗室）を正客《しょうきゃく》とし、信長秘蔵の名物茶器が披露されている。茶会のあとはたいてい酒宴となる。信長はふだん酒をあまり飲まない方で、この日も深酒はせず、本因坊算砂《ほんいんぼうさんさ》と鹿塩利賢《かしおとしかた》との囲碁の対局をみて寝床についた。

「是非もなし」

信長が寝所に入ったころ、すなわち、六月二日の午前0時ごろ、光秀は亀山城の東の条《じょう》野《の》というあたりに進んでいた。光秀が女婿の明智秀満《ひでみつ》をはじめ、斎藤利三《としみつ》・溝尾勝兵衛ら重臣たちに謀反のことを打ち明けたのはそのころのことといわれている。反対論を唱える者もいたようであるが、「いったん殿が謀反を口にした以上、決行するしかない」という結論に達したものと思われる。

光秀の軍勢は老ノ坂《おいのさか》を越えて沓掛《くつかけ》に至り、そこで備中に向かうには道を南にとらなければならない。ところが光秀軍はまっすぐ東に向かう道をとった。そのときは、「信長殿にわが軍容をおみせするため、これから本能寺に向かう」といって兵たちの動揺を押さえている。

時間は明確ではないが、桂川を渡ったところで、光秀は鉄砲の火縄に火を点火させ、新しいわらじや足半《あしなか》に替えさせている。それまで、信長の閲兵を受けるために本能寺に向か

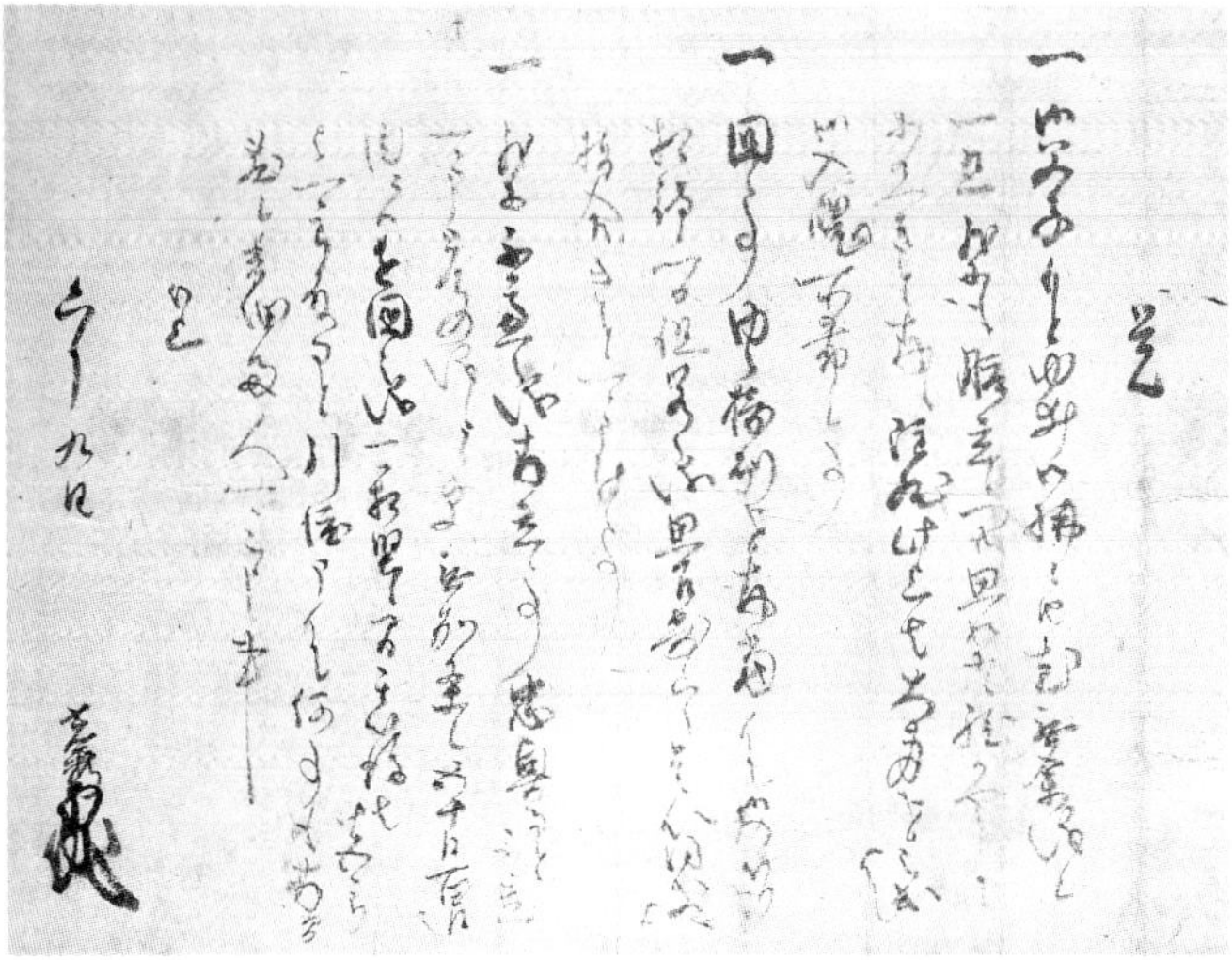

明智光秀書状　本能寺の変直後の天正10年（1582）6月9日、光秀が娘婿の細川忠興とその父藤孝にあてた書状。「細川父子が信長の死をいたんで髻を切ったと聞いたときは一度は腹が立ったが、よく考えてみると当然のことと思った。しかしこの上はぜひ自分に味方してほしい。細川父子には摂津、また但馬・若狭など望みどおりに進呈する。このたびのことは忠興の将来を思ってのことだから協力してほしい」などと書かれている。（東京都　永青文庫蔵）

織田信忠画像　（岐阜市立歴史博物館蔵）

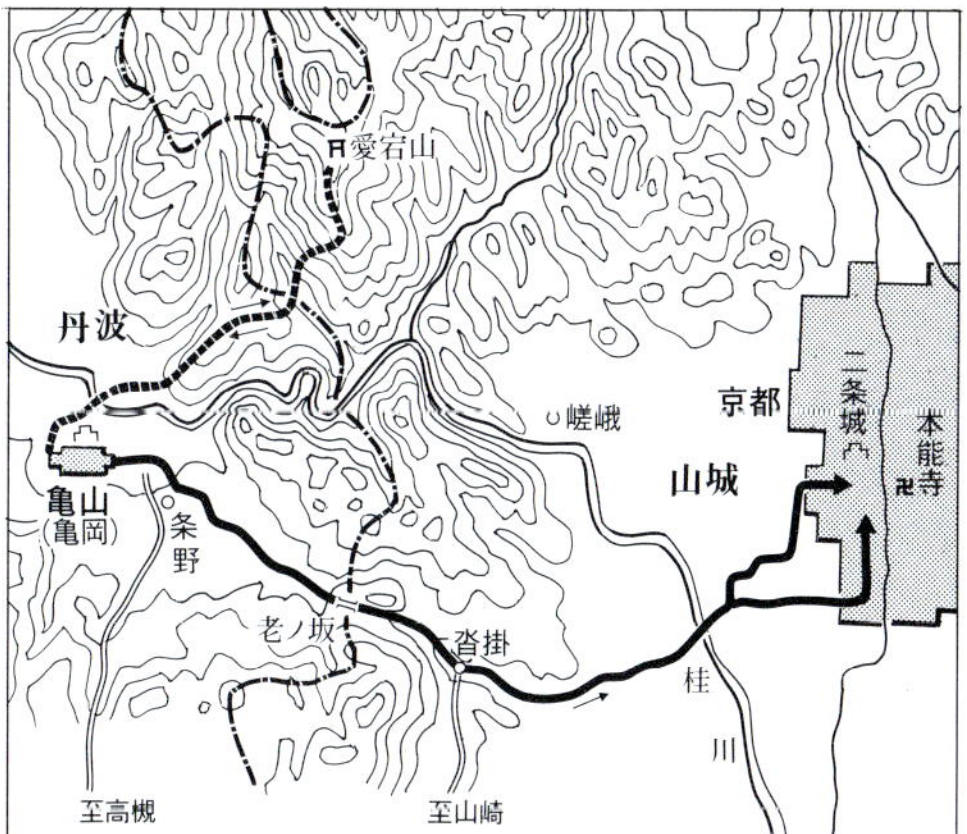

本能寺の変関係図

うとばかり思っていた家臣たちも「おかしい」と思いはじめる者が出た。そうした空気を察したものか、光秀は、はじめて「敵は本能寺にあり」と、信長に対する謀反の態度をはっきりさせたのである。

光秀の軍勢およそ一万三〇〇〇が本能寺を囲んだのは午前六時ごろであった。信長は熟睡していたところを、この物音でおこされたとも、また、イエズス会宣教師の伝えるところによると、起きて顔を洗っているところだったともいわれている。

はじめのうち、家臣たちの喧嘩ぐらいに思っていたが、やがて鬨《とき》の声があがり、鉄砲を撃つ音が聞こえたため、誰かの襲撃であることにはじめて気がついたという。森蘭丸が、「明智日向守殿御謀反！」といったとき、信長は「是非もなし」と一言つぶやいたといわれるが、この「是非もなし」にはさまざまな思いがこめられていたことがうかがわれる。

というのは、信長は、光秀が一万三〇〇〇の兵を率いていることを知っており、本能寺にいる　〇〇ないし一五〇の人数では一万三〇〇〇を敵にまわすことは不可能であり、「どうにもならない」というあきらめの気持が生じたという点である。

また、「是非もなし」という一言には、「も

信長の小姓衆《こしょうしゅう》

ひと口に信長の小姓衆といっても、桶狭間の戦いのころの小姓衆と本能寺の変のころの小姓衆とでは、メンバーもちがえば、その家臣団中に果たした役割もちがっている。具体的にいうと、初期のころの小姓衆は、馬廻《うまわり》衆すなわち赤幌衆・黒幌衆などの使番《つかいばん》的な直臣と明確な区別がない。

ところが、後期になると、合戦そのものよりも、信長の私生活的側面、家臣との橋渡し的役割が要求され、江戸時代の「側用人《そばようにん》」のような仕事をまかされている。

ここでは、そうした後期の小姓衆についてみておくことにしよう。

まずあげられるのは、森《もり》兄弟である。美濃金山城主森可成《よしなり》に六人の男子がいたが、そのうち、三男蘭丸《らんまる》（乱丸）、四男坊丸・五男力丸の三兄弟が、信長の小姓として仕え、三人が三人とも、本能寺の変のとき、信長の側近くにあって明智光秀の攻撃を防ぎ、戦いの最中に討死している。蘭丸十八歳、坊丸十七歳、力丸十六歳という。蘭丸については、信長に仕えているころのさまざまなエピソードが伝えられており、信長の爪を剪《き》ったとき、「剪った爪の数が足りない」といって、座敷をさがしたというような話もある。

小姓衆として、ほかには、万見《まんみ》仙千代が有名である。『信長公記』には、天正六年（一五七八）正月四日、万見仙千代のところで茶会が開かれた記事に初登場し、同六年十二月八日、摂津在岡城攻めで討死した記事で姿を消しているので、活躍した期間は短いが、信長のあつい信頼を得ていた。

このほか、「御小姓衆」として知られているのは、大津伝十郎・水野九蔵・大塚又一郎・長谷川竹・矢部善七郎・菅屋九右衛門・祝弥三郎・青山虎らである。このうち、長谷川竹は名乗りを秀一といい、信長死後、秀吉に仕え、越前東郷の城主となっている。

織田信長・信忠父子の墓（京都府　阿弥陀寺）

フォペルの地球儀　信長は、宣教師が地球儀を使って、一言二言説明をし、「地球は丸い」といったのを納得できるほど合理的な精神の持ち主であった。しかし、それと同時に、晩年には御神体として「盆山」を祀ったり、異常な行動もみられる。現在、安土城址にある信長の墓は、その「盆山」をデフォルメしたものという。（天理図書館蔵）

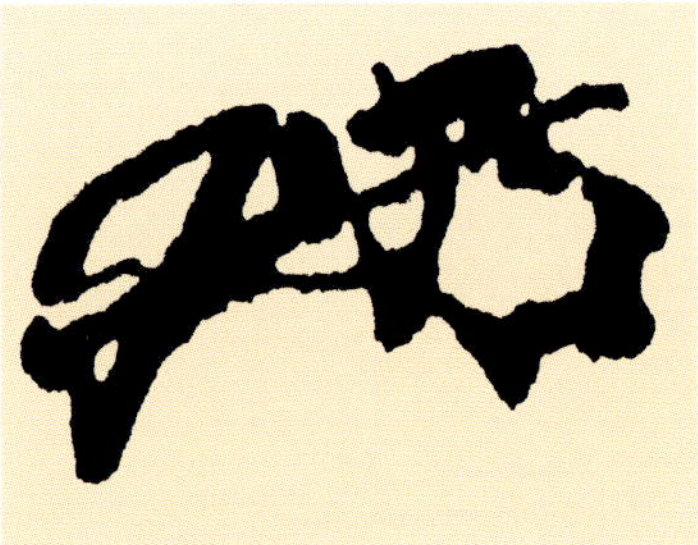

信長の花押　信長の花押は時代とともに変化している。この花押は、永禄八年（一五六五）から同十一年（一五六八）まで用いたものであるので麒麟の「麟」の字を形象したものである。麒麟は至治の世にしかあらわれないという伝説上の動物で、信長は、自らを麒麟にたとえようとしたのかもしれない。

う一歩で天下が統一できるのに、光秀めは何ということをするのだ」という思いもこめられていたように思える。

光秀の軍勢が本能寺を襲撃したとき、信長の嫡子信忠《のぶただ》は室町薬師寺町の妙覚寺におり、京都所司代村井貞勝からの急報をうけ、とりあえず、手兵五〇〇ほどを率いて本能寺の信長に合流し、光秀と一戦をまじえようと考えて兵を出したが、光秀の圧倒的多数の軍勢にさえぎられて本能寺に入ることができず、仕方なく、二条御所に入って戦おうと考えた。

光秀は本能寺の信長手勢を破ったあと、信忠の籠もる二条御所を攻め、信忠も自刃して果てた。

ただ、この本能寺の変のとき、どういうわけか、信長の遺骸がみつからなかった。ルイス・フロイスが『日本史』の中で、「その声だけでなく、その名だけで万人を戦慄《せんりつ》せしめていた人間が、毛髪といわず骨といわず灰燼《かいじん》に帰せざるものは一つもなくなり、彼のものとしては地上になんら残存しなかった」と述べていることによっても明らかである。

事実、信長の葬儀には、遺骨がないので、信長の木像を二体作り、そのうちの一体を焼いて、その灰を遺骨がわりにしたという。光秀が、天下盗りに失敗する一つの要因として、このとき、信長の首をさらすことができなかったためといわれているが、信長の遺骸がどこに消えてしまったのか、いまもって謎である。

信長のまわりの文化人 千利休と狩野永徳

千利休が北向道陳《きたむきどうちん》に茶を習いはじめたのは十七歳のときのことである。十九歳からは当代一の茶人として有名な武野紹鷗《たけのじょうおう》についている。

信長が、利休ら堺の茶人たちと交流をもつようになるのは、永禄《えいろく》十一年（一五六八）九月の上洛後からである。信長は堺に二万貫の矢銭（軍資金）を課したが、能登屋などの旧納屋《なや》衆グループはそれを拒否した。それに対し、津田宗及《そうきゅう》・今井宗久それに千利休ら新興商人グループは、信長に対抗することが不可能であることを説き、ようやく彼らの動きによって矢銭が出され、信長からの攻撃をうけずにすんだ。

津田宗及・今井宗久・千利休のことを「三宗匠《そうしょう》」とよんでいるが、この時代を代表する茶人であり、信長が茶の湯に興味をもちはじめたのも、この「三宗匠」との接近と密接な関係があったことが明らかである。

利休が、京都妙覚寺において信長の茶会の茶頭《さどう》をつとめるようになったのは天正元年（一五七三）のことで、このとき、利休は五十二歳であった。ただ、利休は、信長の名器蒐集には批判的であった。

千利休像　（京都府　不審庵蔵）

千利休 (1522-1591)

信長をめぐる文化人としてもう一人狩野永《かのうえい》徳《とく》をあげなければならない。永徳は祖父元信《もとのぶ》から直接、画法の手ほどきをうけ、二十歳代で近衛《このえ》家の座敷の絵を描いたといわれ、三十代で安土《あづち》城天主の障壁画を描いている。『信長公記』に「西十二畳敷、墨絵に梅の御絵を狩野永徳に仰付けられ、かゝせられ……」とみえ、天主内装が完成した天正九年九月八日には、狩野永徳とその子右京助（光信）に行賞があった。

なお、永徳は、天正二年（一五七四）に上杉謙信に贈られた「洛中洛外図屏風《らくちゅうらくがいずびょうぶ》」を信長の命で描いている。

唐獅子図屏風　狩野永徳筆　（宮内庁蔵）

フロイスの見た信長と日本

結城了悟

フロイスの信長評

「信長は尾張《おわり》国三分の二の殿の次男であった。彼が天下を支配し始めたときは三十七歳ぐらいと思われた。彼は中背痩軀《そうく》で髭は少なく、声は甚だ快調で、極めて戦《いくさ》を好み、武技の修業に専念し、名誉心強く、義に厳しかった」

この言葉を初めにしてルイス・フロイスは織田信長の見事な人物評を記した。歴史的なデータ、心理学的な特色とフロイス自身の経験が密接に結び付いている。

フロイスがヴァリニャーノ神父の依頼に応じて『日本史』を書き始めたのは信長没後の事であり、ある程度まで遠くから概観をとらえた後にまとめているが、その叙述は出来事が起った時に自分が書いた手紙に基いているので、その歴史には目撃者の生き生きした話しかたが如実にあらわされている。

フロイスは確かに信長に対して親しみを感じていた。いく度も保護の手を差し延べた信長に対する感謝の念があり、指導者としての卓越した点に感嘆し、その性格の長所にも触れることが出来た。フロイスが臆することなく述べるそれらの長所をあわせみると、民衆の心を捉えた信長の姿を知ることが出来る。フロイスも信長に希望をかけていた。

他方、フロイスは信長の冷酷さや彼の滅亡の種となった権力の野望とごう慢さに対して強く反発している。ところが、喜々として仏教の僧侶達に対する信長の態度を好んで書き記す時、フロイスはある程度まで信長の協力者となり、彼に近づくのである。

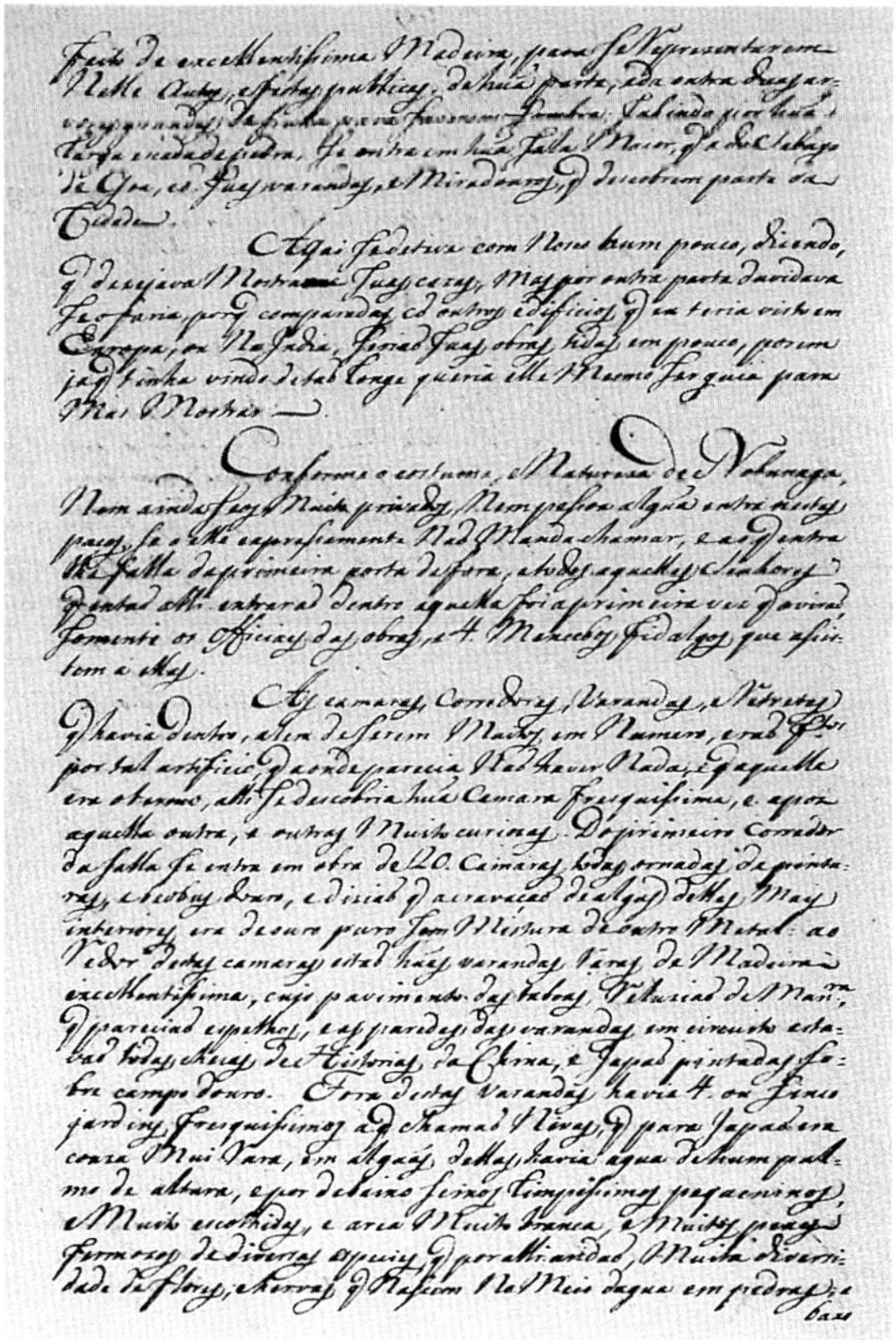

フロイスの『日本史』　ルイス・フロイスは1532年、、リスボンに生まれ、1563年、イエズス会のパードレとして来日し、信長の好遇を得た。そのフロイスが執筆したのが『日本史』である。フロイスの自筆原稿はマカオで焼けてしまったが、幸い写本が伝わり、近年、松田毅一・川崎桃太両氏によって日本語訳が完成した。

フロイスの布教活動

ルイス・フロイスは、一五三二年リスボンに生まれ、十六歳の時の一五四八年、イエズス会に入会しインドに向かった。ゴア、バッセインなどで勉強しながら活躍し、時々、聖フランシスコ・ザビエルに会った。一五五一年、日本から戻ったザビエルから日本についての情報を受ける。一五五五年、その日本に向け出発したが、旅路は長かった。マラッカで三年間仕えた後ゴアに戻り、管区長秘書として、貴重な記録を書き記し、ついに一五六二年、再び日本に派遣されて、一五六三年七月六日、横瀬浦（現、長崎県西彼杵郡西海町）に入港した。

リスボン　「四都市図屏風」に描かれたポルトガルの首都リスボン。16世紀初頭には人口10万を数えたという。（神戸市立博物館蔵）

日本のキリシタンの教会にとって意義深い年であった。ちょうど一カ月前にその横瀬浦で大村純忠《すみただ》が受洗していたし、五畿内ではヴィレラ神父とイルマン・ロレンソの手によって高山飛騨守とその息子ジュスト右近《うこん》は洗礼を受けた。飛騨守に続いて五畿内の数人の城主と侍が教会に加わった。

横瀬浦で布教活動に打ち込みながらフロイスは出来事の成り行きを見守り、記録に書き記していった。ところが、同じ一五六三年の十一月、横瀬浦の発展が突然止められ、フロイスは平戸の度島に退かなければならなかった。このような苦い体験がいく度となくフロイスの生涯に見られ、このことが彼の日本の歴史についての一つの根本的な認識となるのである。栄光と敗北、秀れた人物の滅亡、権力の空しさ、などの激しい転変がどんな有望な計画であれそれを覆すことになる。信長の運命は、その歴史哲学の象徴のようになる。『日本史』の第二部の序文でフロイスは次のように書いている。

「当地では（他国における）まさに反対であり、一切のことが不断の変転、変化である。（それらの中にはあまりにも突発的に不意な新たな出来事が多く、その情況判断に困惑するほどである）」

信長（一五三四〜八二）の道はフロイスの道より二年後に始まったが、フロイスが日本に着いたころ、信長の星は既に強く輝いていた。都に最初に着いたのはフロイスであった。一五六五年ヴィレラ神父の代わりに五畿内の教会を受け持ったが、まもなく彼らの布教保護を引き受けた将軍足利義輝《あしかがよしてる》は殺害され、松永久秀《ひさひで》の策略によって正親町《おおぎまち》天皇は宣教師たちを京都から追放する綸旨《りんじ》を発布した。フロイスとイルマン・ロレンソは堺に退き、都へ戻る機会を待っていた。

信長との謁見

織田信長が将軍義昭《よしあき》の味方として入洛したのは一五六八年九月二十六日のことであった。数カ月後、ルイス・フロイスは和田惟政《これまさ》の取り次ぎによって再び都に戻り、その信長に謁見することになった。

この最初の謁見の雰囲気が信長を知るうえに役に立つと思われる。信長はフロイスとの会見を望んではいたが、姿を見せなかった。信長は直接姿を見られぬように家臣の後方に身を隠しじっとフロイスを観察していた。後に、信長は自身の行動を次のように和田惟政に説明している。

「予が親しくぱあでれを引見することを思い止どまった理由は、〔一つには〕この教え

南蛮寺と宣教師(「南蛮屏風」部分) 手前の商家の前には数人の宣教師がおり、図上方の南蛮寺では司祭がミサを行う様が描かれている。(神戸市立博物館蔵)

を解くために幾千里という遠くから日本に来た異国の人にどういう扱いを示すべきか分からなかったため、また〔もうひとつ〕は、もし予が一人で彼と応接したとすれば、ある者共は予がキリシタンになろうとしていると考えたかもしれないからである」

フロイスが初めて信長と話したのは数日後の事である。信長は二条城の工事現場にいた。フロイスはその場面の有様を生き生きと描写している。信長は橋の上に立ち、腰には虎皮を巻いた粗末な着物を着ていた。フロイスを招き、そこで二時間以上も話し続けた。この時にもフロイスは信長の声の力強さに驚いたようであった。横から話を聞いていた僧侶を見て「信長は声を張り上げた、なにしろ彼は頗《すこぶ》る声が大きかったのである」と書いている。すでに信長の心の弱点を見抜いていたようであるフロイスは、都に居住するため信長の御朱印を願い出るとき「その恩によって信長の偉大さの呼声が印度やヨーロッパのキリスト教国に広まるであろう」と付け加えた。

その年、信長が京都に滞在している間、フロイスは少なくとも三度信長を訪れた。御朱印を受けたあと感謝の意を表しに、また数日後、珍しい時計を献上するために行った。その時、信長は興味深く時計を眺めていたが、フロイスに返した。その理由も信長らしい。「予は甚だこれが欲しくはあるが、予の手に

帆を張った南蛮船　（「南蛮屏風」部分）　慶長８年（1603）ごろの制作と考えられる。信長の時代、ヨーロッパとの貿易は盛んとなり長崎ではポルトガルとの定期的な貿易が行われていた。（神戸市立博物館蔵）

入ったらすぐだめになるので……」

三度目は、美濃《みの》に帰る信長に別れの挨拶に行って、日乗上人との有名な宗論を交わした時であった。こうしたすべての謁見の時には、信長は皆を驚歎させるほどフロイスとロレンソに対して好意的に振る舞い、願った以上に寵愛を示した。

フロイスはその信長の心境を説明しようとするとき、彼の言葉も引用して幾つかの理由を挙げている。そのうち「異国人であるため我らが哀れむべき人であるかのように取り扱い」と言っている。信長は恩人の立場にあった。フロイスたちは無力で、信長にとって害にならない者であったが、同時に宣教師たちの冒険心が信長の気に入った。彼らの追放を促した松永弾正と日乗上人を「心と思慮が狭い者」として叱責した。信長には広い考えと新しいものを知りたいという好奇心があった。

信長のやさしさと恐しさ

日乗上人の攻撃がさらに厳しくなったので、フロイスは岐阜まで行き、再び信長の保護を求めた。ここではフロイスは、他の人の記録によらないで自分自身の体験を述べている。歴史家が証人となり、その証人は同時に主人公の一人でもある。岐阜と城の説明は貴重な記録であると同時にフロイスの日本文化の多岐にわたる興味と理解を示すが、特にこの時の信長についての描写は、その心をよく表している。岐阜城を訪れたフロイスとロレンソに、信長は息子と共に自らの手で食膳を持っていき、フロイスがそれを頂戴するときには、信長はやさしく「汁をこぼさないように真っすぐ持たれよ」と注意した。

そのやさしさは本物であったろうか。フロイスはそう思っていたし、信長の息子たちに与えた影響を鑑みれば、フロイスはだまされていなかったと思うが、信長の心にはすべての良い傾向を圧する恐ろしい力があった。フロイスはそれに気付いたとき失望した。例えば、日乗上人がどのような無礼な振る舞いをしても、信長にとって役立つ者であったので信長は彼を利用し続けていた。この日乗上人が宣教師たちを再び京都から追放する内裏《だいり》の新しい綸旨を得たとき信長はあい昧な返事をしてフロイスたちをその運命に任せた。フロイスの判断は「信長はピラトのようにした」と辛らつであった。ピラトといえばイエスの無罪を知りながら死刑に渡したローマ人の総督である。

フロイスは知っていた。信長がどのように優しい態度を示し、宣教師たちを保護しようとしても、自分の利益の為なら彼らを犠牲にすることを疑わなかった。信長は家臣に対しても家族に対しても同じようにした。しかし、その信長の心に戦いがなかったとは言いがたい。フロイスは信長の人相を描くとき一つの大切な言葉を似てその戦いの結果を指摘している。

「彼には多少憂うつな影があったが……」

フロイスは一五七六年まで五畿内で活躍し続けた。その間、日乗上人の攻撃の危険は消えたが、恩人の和田惟政の思いがけない討死や、信長と足利義昭の争いが、再び日本の社会の厳しい変化をしみじみと彼に感じさせた。この二番目の問題と関わる一つの興味深い話がある。

信長が義昭を攻め上京《かみぎょう》を破壊した時、フロイスは東寺の付近に身を潜めていた。そこから小西隆佐を通して陣営にいる信長に挨拶と南蛮の土産を届けた。フロイスによると信長が大層喜んだという。それは「信長は特にそのころ誰からも訪問を受けなかった」からである。それだけではなく、数日後、信長は同じく隆佐を通じて非常に親切な手紙を送り、自らの行動を説明した。信長が理解を求めていたのであろうか。フロイスはその出来事の成り行きを説明して、その問題の責任は将軍義昭にあったと既に明白に書いている。

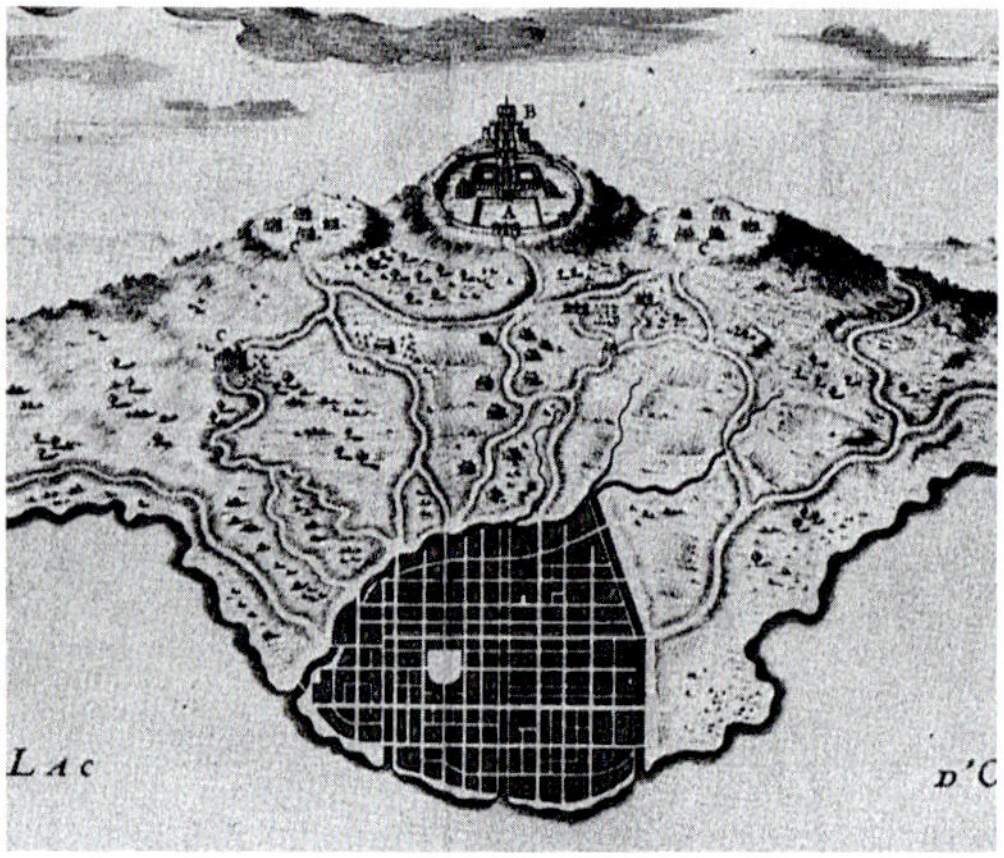

ヨーロッパ人が描いた安土城 シャルル・ボア『日本史概説』より

この出来事の前の一五七一年、フロイスは通訳の立場で岐阜を訪れたフランシスコ・カブラル神父と一緒に信長に謁見し、この時にも信長の二つの面を紹介している。イルマン・ロレンソと信仰の事について話したとき信長は「予はぱあどれどもの教えと予の心とは何等相違ないことを白山権現《はくざんごんげん》にかけて其方に誓う」と言ったが、ちょうどその話を紹介する前にフロイスは次のことばで信長の態度を描写している。「信長の傲慢とほらふきとはまったく僭越不遜、あらゆる人々と、特に僧侶を軽蔑するほどで、僧侶に対して甚だ嫌悪の念をいだいている」

将軍を追い出し、天下を完全に手中に収めた信長に、一五七四年再度カブラル神父の謁見の挨拶を述べるとき、フロイスは信長の政策について満足していたようである。すべてが安泰となり、五畿内では新しい希望がわいていた。フロイスはオルガンティーノ神父と共に都に大きな教会の建設を決定した。その理由としてフロイスは信長の態度について次のように判断していた。「上京《かみぎょう》はもう再建が成り、信長のよい統治の結果、天下は平穏であるように思われたので」

　一五七六年、フロイスは九州に任命され、豊後《ぶんご》の府内の教会の院長となった。ここにいる間、大友宗麟《おおともそうりん》の受洗と豊後の大敗北を体験することになった。この時以来、フロイスの信長についての描写に次第に変化が感じられる。一五八一年ヴァリニャーノ神父と共に安《あ》土《づち》を訪れた時の話を別として、彼は出来事の目撃者というよりも歴史家である。また、豊後、長崎、およびマカオで活躍する時には現場から離れ本部の雰囲気に浸り、コエリョ神父、ヴァリニャーノ神父などの影響を受けるのである。

　この数年間の出来事に関して信長を中心にする話は主に三つある。荒木村重との戦い、安土の建設と、そこで信長がヴァリニャーノ神父に示した寵愛、そしてすべてのクライマックスかのように信長の悲劇がある。

荒木村重の謀反

　遠くから信長を見ているフロイスは時々、出来事を話す前に短い文章の中で、信長についての自分の考えをまとめる。一五八〇年の話の前に次のように書いている。「信長は短期間に日本王国の主になることを成就し、すでに三十四カ国を入手し、残余は征服の途上にあり、行くところ敵なく、デウスが彼に生命の糸を断つことがなければ、早晩全日本国の主となることであろう」

　また、荒木の問題を説明して「信長は本来、善良な素質を備えていたとはいえ、彼にはデウスを認めるというもっとも大切なことが欠けていた」と言っている。

　フロイスによると、この問題の責任は主君信長に背いた荒木にあるが、信長が宣教師にたいしてどのように対応するであろうかと皆の懸念を説明する時には、信長が非常に短気であると言っている。この時の信長の気分の変化が目立つ。オルガンティーノ神父の協力を要請した時、オルガンティーノは信長の「衷心からの苦悩を目撃して」驚いたが、問題が終わり無血で高槻城を手中に収めた時、信長はオルガンティーノに感謝を示さなかった。フロイスは「異教徒のうちに珍しいことではない」と説明するが、荒木と関わった者に対する信長の態度は非常に残酷であったと言っている。

安土への旅

　一五八一年の春、フロイスはヴァリニャーノ神父を伴い安土を訪れた。ここでは雰囲気が全く違っていた。フロイスは、安土の町つくり、安土城、大名屋敷、京都に通じる街道建設と琵琶湖の入り口に架かる橋などを深い関心を以て賞賛している。そのときのフロイスの文の中でしばしば「清潔」という一つの言葉が浮き上がる。道にも家にも、馬にさえも信長は「人間がこれ以上できない」ほど、その清潔さを要求していた。信長の性格の厳しさを表すその潔癖さと共に、フロイスは民衆に対する信長の温かい心を伝えている。例えば、街道では色々の税金の徴収を廃止したり、所々に旅人が休息できるように茶屋などを設けたことを褒めている。

　安土は信長の誇りであり、その夢のシンボルでもあった。従って、オルガンティーノたちがそこでセミナリヨと教会の建設計画を打ち明けた時、信長は喜んで承諾した。同じように別れ際にヴァリニャーノ神父に安土城の有名な屏風を寄贈したことで、その屏風が海を渡り信長の栄誉を知らしめる使者になるものであった。フロイスは信長のその真意も見抜いていた。安土城の工事が完了すると、信長は数日間にわたって民衆にも宮殿などを開放したのは「その名をさらに誇示し尊大ならしめるために、自分の宮殿の豪勢さを示そうと欲した」と記している。

本能寺の悲劇

　フロイスはその瞬間のため読者を準備してきた。信長の長所を讃え、この功績を高めていくと同時に、彼の傲慢さを非難する言葉がさらに厳しくなっている。京都と安土から離れていくフロイスの彼に対する個人的な気持ちは薄れていくようであったが、それにしても信長の突然の滅亡はあまりにも大きな衝撃であった。理解を求めるように『日本史』で

世界地図屏風　地球儀とともにこうした世界地図ももたらされた。現在の地図と比較すると不正確なところも多いが、日本・中国・インドなどの国しか知らなかった当時の日本人に与えたショックの大きさははかり知れないものがあったろう。（神戸市立博物館蔵）

は、その原因説明に一章を使って記している。その章の題はフロイスの考えのまとめのようである。

「第二部四〇章、信長がその富、権力、身分のために陥った大いなる慢心と狂気の沙汰について」

フロイスは他人から聞いた事柄を誇張して書いているが、その話によると、傲慢さに動かされて信長は自分を唯一の神として拝まれることを望み、その野望を満たすため安土城では摠見寺《そうけんじ》という寺を建立した。

このように道を準備した後、フロイスは都にいた宣教師達からの手紙に基づき、無駄な言葉を一つも加えることなく見事に明智光秀の謀反と信長の死を伝えている。明智に対して興味を示していないし、謀反の原因は信長が彼に乱暴に対応したということよりも、むしろ明智の野望であると言っている。

本能寺で炎に包まれて消える信長の姿を描くとき、フロイスは自身の思い出や期待なども共に消失したように感じている。「火事が大きかったので信長がどんな風に死んだかは明らかではない」と言った後、次の言葉で結んでいる。

「我らが知っていることは、その声だけでなくその名だけで万人を戦慄せしめていた

人間が、毛髪といわず骨といわず灰と化したものは一つもなくなり、彼のものとしては地上になんら残存しなかったことである」

初めて二条城で信長に出会ったときその声を私達に聞かせたように、今、聞こえなくなった信長の声の思い出は、本能寺の焼け跡を包む沈黙をさらに深くする。

山崎の合戦で明智の姿も消え、新しい天下人の星が浮上した。歴史がまた一転する。羽《は》柴筑前守《しばちくぜんのかみ》が関白《かんぱく》になり、太閤《たいこう》になり、そしてもう一度、一人の卓越した人間が権力の誘惑に負け、彼に賭けられた期待を裏切るのである。

このときフロイスは豊臣秀吉の死を記録にすることができなかった。秀吉の死より一年前の一五九七年七月八日、フロイスは長崎でこの世を去ったが、歴史家として既に秀吉について判断を下していた。フロイスが最後に著した記録は、二十六聖人の殉教記である。一五九七年三月十五日完成したその記録の中で、フロイスは、安土のセミナリヨで始まり長崎の西坂に旅を終えた一人の殉教者の声も聞かせる。一五九七年二月五日、十字架から秀吉の死刑の宣告に応える聖パウロ三木の言葉が、今もフロイスの記録によって聞こえている。

鉄砲と南蛮文化

―大航海時代と日本―

加藤知弘

鉄砲伝来と種子島時堯《たねがしまときたか》

「天文癸卯《みずのとう》秋八月二十五日丁酉《ひのととり》、わが西の村小浦に一大船有り、何国より来たるか知らず、船客は百余人」

これは有名な南浦文之《なんぽぶんし》の『鉄炮記』(慶長十一年・一六〇六)の一節である。時は天文十二年(一五四三)。このあと、明《みん》の儒生五峰《ごほう》と西の村の主宰織部丞《おりべのじょう》との間でかわされた砂上の筆談のありさまが述べられている。

「船客の中に、どこの国の人ともわからない、異様な姿かたちの人がいるが」との織部丞の問いに、「君臣の儀も知らず、礼儀正しく人に接することもできないが、西域から来た商人だ」と五峰は答えている。

ジャンク船は織部丞の指示によって赤尾木(現、西之表《にしのおもて》市)の港に回航され、経書に通じた法華宗の僧との筆談によって、五峰らは領主種子島時堯《たねがしまときたか》の知遇を得ることとなった。

時堯の関心を強くひいたのは、もちろん仏《フ》郎機《ランキ》(ポルトガル人)の持っていた鉄砲であった。実射させて、その効用・効果を知った時堯は、要請して高額の代価を支払い、二挺を譲り受けた。時堯は、家臣篠川《しのかわ》小四郎に鉄砲の操作と火薬の製法を学ばせ、鍛冶《かじ》職金兵衛《きんべえのじょう》尉清定《きよさだ》に鉄砲の模造を行わせた。和製鉄砲の製造は翌年には成功、種子島銃は戦国末期の日本各地にたちまち普及することになる。

東南アジア製「マラッカ銃」説の検討

こうしてポルトガル人が種子島に伝えた銃は、これまではヨーロッパで使用されていたアーキバス(イギリス、フランス)またはエスピンガルダ(ポルトガル、スペイン)と呼ばれる火縄銃そのものと考えられていた。

最近になって、その構造の酷似している点から、東南アジア製の「マラッカ銃」とする説が強くなっている。それによると、東南アジア人は鉄砲が伝来する以前から火砲を使用しており、ポルトガル人が持ってきた鉄砲をまねて作ることは、はじめて火器を見た日本人より、易しいことではなかったか、というのである(所荘吉氏)。

ただこれらのポルトガル人が種子島に持ってきた銃は東南アジア製とする主張には、いくつか気になる点がある。

第一に、ヨーロッパにおける火縄銃の出現は、大砲より半世紀遅れており、十六世紀半までに火縄銃がすべて新式銃(歯輪銃《しりんじゅう》さらに燧石銃《ついせきじゅう》)にとってかわられたのかどうか、疑問が残る。歯輪銃が非常に複雑な機構で、時計師が作るほど非常に精巧なものだったとすると、手工業的技術段階でこの銃の大量生産が果して可能であったろうか。とすれば、新式銃出現後も長期間、火縄銃と併用されていたと考える方が、無理がないようである。

それに宗教戦争など戦乱の絶え間のなかった時のヨーロッパで、銃器の構造は各国の秘密事項に属することであり、各国の火縄銃が画一した構造を有していたとする前提は、検討する余地がありはしないか。

一五五五年四月、マラッカから南中国の港に向かっていたイエズス会東インド管区長ヌーネス神父一行を乗せた船は、マラッカ沖で激しい嵐にあい、さらにシンガポール海峡で座礁してしまった。この地域は、キリスト教徒に敵意を持つイスラム教徒の土地で、これまでも多くのポルトガル人が拷問されて殺されていた。動揺する乗組員たちは、ヌーネス神父に、少し前に行き違ったガレオン船を追いかけ、救援を頼んでくれるように懇願した。ヌーネス神父とピント修道士それにゴイス修道士の三人はサンパン（小型の平底船）に乗り移り、船員と同行することとなった。夜の海上には、座礁している本船の近くまで、イスラム教徒小舟が数隻来ていた。威嚇するための小銃は三挺しかなかったので、神父は点火した縄のついた一本の棒を握りしめ、もう一挺あるかのように見せかけた。恐怖の中、九死に一生を得る思いでガレオン船にたどりつくと、ガレオン船に威圧されてイスラム教徒の小舟は引き返していった。

鉄砲伝来碑　（鹿児島県　種子ヶ島）

　これは一五五六年（弘治《こうじ》二年）七月豊後《ぶんご》府内に来航したヌーネス神父一行の苦難の船旅の様子を伝える『イエズス会士日本通信』の一節である。シンガポール海峡でイスラム教徒の一団に包囲された一行が四挺の火縄銃（一挺はみせかけだけのもの）で威嚇《いかく》して、危機を脱している。時は一五五五年であるから、ポルトガルのマラッカ占領からすでに半世紀近くが経過している。東南アジア製の銃が現地の人々の間に普及していたとは、どうも考えられない状況報告である。

　一五五一年四月末、荒廃した京都に失望したフランシスコ・ザビエルは、山口での布教を決意して大内義隆《よしたか》を公式訪問した。その時の献上品の中に、三つの砲身を有する高価なひうち石の鉄砲があった。銃の専門家でない私には、その構造についてはよくわからないが、どうも連発新式銃のようである。ただその後、この新式銃が日本で普及したという話は聞かない。

　ヌーネス神父一行の話で推察されることは、ポルトガル人も実戦用としては火縄銃を使用し続けていたらしい、ということである。

　話は少しさかのぼるが、一五一九年二月、メキシコ征服のためハバナの港を船出したエルナン・コルテス率いるスペイン軍は、十三挺の火縄銃を持っていたといわれる。大砲と火縄銃と馬が、アステカ帝国征服の三大武器であった。ポルトガルがアフリカ、西アジア、東アジアの要衝を次々と占領し得たのも、大型帆船と優秀な火器によるところが大きかったといえよう。

ポルトガルと中国・琉球・日本

　一五〇九年九月、ディオゴ・ロペス・デ・セケイラ司令官率いるポルトガル艦隊が、マラッカの港に入港した。国王マヌエル一世がモルッカ諸島（香料諸島）への道を探るため、彼を派遣したのである。この時、マラッカの港には、中国のジャンク船四隻が入港していた。マラッカ人はポルトガル人の来航に強く

東南アジア製の火縄銃　（国立歴史民俗博物館蔵）

インド製の火縄銃　（国立歴史民俗博物館蔵）

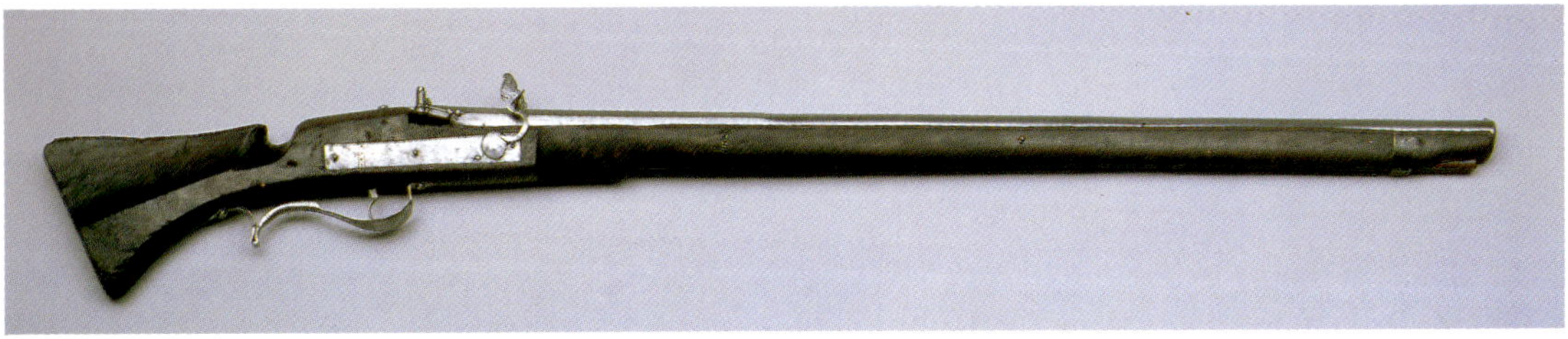

ヨーロッパ製の火縄銃　（国立歴史民俗博物館蔵）

反発したが、中国船の船長たちはきわめて友好的であった。ポルトガル人と中国人の交流がこうして始まり、ポルトガル人は中国人や中国に対して深い関心を示すようになった。

一五一一年初夏、インド第二代副王アフォンソ・デ・アルブケルケは、十三隻の艦隊を率いてマラッカを攻撃、激しい戦闘の後八月これを占領した。入港中の中国船は、この攻撃を好意的に見守ったといわれる。ポルトガル人と中国人、琉球人、日本人との本格的接触・交渉はこの頃から始まったと考えられる。

ただ、日本人および日本に対するポルトガル人の関心や認識はきわめて浅く、琉球王朝と琉球人、日本王国と日本人の区別も定かではなかった。わずかに後に明《みん》朝廷への使者となったトメ・ピレスの手書きの報告書が、琉球と日本を項目を分けて記述したが、アフォンソ・デ・アルブケルケの庶子ブラスが父の評伝を書く時の典拠にしたぐらいで、一般のポルトガル人はあまり興味を示さなかったらしい。

このように、マラッカを占領した頃のポルトガル人は、日本よりも中国との交易関係樹立に深い関心を示すようになった。東南アジア海域からインド洋にかけての交易で、中国商人の有する大きな勢力と運んでくる豊富な商品に注目したからである。早くも一五一三年には、ジョルジェ・アルヴァレスを司令官とするポルトガル船が南シナ海に達し、交易を求めてタマン（屯門）に停泊したという。

その後、一五一五、一六、一七、二一、二二年と次々と南中国に来航し、通商関係の樹立を求めた。なかでも一五一七年六月、マラッカを出帆したフェルナン・ペレス・デ・アンドラーデ率いる七隻の船隊は、ポルトガル本国政府の訓令を受けたゴア総督の派遣したもので、大使であるトメ・ピレスを乗せていた。ピレスは広東に上陸、苦労の末北京にまで達したが、広東に送還されたうえ投獄されてしまった。

当時の明《みん》は、「朝貢船に対してのみ、附搭貨の貿易を許す」海禁の策をとっていた。事実上は有名無実化していたとはいえ、中国船の海外渡航禁止、海外に居住する中国人の本国との交易活動禁止が公の建前になっていた。日本船の勘合《かんごう》貿易もこの海禁の策の一端で、足利幕府などの派遣する遣明船も臣下の礼をとる朝貢船で、厳しい形式と統制を強いられていた。

フランキの正体が服属国マラッカを征服したポルトガル人であることが判然としてきたことと、フェルナン・ペレス・デ・アンドラーデ司令官の弟で後継者のシマンたちの不法で横暴な行為(中国の無法者と徒党を組み、兵舎を建て〝とりで〟を築き、多くの大砲を陸揚げし、島を乗っ取り、人を殺し、船を奪うなど)などによって、広東地方の官憲はポルトガル人・ポルトガル船の強制退去を命じ、場合によって武力行使をした(火船を放って撃退する方法は有効であった)。大使トメ・ピレスの失敗の背景には、このようないろいろな事情があった。

一五二三年以後、ポルトガル人・ポルトガル船は、このように一転して入港拒絶の強硬姿勢をとるようになった広東地方を迂回して、福建省や浙江省沿岸の港へと北上してゆく。一五三〇年代から四〇年代にかけて、ポルトガル人や中国人の密貿易者の基地になったのが、浙江省寧波東方海上に浮ぶ双嶼《そうしょ》島の港リ

●信長をめぐる戦国時代の群像(17)

関東・東北の武将

開東・東北地方の戦国大名たちは、信長とどういう関係を保っていたのであろうか。

まず、小田原城に拠り、俗に「関八州の太守」などといわれた北条《ほうじょう》氏政《うじまさ》・氏直《うじなお》父子についてみておこう。

北条氏政が徳川家康《とくがわいえやす》との講和に踏み切ったのは天正《てんしょう》八年(一五八〇)九月五日のことである。この講和によって、「東西呼応して武田勝頼《かつより》を挟みうちにしよう」ということになったが、このことは、間接的な形ではあるものの、信長が北条氏政・氏直父子と手を結んだことを意味した。

翌天正九年六月五日には、氏政から信長に名馬三疋が献上されており、両者の間で具体的に使者の往き来があったことがうかがわれる。そして天正十年の甲斐《かい》攻めのとき、氏政は関東口をまかされている。

ところが、関東口をまかされながら氏政・氏直父子は駿河《するが》の戸倉城・三枚橋城を攻めただけであった。信長から叱責されることを恐れた氏政・氏直父子は、その直後から信長へのプレゼント攻勢をしている。贈答品によって信長の歓心をかうためであった。これが功を奏し、信長からの叱責はなかった。

つぎに奥州の伊達《だて》氏であるが、信長が活躍していたころの当主は、政宗《まさむね》の父輝宗《てるむね》であった。輝宗は足利将軍家に代わる新しい実力者である信長に目をつけ、信長へ接近をはかっている。

信長の鷹狩り好きをキャッチしたとみえ、輝宗は天正元年(一五七三)十月、鴇《とき》色の鷹を献上し、同五年七月にも鷹を献上し、信長の歓心をかっている。

信長は輝宗を同盟者とみ、天正五年閏《うるう》七月二十三日付の輝宗宛信長書状をみると、「越後の本庄繁長と相談して上杉謙信に追伐を加えてほしい」と軍事行動まで指示しているのである。

ャンポーであったといわれる。

この頃までの琉球や日本に対するポルトガル人の関心はどうであったろうか。

一五一七年、黄金の島とされる琉球を探険するため、ジョルジェ・マスカレーニャス率いる小艦隊が派遣された。しかし、この艦隊は逆風のため福建の港から引き返し、その後この話は立ち消えになったままになっている。日本とポルトガルの交流史の著名な研究家であるボクサー教授は、主としてポルトガル側の史料から次のように述べている。

「なお驚くべきことは、一五一三年以降揚子江と珠江の間の中国沿岸に日本人が時々やって来ていたのに、(ポルトガル人が)日本人に出会ったという証言がほとんどないことである。この時期を通じて、倭寇は掠奪や貿易をまさにこの地域で続けていたというのに」

「鉄砲を伝えたのは倭寇」説は正しいか

なお、鉄砲を日本に伝えたのは、ポルトガル人ではなく倭寇《わこう》、特に大頭目王直《おうちょく》配下の徒党ではないか、との主張（宇田川武久氏ら）に関し、李献璋《りけんしょう》氏は次のような指摘をされている。

王直の日本渡航は一五四五年であったこと、この時の航海で五島から種子島に漂着した可能性が強いこと、王直が「五峰船主」を号するようになったのは、五島を根拠地としてからといわれ、その時期は一五四七年頃であったらしいこと、海商としての王直集団確立の時期は、四八年の朱紈《しゅがん》によるリャンポー破壊以後であったこと、などを列挙して、『鉄炮記』は一五四三年来着のジャンク船主と後に漂着した五峰王直と混同して記録した、とされている。

鉄砲伝来を語るヨーロッパ側の史料

『鉄炮記』に記載されている事件と同一の事件を記録していると考えられるヨーロッパ側の史料としては、アントニオ・ガルヴァン『世界新旧発見史』(ハックルト協会叢書)、ジョアン・ロドリーゲス『日本教会史』(日本語訳「岩波大航海時代叢書」)、ディオゴ・ド・コート『東インド史』(リスボア、八巻十二章、一六一二年)、メンデス・ピント『東洋遍歴記』(日本語訳「東洋文庫」)、ガルシア・デ・エスカランテ・アルバラードのヌエバ・エスパーニャ総督あて報告書(一五四八年八月一日付、この報告の内容はチーレおよびダルグレンの書物に訳載)などがある。これらの書物・記録のなかで、鉄砲伝来の事実を伝えるのは、ロドリーゲスとピントの記述だけである。また、種子島の名称を伝えているのもこの二人だけである。

このなかで一五五九年から一六一六年までインドに滞在し、ゴアで公式記録官を務めたディオゴ・ド・コートの記録を要約すると次のようである。

「一五四二年、アントニオ・ダ・モタ、フランシスコ・ゼイモト、アントニオ・ペシヨットという三人のポルトガル人が彼等のジャンクに乗って、利益の多い商売のため、シャムの港から中国へ向かった。広東地方は明の皇帝の命令もあって、ポルトガル人は立ち入ることができなかったのでチンチエオ(リャンポー?)の港を目指した。しかし途中台風にあってめちゃめちゃに翻弄され、操船不能になり、風吹くままに漂流し、やっといくつかの島の中に錨をおろすことができた。陸地から小さなボートに乗って人々がやってきたが、中国人より色白で目が小さく、ひげは短かかった。これらの島々はNipongiと呼ばれるもので、われわれが普通ジャパンといっている島である。人々は親切で、歓待され、ジャンクを修理、積んできた商品と銀(ほかに何もなかったので)を交換し、季節風に乗ってマラッカに帰った」(要約)

ガルヴァンの記録は、コートのものよりさらに簡単なものである。

『鉄炮記』がポルトガル人の種子島漂着を一五四三年(天文《てんぶん》十二年)のこととしているのに対して、ヨーロッパ側の史料は一五四二年と

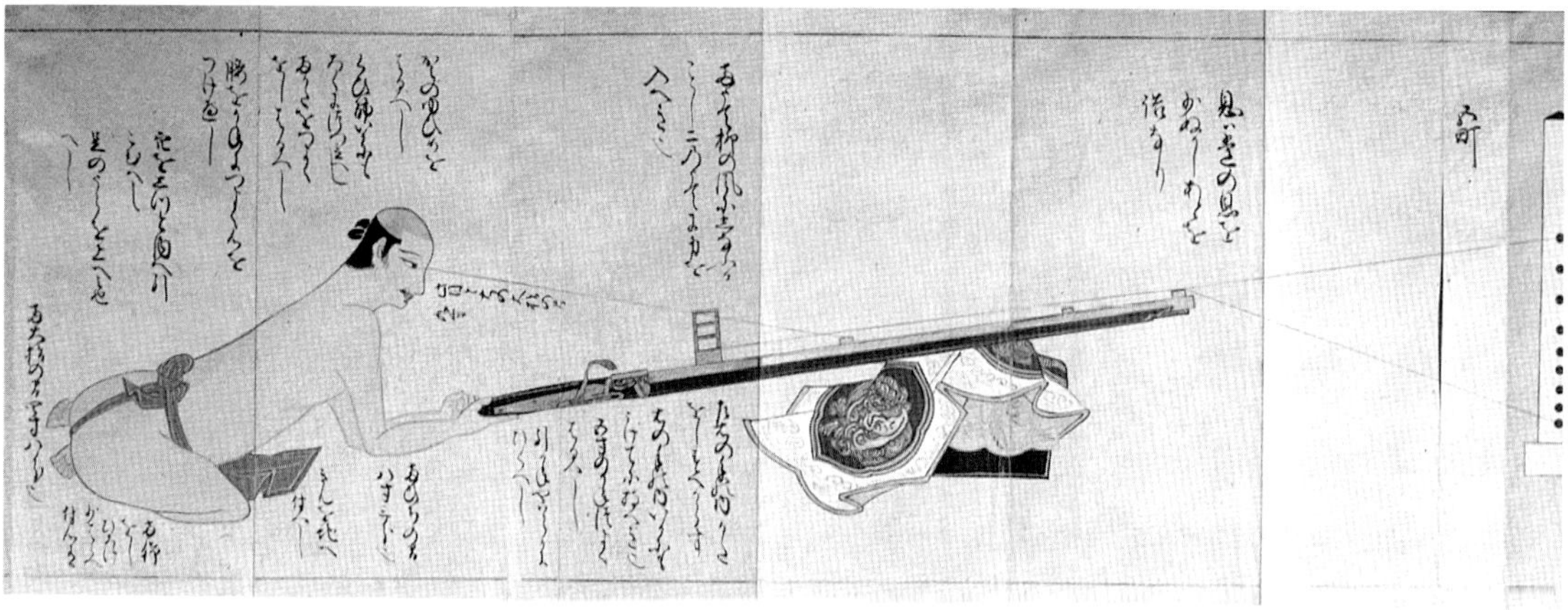

稲富流砲術伝書（大阪城天守閣蔵）

して食い違っている。

所氏は、四二年がポルトガル人の日本初来航の年であり、四三年は鉄砲伝来の年で、『鉄炮記』の記述目的などから、かかる食い違いが生じたと説明されている。これに対してボクサー氏は、コートやガルヴァンと違ってエスカランテがポルトガル人を乗せたジャンクで漂着したのは琉球列島のある島だ、と記述していることを重視される。つまりシュールハンマー師なども主張しているように、ポルトガル人の種子島初来航は一五四三年（『鉄炮記』の伝える通り）、琉球王国の島々への到着が五四二年、と推定されている。

鉄砲の日本全国への急速な普及

このように、一五四三年（天文十二年）ポルトガル人の手によって鉄砲が種子島に伝えられ（ここでは通説に従っておく）、翌年、和製の鉄砲製造に成功すると、それはたちまち日本全国に普及していった。

その急速な普及の背景として、刀鍛冶が蓄積していた鍛造技術などの在来技術の応用などもあげられようが、なんといっても日本全国が新鋭武器の出現を待ち望む戦乱の世であったことが考えられる。

ヨーロッパでも大砲の改良、小銃の出現で、十六世紀は従来の戦法が大いに変革された時代といわれるが、日本でも同じ世紀の後半には同じ変革の時代をむかえたのである。その変革の中心となったのが鉄砲であり、変革の先頭に立ったのが織田信長であり、新しい戦法の模範が長篠の合戦であったといわれる。

鄭舜功の『日本一鑑』は、「ポルトガルの商人が初めて種子島に伝えて作るようになった。ついで坊の津・平戸・豊後・和泉などでこれを作るようになった」と述べ、さらに「日本の鉄はもろくてよくないので多くシャム（タイ）の鉄を買って鉄砲を作っている。中国の福建の鉄も私貿易で買ってきて使っている」ともある。

江戸幕府の創設期、徳川家康が海外貿易を熱心に推進した背景には、もちろん幕府の経済的基礎を固めることが第一の意図であったろうが、信長と共に戦った経験を有する彼が、南蛮鉄・鉛（弾丸）・硝石などの重要性を認識していたからではあるまいか。

長江正一《ながえしょういち》氏は、天文十九年（一五五〇）六月十五日、三好長慶《みよしながよし》軍が中尾《なかお》城（京都市大文字付近）に籠《こも》る細川晴元軍と対戦した時、三好「弓《きゅう》介《すけ》与力一人鉄―に当《あたり》死」との『言継卿記《ときつぐけいき》』の記事を引用、鉄砲が実戦に使用された例とされている（『三好長慶』）。また宇田川武久《うだがわたけひさ》氏は、天文十八年三月からの黒川崎《くろかわさき》の戦いで、島津氏らが鉄砲を実戦に使用したことを指摘されている（『鉄炮伝来』）。

鉄砲生産の中心地・堺と信長

『鉄炮記』や通説に従うと、種子島の鉄砲は、津田監物丞《けんもつのじょう》やその弟の紀州根来《ねごろ》寺杉坊《すぎのぼう》明算《みょうざん》らによって畿内《きない》にいち早く伝えられ、さらに天文十三年（一五四四）、種子島の鉄砲鍛冶八板清定のもとに入門した堺商人橘屋又三郎（通称鉄砲又）によっても堺へ伝えられたという。堺はその後鉄砲製造、火薬供給の中心地となった。また、近江坂田郡の国友村も鉄砲製造の中心地となった。

『大阪府の歴史』によると、鉄砲製造の一大中心地堺と織田信長の関係は、堺会合衆・納屋衆の間での信長評価の対立から、彼の矢銭二万貫の要求を拒否して三好三人衆と手を結んで戦って敗れた能登屋・臙脂屋《べにや》などが没落し、信長と手を結んだ今井宗久が支配権を握ったことに始まるという。堺はこれ以後、信長の経済力を支えただけでなく、軍需力を支えていくのである。

『信長公記』を一覧してみると、すでに駿河《するが》衆・今川義元との戦いの頃から鉄砲の名前が随所に出てくる。元亀元年（一五七〇）六月の姉川の合戦の時、信長の部将羽柴秀吉に鉄砲・玉薬を調達したのは、今井宗久といわれる。長篠の合戦については、あまりに有名なので省略する。

住吉祭礼図屏風　（堺市博物館蔵）

堺の町並み模型　元和元年(1615)の大坂夏の陣による戦火で海外貿易都市堺は壊滅した。16世紀後半、最も繁栄していた時期の堺を「住吉祭礼図屏風」や発掘調査資料などにより復原したもの。（堺市博物館蔵）

大友氏・毛利氏など諸大名と鉄砲

九州では、島津氏、大友氏、それに山口の毛利氏なども早くから鉄砲を入手、使用している。豊後府内にポルトガル人を乗せたジャンク船が初めて入港したのは、天文十四年(一五四五)のことと推定される。これは受洗する直前の宗麟《そうりん》が追憶談として、「シナから日本に来る船の航海が始まった時、一人のポルトガル人が三年間私のところに滞在した」とか、「私が十六歳(の時)(中略)、府内の近い港に、中国人の小ジャンク船が入港した。船には六、七人のポルトガル商人が同乗していた。ポルトガル人の中で主立った人は、ジョルジ・デ・ファリアという金持ちであった」とか語っているところから、享禄《きょうろく》三年(一五三〇)生れの宗麟の十六歳という数え年から計算したものである。

ここで注目したいのは、「私の弟(八郎晴《はちろうはる》英《ふさ》、後の大内義長《よしなが》)が鉄砲で(誤って)手に負傷した時、(ジョルジ・デ・ファリアは)治療してくれた人である」と話していることで、天文十四年頃、すでに豊後では鉄砲を所持していたことを示している。

永禄《えいろく》十年(一五六七)九月十五日付の大友宗麟の書簡は、マカオ滞在中のニセア司教ベルショール・カルネイロに、硝石の豊後への独占輸送を要請している。良質の硝石二百斤《きん》(約一〇キロ~一二キロ)とかなりの量を送ることと、毛利元就《もとなり》には送らないで欲しいとも述べている。大友氏、毛利氏とともに鉄砲をかなり所有していたらしい。

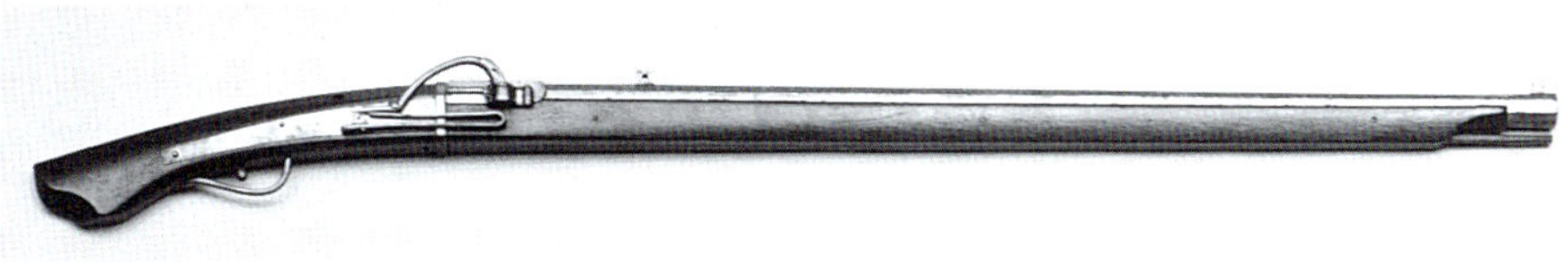

国友筒　(国立歴史民俗博物館蔵)

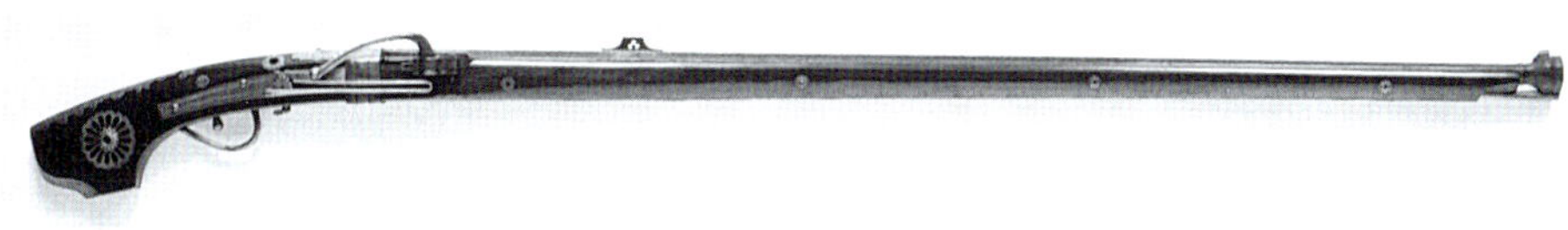

堺筒　(国立歴史民俗博物館蔵)

「雑兵物語」に描かれた鉄砲足軽　(東京国立博物館蔵)

政略結婚と信長

小和田美智子

美濃との同盟
——濃姫との結婚

信長は、父信秀《のぶひで》が率先して政略結婚をしたのを引き継ぎ、より巧みに進めていった。信長の統一事業が非常にスムーズに短期間のうちに進んでいったのは、結婚政策に負うところが大きい。そして女性たちも、一族に貢献することをある面では、生きがいに嫁いでいったといえるかもしれない。たとえそれが悲劇に終ったとしてもである。

信長の正室濃姫との結婚は、斎藤道三《さいとうどうさん》と織田信秀の講和によって生じた。道三は天文《てんぶん》十六年（一五四七）に土岐《とき》宗家を滅ぼしたが、美濃三人衆の寝返りなどがあって不安定な状況にあった。一方信秀も稲葉山城下まで軍を進めたが大敗し、駿河《するが》の今川氏と美濃の斎藤道三の二人を敵とする不利を悟っていた。こうした二者の間を奔走して、講和にこぎつけたのが信長の傅役《もり》だった平手政秀《ひらてまさひで》である。

この信長と濃姫との結婚、今までは一方的にもらい受ける形としてみられていたが、最近では、信長の姉（信秀三女）が美濃国小島（岐阜市内）城主斎藤兵衛尉《ひょうえのじょう》秀龍《ひでたつ》夫人となったとする説が浮上している。「秀龍」は通説で道三とされ、『信長公記』の「平手中務才覚にて織田三郎信長を斎藤山城道三聟に取結び、道三が息女尾州へ呼取候キ。然る間、何方も静謐なり」では、「和平策として一方的すぎる。和平確認のため相互に人質としてお濃（奇蝶）とともに重縁形式をとったのであろうか」（小島廣次「兄弟姉妹」『織田信長事典』）という説もありうる考えである。

岐阜城天守（岐阜市）

濃姫と信長が結婚したのは、稲葉山城下の戦いがあった翌年天文十七年（一五四八）のことと考えられ、信長十五歳、濃姫十四歳であった。また『美濃国諸旧記』によると、天文十八年二月二十四日で、信長は十六歳、濃姫十五歳となる。

こうしてしばらくの間、尾張・美濃どこも戦いがなく平和が続いた。しかし弘治《こうじ》二年（一五五六）四月二十日、道三が子の義龍《よしたつ》によって殺されてしまったことから、濃姫の運命は大きく変わる。濃姫の死亡年にはいくつかの説があるが、道三死亡後まもなく、生駒《いこま》氏が信忠を生んだ弘治三年より前に離縁されて美濃へ送り返され、ほどなく死亡したと考えるのが自然であろう。

道三の死によって同盟関係は破れ、信長は、永禄《えいろく》十年（一五六七）、斎藤義龍の子龍興《たつおき》の居城稲葉山城を攻略した。この時のことで、時期的に納得できないがおもしろい情報がある。

　征服者として入城した信長は、義龍の妻が所持していた名品の壺を差し出すことを命じたが、彼女は、「その壺は戦乱で失われ、現在所持していない」と答え、「これ以上自分を責めるならば自害するよりしかたがない」といった。この時、信長の本妻濃姫を中心に斎藤氏一族、旧臣の有力者たちが、自分たちも自殺するといって結束して抵抗したため、さしもの信長もこれを断念したというのである（勝俣鎮夫「婚家と生家」『朝日百科日本の歴史』二三号）。

　このエピソードは、もと妻だった濃姫とすれば話は通ずる。今後の研究課題としたい。それにしても女性たちが結束したという意思表示には驚かされる。

甲斐との同盟――勝頼夫人と松姫

　美濃斎藤氏と織田氏との同盟関係は、信長の姉が道三の側室として入り、叔母が美濃国岩村城主遠山景任へ嫁ぎ、妹が苗木城主遠山友勝（苗木勘太郎）へ嫁ぐことにより、より深い関係となっていた。

　そんな時道三は、息子義龍に殺されてしまった。その後龍興の代となり、信長は、美濃攻略のための遠交近攻策として武田氏と手を結ぶことにした。信玄の方も永禄《えいろく》三年（一五六〇）五月十九日、今川義元《よしもと》が桶狭間《おけはざま》で信長に殺されて以来、甲相駿三国同盟を破って駿河進出を企てていた。ここに両者の思惑が一致し、永禄八年（一五六五）十一月、遠山友勝の娘（姪）を自分の養女とした上で、つまり、自分の娘として勝頼に嫁がせた。甲尾同盟の成立である。

　ところが、勝頼夫人は永禄十年に武王丸（のちの信勝《のぶかつ》）を生んで、難産のため死んでしまった。

　信長にとってこれは全く計算外のことで、

●信長をめぐる戦国時代の群像（18）

四国・九州の武将

　四国・九州地方の戦国大名と信長との間にはあまり交渉はなかった。それらの土地が離れており、信長の力がまだ及んでいなかったからである。ただ、例外的に土佐の長宗我部《ちょうそかべ》氏とは友好関係が結ばれていた。

　長宗我部氏は、元親《もとちか》の父国親《くにちか》の代に急速に力をつけ、天竺《てんじく》氏・山田氏・秦泉寺《じんぜんじ》氏・大高《おおたか》坂氏といった豪族をつぎつぎに打ち破り、弘《こう》治二年（一五五六）ごろには長岡郡だけでなくすでに土佐国土佐郡中央部にまで勢力を伸ばしていた。

　土佐支配の覇権《はけん》を分けた戦いが本山茂辰《しげとき》との間でくりひろげられたが、それが永禄《えいろく》三年（一五六〇）五月の土佐長浜の戦いで、このとき、元親が初陣を飾っている。

　元親は信長とは好《よし》みを通じており、長男千雄丸に信長から「信」の一字をもらい、信親と名乗らせているほどであった。なお、元親が四国全土の統一を完成しそうになったとき、信長は長宗我部征伐を考えたが、本能寺の変の勃発によって攻められずにすんでいる。

　九州では、信長の時代に活躍をしていたのは大友宗麟《おおともそうりん》・龍造寺隆信《りゅうぞうじたかのぶ》・島津義久《しまづよしひさ》である。この三人が九州を三分する勢いで、三すくみの状態であった。

　大友宗麟の全盛時、その領国は、豊前《ぶぜん》・豊後《ぶんご》・筑前《ちくぜん》・筑後《ちくご》・肥前《ひぜん》・肥後《ひご》の六カ国と日向《ひゅうが》半国、さらに四国伊予半国にも広がっていた。しかし、天正六年（一五七八）、島津義久と耳川で戦い、以後、急速に衰退していくことになった。

　龍造寺隆信は、全盛時には、筑後・肥前・豊前の三カ国を領したが、天正十二年（一五八四）の沖田畷《おきたなわて》の戦いで島津氏と戦って敗れ、隆信自身が討死してしまったため衰えている。

　島津義久は三人の弟（義弘・歳久《としひさ》・家久《いえひさ》）と力をあわせ、日向伊東氏との戦い、大友氏・龍造寺氏との戦いを経て、九州全土を席捲《せっけん》する勢いであった。

何とかして信玄との同盟関係を保ちたいと考えて出した結論は、「信玄の娘を嫡男信忠《のぶただ》の嫁に迎えよう」ということである。永禄十年十一月二十一日、信長の使者織田掃部助《かもんのすけ》が躑躅《つつじ》ケ崎《がさき》に派遣された。

武田の重臣たちは、信長の申し出に反対したが、信玄は独断で信長との同盟継続路線に固執していく。

しかしながら信玄の六女於松（松姫）は永禄四年（一五六一）の生まれで、永禄十年には七歳という幼なさである。信忠にしても、弘治三年（一五五七）生まれで十一歳であった。これでは、いかにせよ結婚は早すぎると思った信長は婚約にとどめている。

婚約にあたって信長から信玄に贈られた品物は、『甲陽軍鑑』によると、虎の皮三枚、豹の皮五枚、緞子《どんす》一〇〇巻、金具の鞍鐙一〇口で、松姫には、厚板《あついた》一〇〇端、薄板《うすいた》一〇〇端、織紅梅《おりこうばい》一〇〇端、代物一〇〇〇貫、けかけの帯上中下三〇〇筋、このほか祝儀の樽、肴作法通りで、非常に豪華な贈物である。

信玄の側からも翌永禄十一年六月、答礼の豪華な品々が岐阜城に届けられた。さらに信玄は、松姫のために躑躅ケ崎館の中に新しい館を建てて、信忠夫人を預った形にしているのである。これ以後松姫は、「於松御寮人」などとよばれている。

岡崎城天守　（岡崎市）

こうして永禄十〜十二年の間、信長と信玄の同盟関係はお互いに大事に維持されていた。しかし永禄十二年中ごろ信長と同盟関係にある家康と信玄の関係が悪化しはじめ、信玄は、元亀《げんき》三年（一五七二）十二月の三方ケ原《みかたがはら》の戦いのとき、家康方に信長の家臣が援軍しているのを知る。通説ではこのとき信玄は、信長と絶つ決心をしたとされている。そのうえ、翌天正元年（一五七三）四月十二日に信玄が病死したことで、二人の結婚は宙に浮いた形となった。

武田氏滅亡後の松姫は、八王子に落ちのびて出家し、付近の農婦に織物の手ほどきをしていたということである。

三河との同盟――徳姫

同盟関係を結んでいた道三が弘治二年に殺され、斎藤義龍《よしたつ》と信長は緊張関係にあったが、このすきをついて今川義元は尾張へ攻め上ってきた。永禄《えいろく》三年、信長は義元を桶狭間《おけはざま》に奇襲して討つことができた。しかし美濃への備えとしてどうしても三河の松平氏を味方にしたかった信長は、永禄五年正月、清須《きよす》城で松平元康（家康）と同盟を結んだ。近国同盟である。この清須同盟の延長として両者がより強固な関係となる目的で、永禄六年（一五六三）三月二日、信長の娘徳姫と松平元康の嫡子竹千代（信康《のぶやす》）が婚約した。

婚約したとき徳姫はまだ五歳で、それから四年後の永禄十年、九歳のとき嫁入りして岡崎城に入った。そのため、彼女は岡崎殿とよばれている。三河の再興に向けて活気づく松平氏と、今川氏真《うじざね》と武田信玄の動きを警戒する織田氏の思惑が一致したのである。

徳姫と信康の間にはつづけて女子が二人生まれたが、平和は長く続かなかった。徳姫が父信長へあてた手紙の中で、十二カ条をかかげて信康が武田方に内通したことなどが書かれており、それによって信長は信康に切腹を命じたとされたのである。

もっとも、現在では、この十二カ条の手紙は本当にあったかどうか疑問視されている。

信長は、自分の嫡男信忠と家康の嫡男信康を比べてみた場合、はるかに武将として信康の方が上だと見抜いていたところに原因があったのではなかろうか。家康と比べれば自分の方が上であるが、息子の代になったら立場は逆転するかもしれない。今のうちに芽を摘《つ》んでおきたい。それに信康の母親は、今川義元の姪である。信長は娘婿を切腹させて、織田家の安泰をはかったとみることができよう。

徳姫は父によって二人の仲を裂かれ、信康の死から半年後の天正八年（一五八〇）二月、二人の娘を残して岡崎城を去った。十三年間の岡崎城生活であった。

徳姫と信康の結婚は、家康を完全に味方に引き入れる政略のためであり、信長の援護がほしい家康は、信長のいかなる命令にも忍従していかなければ自力で松平＝徳川家を守っていけない状態にあった。徳姫は、政略結婚の使命を確実に果たして帰ったといえよう。

このあとの信長は、十人の自分の娘たちを、いつ敵国になるかわからないところには嫁入らせていない。いずれも家臣であったり、公

●信長をめぐる戦国時代の群像(19)

親衛隊の赤幌衆と黒幌衆

信長には自分の身を護衛させる親衛隊がいた。戦国大名によっては、この親衛隊のことを馬廻《うままわり》衆とよんだり、旗本《はたもと》とよんでいることが多い。信長の親衛隊もそのようによばれることもあるが、特に、それぞれが背負っていた幌《ほろ》（母衣）の色によって赤幌衆と黒幌衆の二つのグループに分かれており、人びとは赤幌衆と黒幌衆の名でよんでいた。

赤幌衆に属していたのは、前田利家《としいえ》・浅井政澄《まさずみ》・木下雅楽助《うたのすけ》・伊藤清蔵・山口飛騨守・毛利秀頼《もうりひでより》・飯尾信宗・長谷川橋助・福富秀勝・塙《はなわ》直政・渥美《あつみ》刑部丞・佐脇藤八・金森長近・猪子次左衛門・織田越前守・賀弥三郎らである。

このうち、前田利家は幼名犬千代の名で知られ、桶狭間・姉川・長篠の戦いで戦功をあげ、いかにも親衛隊らしい働きぶりをしている。若いときからの秀吉との交流も有名である。塙直政は、のち原田直政と改称するが、石山本願寺攻めで活躍した。大名級としてはもう一人金森長近があげられるが、越前大野城攻めに戦功をあげている。

黒幌衆には、河尻秀隆《かわじりひでたか》・中川重政《しげまさ》・佐々成《なり》政《まさ》・津田隼人《はやと》正・毛利良勝・水野忠光・松岡九郎次郎・生駒《いこま》庄之助・蜂屋頼隆・野々村正成らが編成されていた。

河尻秀隆は、天正《てんしょう》十年（一五八二）の武田氏滅亡後、武田遺領のうち甲斐《かい》一国を与えられながら、遺民一揆によって殺されている。

佐々成政は越前朝倉攻めや、その後の越前一向一揆攻めに軍功をあげ、のち、越中富山城主となった。ところが、信長没後、小牧《こまき》・長《なが》久手《くて》の戦いのとき、徳川家康に呼応したため、攻められて降伏し、天正十五年（一五八七）、秀吉から、九州征伐後、肥後を与えられたが、遺民一揆がおこり、その科によって切腹させられた。

毛利良勝は、桶狭間の戦いのとき、今川義元の首を取ったあの毛利新介である。

家などへ嫁がせているのである。

近江との同盟――お市《いち》の方

信長には姉三人と八人の妹がいたが、父信秀が天文二十年（一五五二）に死んでしまい、妹たちは信長の世話になって成長した。

「戦国一の美女」といわれたお市の方は、天文十六年生まれで信長と十三歳離れている。

永禄十年、美濃の稲葉山城を攻め滅ぼした信長は、近江の浅井《あざい》長政《ながまさ》との同盟を望むようになる。近江の浅井氏を味方にして、上洛への道を開こうとしたのである。

浅井長政との同盟によって、お市の方が嫁入りする。ときに二十一歳。時期は永禄十年末か翌年早々と考えられ、近国同盟となる。

お市の方は、浅井長政と結婚して近江《おうみ》小谷《おだに》城に住み、小谷の方とよばれた。兄信長と夫長政が同盟関係でいるあいだ、相思相愛の仲が続いていた。

しかしお市の方の平和な生活も、六年足らずで終わってしまった。元亀《げんき》元年（一五七〇）、信長が越前の朝倉義景《あさくらよしかげ》を攻めたとき、突如、長政が反旗をひるがえしたのである。

このとき信長は命からがら京都へ逃げもどり、浅井攻めにとりかかる。結局、長政は天正元年（一五七三）、小谷城に滅んだ。お市の方と三人の娘は城を出、信長のもとにもどされたのである。

本能寺の変後、お市の方は、信長の三男信《のぶ》孝《たか》の強引なすすめで柴田《しばた》勝家《かついえ》に再嫁する。しかしそこも翌天正十一年、秀吉に攻められ、勝家とともに自刃して果てていった。

お市の方画像　（和歌山県　持明院蔵）

武田方についた叔母

信長と濃姫の結婚と相前後するころ、信長と年齢が近かった叔母が、東美濃《みの》の要衝、岩村城の城主遠山《とおやま》左《さ》衛門《えもんの》尉《じょう》景任《かげとう》の許へ嫁いだ。

弘治二年の道三死後の美濃は、不安定となり、義龍《よしたつ》の権力が岩村城まで達していなかったのか、この叔母は岩村城にとどまっている。その後、美濃の斎藤氏が滅亡したあと、織田領に組みこまれる形となる。

しかし武田信玄は、信濃からさらに東美濃へ進出しはじめる。二〇〇〇の軍勢の武田軍が、元亀三年（一五七二）十二月、秋山信友を大将として岩村城を攻めてきた（元亀元年の説もある）。先に、信玄は三方ケ原の戦いで信長の援軍が徳川方にあると知って、織田氏と絶つ決意をした通説を述べたが、女性の側からみるとおかしいのに気づく。

信長は兄信広《のぶひろ》を大将とする援軍を出したが、武田の伏兵にやられた信広軍は岐阜へもどってしまった。三方ケ原の戦いをひかえた家康にも援軍を送らなければならない信長は、結局岩村城を見捨てざるをえなかった。

岩村城跡

そのうち怪我を負った景任が突然死んでしまい、信長からは五男の御坊丸を養子として送ってきた。とりあえず、前城主遠山景任夫人が城主となって、家臣たちをまとめ、のりきることになる。珍しい女城主の誕生である。

しかし、景任の死は敵将秋山信友の知るところとなり、天正元年（一五七三）、再び岩村城攻めがはじまった。岩村城側は、このまま援軍のこない信長につくか、武田信玄につくか重大な岐路に立たされたわけである。

重臣たちの合議の結果は開城となり、信長の叔母は、開城の一条件であったように、敵将秋山信友と結婚した。側室としてである。

しかし信友との生活は長くは続かなかった。

天正三年（一五七五）の長篠《ながしの》の戦いで、武田勝頼が信長・家康連合軍に大敗を喫し、そのわずか四日後の五月二十五日、信長の嫡男を総大将として岩村城攻めが開始されたからである。およそ半年ほど織田軍をひきつけて守ったが、落城の日を迎える。

秋山信友夫人となっていた信長の叔母は、夫信友と共に、長良川畔で、酷刑ともいうべき逆さ磔《はりつけ》にされて殺されてしまった。信長にしてみれば、血のつながっている叔母が織田家を裏切り、武田方に走ったことを許せなかったのだろう。

●信長をめぐる戦国時代の群像(20)

信長の子どもたち

信長は、実子だけでも二十二人の子どもをもっていた。系図には養女もカウントされているので、二十三人の子どもとしている。

実子二十二人のちょうど半分が男子で、概略、つぎの通りである。

長男　信忠（一五五七〜八二）幼名奇妙《きみょう》丸
二男　信雄《のぶかつ》（一五五八〜一六三〇）幼名茶筅《ちゃせん》丸
三男　信孝（一五五八〜八三）幼名三七
四男　秀勝（一五六八〜八五）幼名於次丸
五男　勝長（？〜一五八二）幼名御坊丸
六男　信秀（？〜？）幼名大洞
七男　信高（？〜一六〇二）幼名小洞
八男　信吉（一五七三〜一六一五）幼名御酌丸
九男　信貞（一五七四〜一六二四）幼名御人丸
十男　信好（？〜一六〇九）幼名御長
十一男　長次（？〜一六〇〇）幼名御縁

二男信雄と三男信孝は同じ年の生まれで、実際は信孝のほうが二十日ほど早く生まれたが、届け出が遅かったので三男にされたという。しかし、信雄の母は正室待遇の生駒《いこま》氏で、信孝の母が側室の坂《さか》氏だったので、意図的に弟とされたものと思われる。

女子はほとんど名前も伝わらず、生没年も不明なものが多い。したがって、順序は、各種系図等を斟酌《しんしゃく》して推定した仮のものである。

長女　松平信康室（一五五九〜一六三六）
二女　蒲生氏郷《がもううじさと》室（？〜一六四一）
三女　前田利長室（一五七四〜一六二三）
四女　丹羽《にわ》長重室（？〜一六五三）
五女　二条昭実室（？〜一六〇三）
六女　筒井定次室（？〜一六三一）
七女　水野忠胤室（？〜一六四三）のち、佐治一成に再嫁
八女　万里小路《までのこうじ》充房室（？〜？）
九女　豊臣秀吉側室（？〜？）
十女　中川秀政室（？〜？）
十一女　徳大寺実冬室（？〜一六〇八）

織田信長を殺したもの

杉本苑子

織田信長を考えるとき、対照的に比較されてくるのは徳川家康の性格である。二人は、離合集散をくり返した戦国武将集団の中で、例外ともいってよいほどの長期間、友好関係を保ち、その関係は、信長の一方的な死によって自然解消するまで親密なままつづいた。

政治的、軍略的提携であることはもちろんだが、それだけではない。彼らはおたがいのなかに、自分には欠けている――いや、欠けはしないまでも、微弱と思える気質上の、長所を見いだして、ひそかに相手を畏敬していたのだといえよう。

家康は一個一個体験を積みかさね、ときに失敗しながらもそれを教訓として、いそがずに先へ進んだ。信長が状況を大づかみに把握し、直感力にたよって電撃的行動を起こしながら、おおむね成功をかちとってきたのとは大きなちがいである。

家康がしりぞいて守るところを信長は進んで攻める。家康には力の按分を考えて、余力を残しておこうとする用心ぶかさがあるけれども、信長はここぞと思うとき集中して、エネルギーを爆発させた。家康はどちらかといえば流血を避けて、策で解決しようとする政治家型だが、信長の場合は治民や経済対策をさえ、軍略の一環として考える純粋な軍人型である。『天下布武《ふぶ》』なのだ。

合理性は、二人ながら持っていた。その意味では足利幕府の連枝として、宗家の繁栄の線上でしか、守護大名たる自家の発展を夢見ることができなかった今川義元だの、陣中にまで巫女をともない、呪術や神仏への信仰を本気で軍事行動の指針にした武田信玄あたりの前近代的資質とは、はっきり一線を画している。時代のずれはわずかなのに、信長や秀吉、家康となると、この点まったくの近代武将であった。

ただ、同じ合理主義といっても、家康のそれには信長にくらべて、いくぶん鈍刀のにぶさがあり、曖昧さが見られる。根底での認識に於ては、たとえば神仏によって具現されている無形の脅威に対しても、家康のほうがはるかにずぶとく、呑んでかかる強靭さを持つにもかかわらず、比叡山の焼打ちは彼にはできない。信長ならば、皮膚感覚でまず、拒否して、理由はあとからつけてでも抹殺しようとする既成宗教の権威に、家康の気質では挑戦は不可能なのだ。戦う前に妥協を考えてしまう。この曖昧さが計算一辺倒と思われる危険から彼を救った。人情味ともあたたかみとも受けとられて、家臣や領民の警戒を解くのに役立ったのである。家康は、狸親爺といわれた。しかし信長のように「無法第一の衆」と評され、「鬼」とまで渾名《あだな》されて、「いつ、何をしでかすかわからぬ不安」を、周囲に与えはしなかった。

イエズス会修道士のシモン・デ・アルメイダが驚きをこめて、本国へ送っている手紙の中に、「信長がちょっと手をふって『退け』と合図すると、どんなに多く広間に詰めていても、家臣たちは瞬時にいなくなってしまう。その狼狽ぶり迅速さかげんは、彼らの目の前で全世界が崩壊したか、もしくは獰猛な牡牛でも突如、現れたかのようである」

と書きしるしている。

同じような光景は、根来《ねごろ》の僧たちも目撃した。信長が来るというので、彼らは馳走に餅をつき、小さく丸めて、広蓋《ひろぶた》三つに山盛りにして捧げた。

「うまそうじゃないか」

馬上のまま信長は笄《こうがい》を抜き、二つ三つ刺しつらぬいて口へ入れたあと、

織田信長像　（滋賀県　西光寺蔵）

徳川家康像　（静岡県　久能山東照宮蔵）

「それ、お前らも食え」

言いざま広盃を、ばっと路面にぶちまけさせた。搗き立ての柔か餅はたちまち泥と埃にまみれた。家来たちはしかし、争って餅にとびつき、汚ながりもせず拾って食べてしまったという。

アルメイダ修道士同様、根来の僧徒たちも目をみはり、あらためて信長の威風におののいた。狸なら、化かされないよう気をつければすむけれど、鬼では、これはもう恐怖の対象でしかない。家臣らを心服させることは必要だが、情のこもらぬ威圧だけで、人はしんそこから従っていくだろうか。

いわゆる名将言行録的な記載の中には、信長の、主君としての温情を裏書きするエピソードも、見つけ出せないことはない。

一向一揆相手の戦陣で、一ノ瀬久三郎という家来が信長の兜《かぶと》を北向きに置いた。うっかり忌み事を犯したのだ。老臣の林佐渡守が見て、縁起がわるい、直せと叱りつけた。

「かまわん。相手は戦法を心得ぬ一揆だから、東西南北、どこからでも攻めかかってくるだろう。北向きに据えるのも面白い。そのままにしておけ」

一ノ瀬久三郎は信長のこの取りなしで、つぶれかかったメンツを救われたわけである。

また、武田氏攻略のさい、高遠城の合戦で秋田《あいだ》城介信忠麾下の、山口小弁《こべん》、佐々清蔵ら二人の若武者が手柄を立てた。信長はまず、小弁を呼び、

「さすが信忠の目がねにかなって、寵愛されている小姓だけある。今日の働き満足だぞ」

と褒め、つぎの清蔵には、

豊臣秀吉像　（神戸市立博物館蔵）

「お前の勇戦は、はじめから予想していた。なにせ、大剛の聞こえたかい佐々内蔵助の甥だものな」

そう言って嘉賞した。満座の中で二人は面目をほどこしたわけだが、巧妙な言い回しではないか。小弁と清蔵を褒めながら、同時に信忠が具眼の主人であること、佐々内蔵助が豪勇のさむらいである点も、抱き合せて賞揚しているのだから……。

この種の抜け目のなさ、計算だかさは、信長が血の中に持つ冷静な合理性の現れだが、北向き兜の不吉も、それだからこそ気にしなかったのである。一ノ瀬への愛情から、彼を庇ったというよりも、昔ながらの迷信など歯牙にもかけない気質が、一ノ瀬を庇うという結果に、たまたま結びついたにすぎない。もし兜の置き方などというどうでもよい事ではなしに、もっと重大なあやまちによって、一ノ瀬が信長に不利をもたらしたとしたら、あるいは成敗されていたかわからない。このへんに、君臣間の情誼の交流を阻害する問題点がひそんでいるといえよう。明智光秀に叛かれ、非業の死によって四十九年の生涯を閉じなければならなかったのも、唐突に導き出された結末ではない。家臣全般に瀰漫《びまん》していた不安感が、一人の明智に集約されて、あのような破綻となってあらわれたと言えると思う。

「一銭斬り」というのも、信長らしい法度《はっと》であった。洛中に入ったとき、彼は厳重に兵の狼藉をいましめ、

「たとえ一銭たりとも市民から奪う者は即座に死罪におこなう」

と全軍に触れ出させた。淫らな行為も同様だ。ところがある兵卒が、路上で通りすがりの上臈《じょうろう》女房をからかい、

「顔を見せろよ」

と、その被衣《かつぎ》をほんの少し、つまみあげた。運わるく、これを信長に見られたからたまらない。兵卒は一刀のもとに斬殺され、軍紀はにわかに引き締った。道に落ちている金さえ、恐れて拾う者はいなくなったし、旅人など肩荷をわきに置いて昼寝しても、盗まれる気づかいは皆無となった。京の人々はこうした事実を、「乱世の一奇事」と見て、いまさらのように信長の峻厳さに舌を慄ったという。

何千何万という軍勢を統率するのだから、時には荒療治の見せしめで、いっぺんに威令をゆき渡らせる必要もあったであろう。用兵のテクニックかもしれないが、信長という人の体内には、もともと合理性や計算とは紙ひとえの矯激、非情な本性も同居していた。

戦国武将で、少青年期をおっとりと、真綿《まわた》にくるまってすごした人物などほとんど見当らない。家康は不自由な、屈辱にみちた人質生活の中で成人したのだし、武田信玄は父の信虎を領外に追い払うという骨肉の争いを経《へ》て、家督を手ににぎった。上杉謙信もやはり兄晴景との、激烈な抗争のあげく領国の支配者にのし上がっている。異母弟元綱を殺して世つぎの地位を不動のものにした毛利元就もまた、然りである。

信長が、人間形成の時期に本家の織田信広を攻めてこれを亡ぼし、つづいて協力者であった伯父信光を謀殺……。弟の勘十郎信行には謀叛の嫌疑をきせて詰め腹切らせるという陰惨苛烈な同族間のせめぎ合いに勝ちぬき、ついに織田家内部の支配権をつかみ取ったとしても、それだけで彼一人を特別扱いはできない。

しかし、一生の性格づくりが成される期間に、血で血を洗う血族闘争の業火をくぐりぬけ、林佐渡守、林美作守、柴田勝家など、弟の側についた宿将たちをもふくめて、

「究極のところ、おのれ以外は信じられぬ」

とする人間不信の思いを、強く焼きつけられるという原体験が、その後の信長に影響しないはずはなかった。

「どのような手段でも、勝たねばならぬ。正当性があっても死者にはそれが主張できない。勝つことがまず、第一だ。勝利こそが正義だ」

とする戦国の論理も抜きがたく、その天性の中に植えつけられたのではあるまいか。

乱世は、実力ある者だけが勝ち残れる時代であった。家柄や血統がいくら良くても、主筋であろうと本家筋であろうと、力がなければ、そんなものははかない〝箔《はく》〟にすぎず、勝利者として現実を生きる条件としては無力、無意味にひとしかった。むかしながらの権威を行動や判断の基盤にすえた旧武家社会の秩序原理は、彼らの事実上の統率者であり、シンボルでもあった足利将軍家の威勢のおとろえにつれて、音たてて崩れ去った。支配層は代らなければならず、それは同時に、彼らのモラルを律してきた倫理観の交替をも、新しい時代〟が求めているということにほかならなかった。能力主義は、その合理性とともに、信長の気質に見られるすぐれた特色だが、生れながらにして一族抗争の業《ごう》を負うという宿命が、力の優位、優先を、とことん彼に教えこんだといえなくもない。

足利義昭が二条御所に入ったとき、

「だれか一人、しかるべき武将を身辺警固につけてもらいたい」

と申し出た。佐久間信盛、柴田勝家、丹羽長秀ら宿老の中から選ばれるものと、家中の者は推量していたのに、案に相違して選に当ったのは木下藤吉郎だったので、意外さにだれもがおどろいた。信長は、しかしこのとき、

「新参、古参などということは人を用いる場合の目安にはならない。あくまで一人一人の能力に即して考えるべきだ」

と言い切っている。

足軽上りの秀吉や一介の牢人者にすぎなかった光秀らがどしどし登用されたのは、信長が実力主義を実践したからこそだが、裏返せばそれは、先代からの宿将であろうと過去にどのような実績を持とうと、現在と将来に於てすでに可能性を失った人物なら、情け容赦なく一線から追い落とされることでもあった。げんに佐久間信盛がやられた。むかし弟信行と家督を争ったさい、信長支持派に回って、その歩み出しの第一歩に力を貸した老臣であるにもかかわらず、石山攻めの主将として目に立つほどの功をあげなかった点を責められ、信盛は息子たちとともに高野山に逐《お》われて、出家させられてしまったのである。

信賞必罰はよい。それを明確にしなければ人は働かない。しかし余りにも割り切りすぎた、ゆとりのない能力主義は、非情冷酷にもつながってくる。

信長も、はじめから「鬼」ではなかった。幼少時代、すでに小蛇を捕えて家来に示し、

「小さくても蛇には毒を持つものがある。お前ら、わしを年少の主君と思ってあなどるな」

と釘をさすような、気性するどい子供ではあったけれども、そうした面だけで信長という人間が成り立っていたわけではない。

彼が父の葬儀のとき、あるいは斎藤道三の娘をめとる約束ができたとき、当時のイカれた若者たちのあいだに流行していた婆裟羅《ばさら》風俗、カブキ者的な奇矯ななりをして家臣たちの顰蹙《ひんしゅく》を買った話はなだかい。世間の目無しどもは「大うつけ」と評して彼を嗤《わら》い、傅夫《もりびと》の平手政秀は諫死して素行をいさめたが、

「嗤うどころではない。やがてわしの息子どもは、あのうつけ殿の門に馬をつないで、へいこら、ご機嫌を伺わねばならぬ羽目におちいるだろう」

と、斎藤道三のみは嘆息したという。

わざとヒッピーふうなボロを着てみたり月光仮面まがいのヘルメットでナナハンをぶっとばさなければ、古い、いかめしい、さまざまな権威の重圧をはね返せないと思い込んで突っぱるところに、かえって若者の未熟さ、ひ弱さが覗くのは現代でも言えることだ。桶狭間への出撃直前、信長が湯漬け飯をさらさらと掻きこみ、幸若舞の「敦盛」をひとさし舞って出陣したなどという逸話も、キザといえばこの上なくキザだけれど、若い、そのと

きの信長にすれば、生まれてはじめて当る老練な強敵、イチかバチかどころか、九十九パーセント勝ち目の危ない大博打なのだ。胴ぶるいを鎮めるためにも、

「人間五十年、下天の内をくらぶれば、夢まぼろしのごとくなり」

ぐらいなことを言ってのけなければいられなかったわけで、かえってこの、嫌味な突っぱりゆえに私たちは、年相応な彼の弱さを見、むしろ人間味をそこに感じ取るのである。

思えば桶狭間の奇襲戦をふり出しに、それからの信長の、二十年に満たぬ残生はつねにつねに、戦闘の連続であった。死ととなり合せの緊張を強《し》いられつづけた半生だったのだから、神経がぼろぼろになるのもむりはない。

それでも肉体的に充実しきって、活力あふれていた壮年期には、戦争をゲームと見る職業軍人らしい余裕があった。鉄砲の利点にいちはやく着眼し、これを大量に導入することにためらいを見せなかった大胆さ、長槍の使用にふみ切った先取り感覚の鋭敏さ……。楽市楽座を設け、堺や大津など商業都市に代官を置き関を廃止し、道路を整備するなど、商工業の育成に力をそそいだのも、それによってもたらされる富が、軍備費をたっぷり潤す点に魅力を感じたからである。つまり巨視的に見れば信長の場合、経済政策すら打つ手の一つ一つが、戦勝という名の甘い果実に帰納するよう配慮されていた。そしてその果実の醍醐味を賞味するゆとりも、上昇気運に乗っているさなかには、じゅうぶん持ち合せていたのだ。

秀吉の妻寧々《ねね》に与えた手紙など読むと、

「あんなハゲ鼠に、お前みたいな女房はもったいない。浮気するなどとんでもない奴だ」

といったいかにもくだけた、情味あふれる書きざまや、秀吉をこきおろす一方にそれとなく、寧々の焼き餅をいましめる心くばりのあたたかさなど、これがあの信長かと、怪しまれるばかりだし、岡崎城の前で馬からおりたのを、家来たちがいぶかって、

「ずいぶん丁重なお振舞いですなあ。徳川どのにご遠慮なさったわけですか」

と訊《き》いたのに答えて、

「ばか言うな。城に敬意を表しただけだよ。こういう名城の前では下馬するのが礼儀さ」

と笑ったエピソードなど、ユーモラスな一面さえふと、かいま見させるほどである。

そんな信長の性格から次第にゆとりが失われ、本来、一つ体内に混在させていたさまざまな資質の中でも、ことにきわ立って残忍酷薄な面ばかりが露呈するようになったのは、十年にも及んだ一向一揆との血みどろな交戦によるものではなかったかと、私は考える。

この宗教戦争は、日本の合戦史の中でも特異なものだが、信長の精神構造を締め木にかけて徐々に歪ませ、結局は破滅にみちびいたという意味からも、大きな特色を備えていた。

もともと迷信を嫌い偶像崇拝を敵視し、既成仏教界の横暴にもはげしく反撥して、キリスト教にアンチテーゼの役割りを期待した信長だ。一向一揆の敵は主体が民衆である点、プロフェッショナルな武将同士との戦闘にのみ馴れてきた彼にすれば、はなはだしく勝手のちがう厄介で無気味な相手だったろう。憑《つ》かれたような抵抗への情熱、連帯感に支えられた狂信的な強さ……。長島を討てば越前が蜂起し、越前を叩けば石山本願寺が立つ。この執拗さは、速戦即決の爽快感の中で、華麗な燃焼をとげてきた信長には耐えがたい拷問だった。一揆への憎悪は、火攻め兵糧攻め、女子供までをふくむ大量殺戮となり、本願寺側に寝返った荒木村重の一族奉公人、六百余名への磔刑、焚刑という残虐行為となって表面化した。

人心は離れた。家臣団もが、あすの我が身を思って戦慄した。四十代後半の信長の、心の荒廃から推《お》せば、本能寺での破局は、いずれ迎えねばならぬ総括的結論だったといえよう。直接的には、信長を殺したのは明智光秀だが、間接的には一向一揆――いや、一揆に歪《ゆが》まされた彼みずからの性格だったのだ。安国寺恵瓊《えけい》は信長の未来を、

「いずれ高転びして、仰向けに倒れる男」

と予見した。自己省察の冷静な目をさえ、晩年の信長は、第三者に譲り渡していたのである。

（毎日新聞社刊『人間紀行』より再録・一部加筆）

織田信長関係年表

年号	西暦	年齢	事項（○の月は閏月。月日欠はその年）	一般事項
天文三	一五三四	1	5・12織田信秀の三男として尾張那古野城に生まれる。幼名吉法師。	
九	一五四〇	6	信秀、三河に攻め入り、安祥城を攻め取る。	
一一	一五四二	8	8三河小豆坂において信秀と今川義元戦い、信秀敗北。	8中国船種子島に漂着、鉄砲を伝える。
一五	一五四六	13	吉法師元服し、織田三郎信長と名乗る。	
一六	一五四七	14	信長初陣。今川方の三河吉良大浜を攻める。信秀、美濃に侵攻し、斎藤道三と戦い敗北する。	
一七	一五四八	15	秋 信秀と道三講和を結び、道三の娘濃姫、信長に嫁ぐ。	12長尾景虎、春日山城に入る。
一八	一五四九	16	11信長、藤原信長の名で熱田八カ村中に制札を出す。信長文書の初見。三河安祥城の織田信広、今川義元の軍師雪斎に生け捕られ、松平竹千代と人質交換行われる。	7フランシスコ・ザビエル、鹿児島へ来る。
二〇	一五五一	18	3・3信秀、流行病にかかって没す。信長が家督をつぐ。	
二一	一五五二	19	8・16清須城の小守護代坂井大膳らと戦う。	
二二	一五五三	20	①・13傅役の平手政秀、信長を諫めて自刃。4・17鳴海城の山口教継・教吉父子、今川義元に寝返る。4・下旬 斎藤道三と濃尾国境の正徳寺で会見。	8第一回川中島の合戦。
二三	一五五四	21	1・20今川軍、尾張の村木に砦を築き、緒川城の水野信元を攻める。7・12尾張守護斯波義統、守護代織田信友に殺される。11信長、上総介（上総守）を名乗る。このころ木下藤吉郎、信長に仕える。	
弘治元	一五五五	22	4・20清須城の織田信友を攻め滅ぼし、清須城を居城とする。	
二	一五五六	23	4・20斎藤道三、子の義龍と戦って敗死。信長は道三救援に向かうがまにあわず引き返す。8・22末盛城にいた弟信行、信長に謀反をおこす。8・24小田井川の戦いで信行を破るが、母土田御前の助命嘆願によって許す。	
三	一五五七	24	11・2信行、再び謀反をおこし、信長は清須城に信行を招いて殺す。	

年号	西暦	年齢	事項（〇の月は閏月。月日欠はその年）	一般事項
永禄元	一五五八	25	7・12尾張上四郡守護代岩倉城主織田信賢と丹羽郡浮野に戦って破る。	
二	一五五九	26	2・2上洛して将軍足利義輝に謁す。3岩倉城を攻め、織田信賢を討つ。これで尾張の統一がほぼ完成する。	4長尾景虎上洛。8ガスパル・ビレラ上洛。
三	一五六〇	27	5・5信長の兵、三河吉良に侵攻し、実相寺を焼く。5・10今川義元の先発隊、駿府を出発する。5・18松平元康(徳川家康)、大高城に兵糧を入れる。5・19桶狭間で今川義元を討ち取る。6・2美濃に侵攻し、斎藤義龍と戦う。	
四	一五六一	28	2刈屋城主水野信元、信長と元康の同盟に動く。5・11斎藤義龍没す。5・13西美濃に攻め入り、森辺で義龍の子龍興と戦う。	
五	一五六二	29	1・15家康と清須城で同盟を結ぶ。5・3美濃軽海で斎藤龍興と戦う。7・3尾張知多郡の今川水軍、信長に属す。	
六	一五六三	30	3・2娘(五徳)、家康の嫡子竹千代(元康)と婚約する。7清須城から小牧山城に移る。	三河一向一揆起こる。宣教師ルイス・フロイス来日。
八	一五六五	32	11・13養女を武田信玄の子勝頼に嫁がせ、信玄と結ぶ。	ルイス・フロイスら京都追放。
一〇	一五六七	34	春 滝川一益に命じ、北伊勢を攻略する。8・15美濃三人衆の内応により、信長軍は稲葉山城を攻め、斎藤龍興を逐う。斎藤氏滅亡。信長は稲葉山城を居城とし、このころから岐阜を正式名称として使いはじめる。11「天下布武」の印を使いはじめる。	
一一	一五六八	35	2北伊勢を攻略し、三男信孝を神戸具盛の嗣子とする。このころ、信長の妹お市の方、北近江の浅井長政に嫁ぐ。7・25美濃立政寺に足利義昭を迎える。このころ 明智光秀、信長に仕えるようになる。9・7六万の軍勢を率いて岐阜を出陣し、上洛の行動をおこす。9・26足利義昭を擁して入京する。10・2堺に二万貫の矢銭を要求するが、堺はこれを拒否。10・23足利義昭、信長に管領、さらに副将軍を勧めるが、信長は固辞する。	10足利義昭将軍になる。
一二	一五六九	36	1・4三好三人衆、足利義昭を京都本圀寺に囲む。2・27将軍邸二条城の造営はじまる。イエズス会宣教師ルイス・フロイスが信長にはじめて謁見したのはその工事現場においてであった。3・1撰銭令を定める。春、大文字屋宗観所	3徳川家康、今川氏と和す。6越相軍事同盟調印される

			持の名器「初花肩衝」を手に入れる。4・8ルイス・フロイスにキリスト教の布教を許可する。4・18フロイスから目覚まし時計を贈られたが返却する。4・20フロイスおよびロレンソが朝山日乗と信長の面前で宗論をたたかわせる。9・9伊勢国司北畠具教、信長に攻められて和を請い、信長二男信雄に家督を譲る条件で許される。	
元亀 元	一五七〇	37	1・23義昭に「五カ条の条々」を認めさせ、義昭の行動を制限する。このころから、信長、義昭の不和が表面化しはじめる。3・3上洛途中、近江の常楽寺に滞在し、相撲を見物する。4・20越前の朝倉義景討伐のため出陣。4・30浅井長政の謀反を知り、近江の朽木谷を通って帰京する。5・19京から岐阜へもどる途中、千草山中で杉谷善住坊に鉄砲で狙撃されるが無事。6・19浅井・朝倉攻めに出陣。6・28浅井・朝倉連合軍と織田・徳川連合軍、近江の姉川で戦い、織田・徳川連合軍圧勝する。8・20三好三人衆を攻めるため岐阜を出陣。9・5石山本願寺の顕如、紀州門徒に出馬を命じ、信長と戦うことを宣言。石山戦争に突入する。9・21浅井・朝倉連合軍、近江から山城に攻め入る。9・24信長、近江下坂本に出陣して防戦するが苦戦(志賀の陣)。11・21伊勢長島一向一揆、尾張小木江城を攻め、信長の弟信興ら殺される。12・14正親町天皇の勅命により、浅井・朝倉連合軍と講和し、兵を退く。	ポルトガル船、長崎ではじめて交易。
二	一五七一	38	1・2姉川封鎖を命じ、北陸の朝倉義景や越前・加賀一向一揆と本願寺との連絡を断つ。5・16伊勢長島一向一揆のため、柴田勝家負傷する。9・12比叡山延暦寺を焼き討ちする。関所を撤廃し、判枡を通用させる。	6毛利元就没。10北条氏康没。
三	一五七二	39	7・19嫡男信忠と北近江に出陣(信忠初陣)。9義昭に「異見十七カ条」をつきつける。12・22信長の同盟者徳川家康、浜松城外三方ヶ原で武田信玄と戦い敗れる。	
天正 元	一五七三	40	3・7足利義昭、信長と絶つ。4・4義昭の二条城を囲む。4・12西上途上の武田信玄、信濃の駒場で没し、信長包囲網崩れる。7・3義昭、宇治槙島城で挙兵。7・18槙島城を攻められ、義昭は子義尋を人質に出して信長に降伏。室町幕府滅亡する。8・20信長に攻められた朝倉義景自刃し、朝倉氏滅亡。8・	4武田信玄没。

年号	西暦	年齢	事項（○の月は閏月。月日欠はその年）	一般事項
			28信長に攻められた浅井長政自刃し、浅井氏滅亡。	
天正 二	一五七四	41	1・1信長の重臣、岐阜城に登城。信長、朝倉義景・浅井久政・長政父子の髑髏に漆を塗り金粉をまぶした薄濃を並べて接待する。3・18従三位・参議に叙任。3・28蘭奢待を切りとらせる。5・17家康救援のため、遠江高天神城に向かうが、落城の知らせをうけて引き返す。9・29伊勢長島一向一揆を攻め、中江・屋長島城の一揆勢二万人を討滅する。10～12分国中の道路整備を行う。	3秀吉、長浜城に入る。
三	一五七五	42	4・8三好康長(笑岩)を高屋城に攻める。5・13三河長篠城の救援のため、岐阜を発し、尾張熱田に着陣。5・14岡崎に到着し、家康に合流する。5・21設楽ヶ原で武田勝頼を破る(長篠の戦い)。8・15～19越前一向一揆を討滅する。10・28京都妙覚寺で茶会。千宗易(利休)が茶頭をつとめる。	
四	一五七六	43	1・中旬、佐和山城主丹羽長秀に命じ、安土城の築城をはじめる。2・23安土城に移る。	
五	一五七七	44	6安土山下町中に十三ヵ条の掟書を発し、安土城下の繁栄をはかる。8・8柴田勝家を大将とする上杉謙信攻めの大軍が出発。8・17大和信貴山城の松永久秀、信長に背く。10・10松永久秀、信貴山城の天守に火をかけ、名器「平蜘蛛の釜」とともに自爆して果てる。10・23羽柴秀吉、中国征伐のため京都を発す。	
六	一五七八	45	3・13上杉謙信没す。6・26九鬼嘉隆、信長の命で鉄船を建造し、雑賀・淡輪の水軍を破る。10・17摂津有岡城主荒木村重、足利義昭・本願寺と通じ、信長に背く。11・6九鬼水軍の鉄船、兵糧を本願寺に入れようとする毛利水軍と木津川河口に戦い、破る。	
七	一五七九	46	5・11安土城天守閣完成する。5・27安土宗論が行われる。6・4丹波八上城の波多野秀治・秀尚兄弟を安土城下で磔にする。10・24明智光秀、安土城で丹波・丹後の平定を報告する。12・13荒木村重の妻子および家臣の妻子一二二人が尼崎の七松で殺される。	
八	一五八〇	47	1・17羽柴秀吉、播磨三木城を落とす。3・17本願寺との講和成る。③・16安土城の南の田を埋め、そこを教会用地としてバテレンに与える。4・9本願寺	6イギリス商船、平戸に着く。11柴田勝家、加賀の一向一揆平定。

信長の花押の変遷

			顕如、石山を退去し、石山戦争終る。8・2丹波を明智光秀に、丹後を細川藤孝に与える。8・12佐久間信盛父子に十九カ条の折檻状をしたため、追放する。	
九	一五八一	48	1・15安土城下で左義長行われる。2・23イエズス会の巡察使ヴァリニャーノ、黒人をつれて信長に謁見。信長、これを洗わせる。2・28京都の皇居横に馬場を作り、馬揃えを行う。正親町天皇も見物する。8・1安土でも馬揃えを行う。8・17諸国の高野聖を捕えて殺す。9・3～11伊賀を攻める（天正伊賀の乱）。12・12秀吉の軍功を賞し、十二種の茶道具を与える。	10鳥取城の戦。
一〇	一五八二	49	2・1木曽義昌、武田勝頼を背き、信長に通ずる。2・3武田攻めの諸将配置を定める。2・12信忠出陣。3・5信長出陣。3・11武田勝頼父子、甲斐の田野で自刃。武田氏滅亡する。4・21信長、安土城に凱旋する。5・4勅使、安土に下向し、信長に、将軍か関白か太政大臣か好きな官を選ばせようとするが、信長は答えず。5・15家康と穴山梅雪が御礼言上のため安土に赴く。明智光秀がその饗応役を命ぜられる。5・21家康と梅雪は京に向かう。5・26光秀、秀吉応援の出陣のため、丹波亀山城にもどる。5・29信長、安土城を出て京に至り、本能寺に泊る。6・1本能寺の書院で茶会が開かれる。6・2光秀、信長を本能寺に襲い、信長自刃する。	1大友・木村・有馬三氏、少年使節をローマ法王に派遣。7太閤検地始まる。

主要人物生没年表

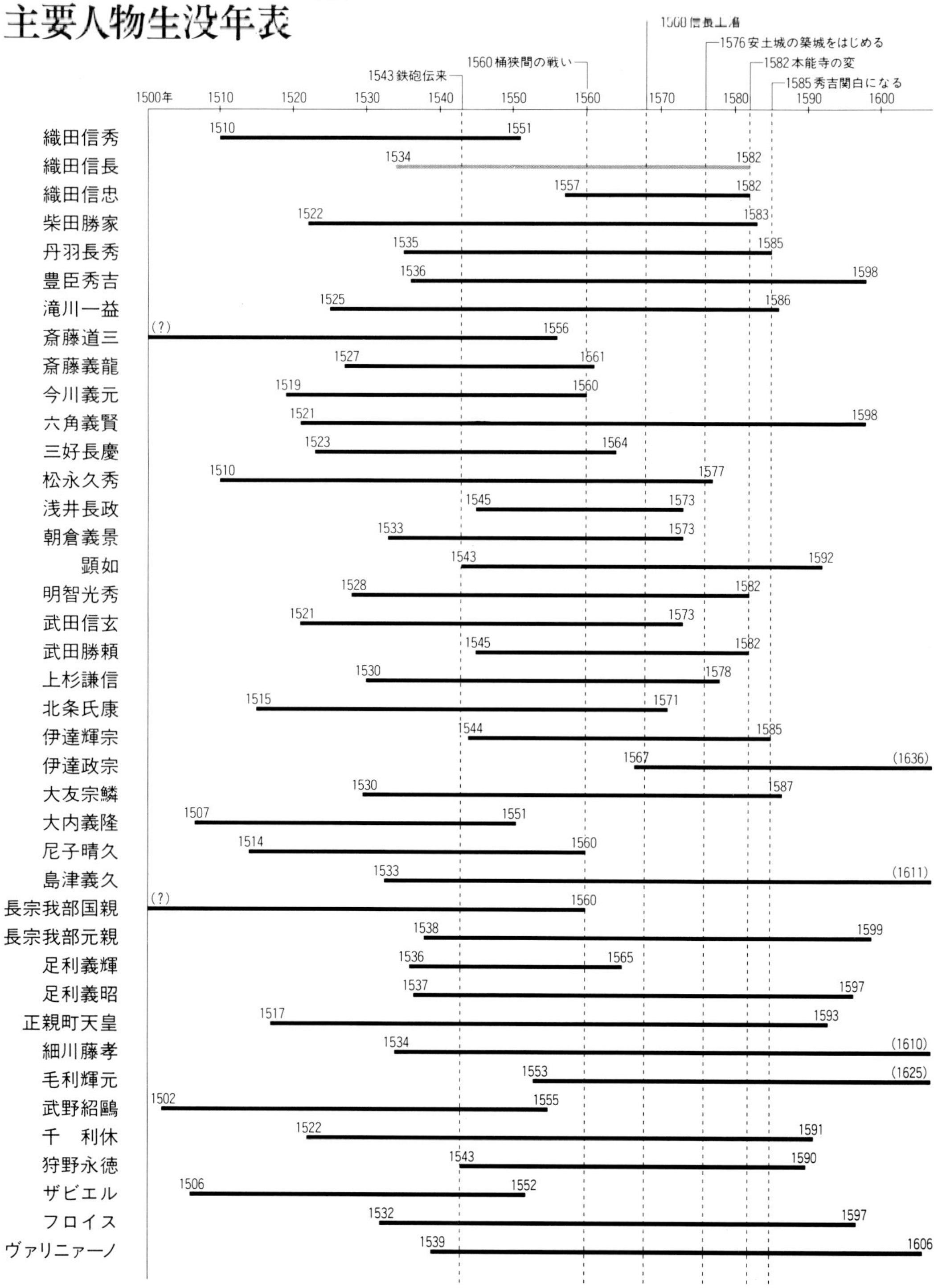
1568 信長上洛
1576 安土城の築城をはじめる
1560 桶狭間の戦い
1582 本能寺の変
1543 鉄砲伝来
1585 秀吉関白になる
1500年
1510
1520
1530
1540
1550
1560
1570
1580
1590
1600
織田信秀 1510 1551
織田信長 1534 1582
織田信忠 1557 1582
柴田勝家 1522 1583
丹羽長秀 1535 1585
豊臣秀吉 1536 1598
滝川一益 1525 1586
斎藤道三 (?) 1556
斎藤義龍 1527 1561
今川義元 1519 1560
六角義賢 1521 1598
三好長慶 1523 1564
松永久秀 1510 1577
浅井長政 1545 1573
朝倉義景 1533 1573
顕如 1543 1592
明智光秀 1528 1582
武田信玄 1521 1573
武田勝頼 1545 1582
上杉謙信 1530 1578
北条氏康 1515 1571
伊達輝宗 1544 1585
伊達政宗 1567 (1636)
大友宗麟 1530 1587
大内義隆 1507 1551
尼子晴久 1514 1560
島津義久 1533 (1611)
長宗我部国親 (?) 1560
長宗我部元親 1538 1599
足利義輝 1536 1565
足利義昭 1537 1597
正親町天皇 1517 1593
細川藤孝 1534 (1610)
毛利輝元 1553 (1625)
武野紹鷗 1502 1555
千　利休 1522 1591
狩野永徳 1543 1590
ザビエル 1506 1552
フロイス 1532 1597
ヴァリニァーノ 1539 1606

●資料提供・協力者一覧（敬称略・五十音順）

浅井収
朝日新聞社
池田建
石井謙治
上杉神社稽照殿（米沢市）
植田英介
永青文庫
恵林寺（塩山市）
円徳寺（岐阜市神田町）
近江八幡市立資料館
大阪城天守閣
大塚巧藝社
岡本はる
お茶の水図書館
香川元
片野知二
加藤由朗
願泉寺（貝塚市）
菅田天神社（塩山市）
木瀬市右衛門
岐阜市歴史博物館
京都市歴史資料館
宮内庁
久能山東照宮（静岡市）
建勲神社（京都市）
神戸市立博物館
国土地理院
国立歴史民俗博物館
斎藤政秋
堺市博物館
滋賀県立近江風土記の丘資料館
浄願寺（半田市）
常国寺（福山市）
常在寺（岐阜市）
持明院（和歌山県高野町）
心月寺（福井市）
新人物往来社
静嘉堂文庫
成慶院（和歌山県高野町）
善徳寺（富山県城端町）
泉涌寺（京都市）
善福寺（東京都港区）
總見寺（名古屋市）
摠見寺（滋賀県安土町）
大雲院（京都市）
武田八幡神社（韮崎市）
谷井建三
淡交社
長興寺（豊田市）
長善寺（竹原市）
通敬寺（石川県）
柘植修
天理大学附属天理図書館
東京国立博物館
東京大学史料編纂所
等持院（京都市）
東大寺（奈良市）
徳川黎明会
豊田市郷土資料館
鳥越村教育委員会（石川県）
中村達夫
名古屋城管理事務所
西本願寺（京都市）
西村元資
根津美術館
白鶴美術館
畠山記念館
福山市立福山城博物館
藤田美術館
不審庵（京都市）
平凡社
蓬左文庫
鳳来町立長篠城址史跡保存館
本願寺（取手市）
本徳寺（岸和田市）
前田育徳会
真清田神社（一宮市）
毛利博物館
米沢市教育委員会
龍源院（京都市）
立政寺（岐阜市）
臨済寺（静岡市）
林泉寺（上越市）
和歌山市立博物館

●地図作成

平凡社地図出版

●編集協力

リゲル企画

●参考文献

「信長――岐阜城とその時代」岐阜市歴史博物館　一九八八
「信長・秀吉の城と都市」岐阜市歴史博物館　一九九一

●編著者略歴

小和田哲男（おわだ・てつお）
一九四四年静岡市生まれ。早稲田大学大学院文学研究科博士課程修了。現在、静岡大学教授。文学博士。主要著書に『戦国武将』『軍師参謀』『日本の歴史がわかる本』などがある。

宮上茂隆（みやかみ・しげたか）
一九四〇年東京都生まれ。東京大学工学部建築学科卒業。元、竹林舎建築研究所所長。建築史家。建築家。工学博士。著書に『大坂城――天下一の名城』、論文に「薬師寺伽藍の研究」「安土城天主の復元とその史料に就いて」などがある。一九九八年没。

小島道裕（こじま・みちひろ）
一九五六年横浜市生まれ。京都大学大学院学修退学。現在、国立歴史民俗博物館助教授。主論文に「戦国・織豊期の城下町」（『日本都市史入門Ⅱ町』）、「『安土町奉行』木村二郎左衛門尉について」（『近江地方史研究』二五）がある。

杉本苑子（すぎもと・そのこ）
一九二五年東京都生まれ。文化学院卒。小説家。『孤愁の岸』で直木賞受賞。代表作に『玉川兄弟』『埋み火』『滝沢馬琴』『鳥影の関』『冥府回廊』『穢土荘厳』などがある。

結城了悟（ゆうき・りょうご）
一九二二年スペイン・セビリア生まれ。ハベリアナ大学神学部卒業。一九三九年イエズス会に入会。一九四八年来日し、一九七八年日本に帰化。現在、日本26聖人記念館々長。ポルトガル政府よりドン・エンリケ騎士団勲章叙勲。ヴァチカンより金メダル授与。長崎県文化功労賞、西日本文化勲章など受賞。主著に『日本とヴァチカン』『キリシタンになった大名』『ルイス・アルメイダ』など。

加藤知宏（かとう・ともひろ）
一九二七年福岡市生まれ。九州大学文学部西洋史学科卒業。大分大学名誉教授。大分県立芸術文化短期大学講師。主著論文に『ザビエルの見た大分』『海に沈んだ島』『英国絶対主義の財政と政治』『十七世紀初頭のスペインと臼杵の関係』などがある。

小和田美智子（おわだ・みちこ）
一九四七年静岡県三ヶ日町生まれ。東京学芸大学教育学部卒業。女性史家。著書に『織田信長事典』（共著）『駿府の城下町』（共著）などがある。

ふくろうの本

新装版 図説 織田信長

二〇〇二年一月一〇日初版印刷
二〇〇二年一月二〇日初版発行

編者……小和田哲男・宮上茂隆
装幀……森枝雄司
本文レイアウト……リゲル企画
発行……河出書房新社
東京都渋谷区千駄ヶ谷二-三二-二
電話 〇三-三四〇四-一二〇一（営業）
〇三-三四〇四-八六一一（編集）
http://www.kawade.co.jp/
発行人……若森繁男
印刷……大日本印刷株式会社
製本……加藤製本株式会社

ISBN4-309-76008-2
定価はカバー・帯に表示してあります。
落丁・乱丁本はお取替えいたします。